V&R

Friederun Gröhe

Nehmt es weg von mir

Depressionen nach der Geburt eines Kindes

Mit einer Abbildung

Vandenhoeck & Ruprecht

Bibliografische Information Der Deutschen Bibliothek

Die Deutsche Bibliothek verzeichnet diese Publikation in der
Deutschen Nationalbibliografie; detaillierte bibliografische Daten
sind im Internet über <http://dnb.ddb.de> abrufbar.
ISBN 3-525-46177-1

Umschlagabbildung: Gustav Klimt, *Die Sonnenblume (Ausschnitt)*, 1907,
Öl auf Leinwand, 110 x 110 cm, Privatbesitz.

Satz: Text und Form, Garbsen
Druck und Bindearbeiten: Hubert & Co., Göttingen

Inhalt

Meinen Gesprächspartnerinnen gewidmet, die mich an ihrem Leben teilhaben ließen.

»Bei der Depression geht es um Zorn, um Angst und Unruhe, um Charakter und Vererbung. Es geht aber auch um etwas auf seine Weise ganz Einzigartiges: Es ist die Krankheit der Identität, es ist die Krankheit jener, die nicht wissen, wohin sie gehören, die den Glauben an die Mythen verlieren, die sie so mühevoll für sich selbst geschaffen haben«

(Lott 1997, S. 265; Übersetzung v. d. Verf.).

Einleitung

> Kein Wunder, dass die innere Landschaft einer
> Mutter kaum erforscht und erklärt wurde:
> Schließlich hat sie selbst kaum Zeit, sie zu erken-
> nen! (Stern u. Bruschweiler-Stern 2000, S. 10).

Die »innere Landschaft einer Mutter« – gerade bei Müttern von
Neugeborenen wird erwartet, dass ihre innere Landschaft blühend
und heiter sei. Die Vorstellung einer kargen und schwermütigen
Landschaft erscheint auf den ersten Blick kaum vereinbar mit der
Ankunft eines Babys. Dem »Babyblues« oder den »Heultagen«
(etwa 3 bis 5 Tage nach der Geburt) wird aufgrund der Erschöp-
fungssituation mitunter noch verständnisvoll begegnet. Anders
verhält es sich mit Depressionen, die nach einer Entbindung auftreten. Hier reagiert das soziale Umfeld der betroffenen Frauen nicht
selten befremdet: Wie kann es sein, dass eine Mutter auf das freudige Ereignis mit Trauer reagiert? Dieser scheinbar paradoxe Aspekt
hat mein besonderes Interesse für *postpartale*[1] Depressionen geweckt. Die »innere Landschaft« gerade derjenigen Frauen zu erkunden, die sich in einer gesellschaftlich als erfreulich bewerteten
Lebensphase nicht freuen können, ist Anliegen einer qualitativen
Untersuchung, die ich im Rahmen meiner Diplomarbeit im Studiengang Psychologie durchgeführt habe und die diesem Buch
zugrunde liegt. Die Veröffentlichung der überarbeiteten Fassung
erfolgt mit der freundlichen Genehmigung des betreuenden Hoch-
schullehrers Prof. Dr. Dietmar Görlitz.

Das Thema postpartale Depression hat in der deutschen Psychologie und Medizin bisher wenig Beachtung gefunden. Im angloa-
merikanischen Sprachraum gibt es indessen eine wahre Flut von
Studien, die zumeist quantitativ ausgerichtet sind und sich daher

---

[1] Damit das Buch nicht nur für Fachleute verständlich ist, sind die durch
kursive Schrift hervorgehobenen Fachbegriffe im Glossar am Ende des
Buches (S. 177ff.) näher erläutert.

jeweils auf Teilaspekte des Phänomens konzentrieren, die als physi-
ologische, psychosoziale und gesellschaftliche Faktoren unterschieden werden. Die »innere Landschaft« postpartal depressiver Frauen
zu erkunden kann meines Erachtens allerdings nur im Rahmen
qualitativer Erhebungen glücken.

Die Frage, ob die postpartale Depression (im Folgenden PPD)
ein eigenständiges Krankheitsbild darstellt oder als Depression angesehen werden sollte, die im zeitlichen Zusammenhang mit der
Geburt eines Kindes auftritt, wird kontrovers diskutiert. Es erscheint mir jedoch für die betroffenen Frauen und ihre Angehörigen, für ihr Erleben der Krankheit, deren Bewertung und ihren
Umgang damit von allergrößter Bedeutung, dass sie nach der Geburt eines Kindes und nicht zu einem anderen Zeitpunkt auftritt.
Auch für die Behandlung ergeben sich daraus andere Notwendig-
keiten, wie zum Beispiel die Berücksichtigung der Mutter-Kind-
Beziehung. Bei einigen Frauen wäre es hilfreich, die Interaktion
eingehender zu betrachten und gegebenenfalls therapeutische Angebote bereitzustellen.

Natasha S. Mauthner (1999) berichtet von der Tendenz feminis-
tisch orientierter Forscherinnen, in Depressionen *post partum* eine
»normale« Antwort auf die Erfahrung der Mutterschaft zu sehen.
Auf dem Hintergrund ihrer qualitativen Erhebung (40 Interviews)
argumentiert sie, dass keineswegs alle Frauen die Mutterschaft mit
einer Depression beantworten und dass die unterschiedlichen Er-
fahrungswelten der jeweiligen Gesprächspartnerinnen unbedingt
berücksichtigt werden sollten. Dies halte ich für einen wesentlichen
Aspekt; es erscheint mir problematisch, in postpartalen Depressionen überwiegend ein Anpassungsproblem zu sehen, das lediglich
manche Frauen stärker betrifft als andere. Diese Sichtweise führt
meiner Meinung nach zur verhängnisvollen Aufweichung und
Ausdehnung des Begriffs Depression. Das kann zur Folge haben,
dass Mütter, die nach den *ICD-10-/DSM-IV*-Kriterien unter der Erkrankung leiden, etwa damit vertröstet werden, dass ihr Befinden
völlig normal sei, mit hormonellen Schwankungen zu tun habe und
sich »mit der Zeit schon bessern« werde.

Es besteht die Gefahr, dass der (hinter der geschilderten feministischen Sichtweise möglicherweise verborgene) Wunsch, Betroffene vor dem *Label* »psychische Erkrankung« zu schützen, indem die

Krankheit zur Normalität erklärt wird, eine adäquate Behandlung verhindert. Dieser Wunsch richtet sich dann gegen die vermeintlich in Schutz Genommenen. Die Etikettierung »psychische Erkrankung« umdeuten zu wollen mag dem Anliegen entspringen, eine mögliche Entwertung und Stigmatisierung zu vermeiden, was verständlich ist. Postpartalen Depressionen keinen Krankheitswert zuzusprechen bagatellisiert jedoch die Problematik der Betroffenen. Daher ist die Loslösung des Begriffs »psychische Krankheit« von einer entwertenden, stigmatisierenden Konnotation der Relativierung dieses Begriffs vorzuziehen.

Bezugnehmend auf das interaktive Entwicklungsmodell psychopathologischer Phänomene nach Resch (1996) gehe ich von einem Zusammenwirken vieler Faktoren bei der Entstehung depressiver Erkrankungen, also auch der PPD, aus. Qualitative Forschungsansätze bieten die Möglichkeit, komplexe und bisher unberücksichtigte Einflussfaktoren auszumachen und darzustellen. Viele dieser Faktoren entziehen sich quantitativer Forschung, da beim *Operationalisierungsprozess* relevante *Konstrukte* stark eingegrenzt und dadurch vereinfacht werden. So lässt sich das Erleben von Beziehungen, die Erfahrung einer Geburt oder auch einer PPD nicht erschöpfend in *Ratingskalen* festhalten.

Das Erleben postpartal depressiver Mütter mit ihnen zusammen zu erkunden kann Einsichten in die Entstehungszusammenhänge der PPD ermöglichen, die für Fachleute, die werdende Eltern beziehungsweise junge Familien begleiten, von großem Wert sind. Zu diesen Berufsgruppen zählen Gynäkologen, Hebammen, Pädiater, Krankenschwestern, Psychiater und Psychologische Psychotherapeuten sowie Familienpflegerinnen, die einen großen Beitrag zur Behandlung Betroffener leisten. Hilfe suchenden Frauen verständnisvoll und einfühlsam zu begegnen hat bereits eine heilsame Wirkung. Diese Haltung setzt jedoch Wissen über postpartale Depressionen voraus. Einblicke in das Phänomen PPD sind weiterhin die Voraussetzung dafür, dass die genannten Berufsgruppen sinnvoll zusammenarbeiten, indem etwa Gynäkologen und Hebammen betroffene Frauen rechtzeitig an Psychiater oder Psychologische Psychotherapeuten überweisen.

Die geburtshilfliche Betreuung der schwangeren Frauen, der Gebärenden und der Wöchnerinnen könnte mit Hilfe von Einsichten ins mütterliche Erleben wesentlich frauen- und familienfreundlicher gestaltet werden, als es für mein Empfinden derzeit der Fall ist. Neben immer umfangreicheren medizinischen Untersuchungen kommt die emotionale Unterstützung häufig zu kurz. Eine einseitige Risikoorientierung kann darüber hinaus bei vielen Frauen Ängste hervorrufen oder bestehenden Befürchtungen weitere Nahrung geben.

Für die von der PPD betroffenen Mütter selbst mag es hilfreich und erleichternd sein, vom Erleben anderer Frauen zu erfahren; dem Eindruck, mit dem Problem allein dazustehen, kann dadurch entgegengewirkt werden.

Ziel dieses Buches ist es, Frauen, die nach der Geburt ihres Kindes an Depressionen erkrankt sind, zu Wort kommen zu lassen, um von ihnen zu lernen. Um die Vergleichbarkeit ihrer Berichte zu erhöhen, wurden bestimmte Kriterien zur Bedingung gestellt: Alter zwischen 25 und 38 Jahren, Leben in einer stabilen Partnerschaft, Geburt des ersten Kindes, das gesund und nicht älter als eineinhalb Jahre sein sollte, keine Zwillinge, keine der Schwangerschaft vorausgegangenen psychischen / psychiatrischen Erkrankungen und eine ärztliche Diagnose über die Depression. Anschließend werden die Berichte verglichen und den Aussagen nichtdepressiver Mütter gegenübergestellt. Zunächst werden jedoch grundlegende Theorien und Befunde sowohl zum Übergang zur Mutterschaft als auch zu postpartalen Depressionen dargelegt. Den Abschluss bildet ein Diskussionsteil, der Implikationen für die psychotherapeutische / psychiatrische und geburtshilfliche Praxis beinhaltet. Empfehlungen für Betroffene und ihre Angehörigen sind im Anhang zu finden.

Der Übergang zur Mutterschaft – Entwicklungspsychologische und psycho-dynamische Aspekte[2]

Das Erleben der Mutterschaft: Was ist daran theoriefähig oder -bedürftig? So wie einem Kind die Anwesenheit seiner Mutter selbstverständlich erscheinen mag, scheint das Wort Mutterschaft etwas gemeinhin Bekanntes zu bezeichnen. Brauchen wir hier Theorien und Erklärungen? Geht es nicht um etwas »Natürliches« oder »Selbstverständliches«? Dana C. Jack fordert in ihrem Artikel »Ways of listening to depressed woman in qualitative research: interview techniques and analyses« (1999) qualitative Forscher dazu auf, sich wichtige Begriffe von den Befragten erklären zu lassen und deren je individuelle Bedeutung als nicht selbstverständlich anzu-sehen. Sie bezeichnet diese Haltung als »focused awareness«, was in diesem Kontext wohl am ehesten mit »gerichtete Aufmerksamkeit« übersetzt werden kann. So soll ein neuer Zugang zum scheinbar Selbstverständlichen ermöglicht werden.

---

[2] Da dieses Buch beziehungsweise die ihm zugrunde liegende Untersu-chung die Entwicklung und das persönliche Erleben der befragten Frauen ins Zentrum stellt, wird auf eine explizite Darstellung der ge-sellschaftlichen Aspekte der Mutterschaft verzichtet. Es liegt darüber von soziologischer Seite eine Fülle an Literatur vor (vgl. z. B. Hays 1998; Badinter 1981), die diesen Rahmen sprengen würde. Die Bedeutsam-keit dieser Aspekte soll damit in keiner Weise angezweifelt werden.

Entwicklungspsychologische Aspekte

Schwangerschaft

Gloger-Tippelt (1988) betont den Prozesscharakter des Übergangs zur Elternschaft. Sie beschreibt eine Folge idealtypischer psychologischer Phasen, die über Schwangerschaft und Geburt hinaus das erste Lebensjahr des Kindes umfassen. Sämtliche Phasen lassen sich durch eine unterschiedliche Ausprägung folgender Merkmalsbereiche kennzeichnen:

– Neuheit (bzw. geringe Bekanntheit) versus Bekanntheit der Information
– Geringe Sicherheit der Bewertung (hohe Ängstlichkeit) versus relative Sicherheit der Bewertung (psychisches und körperliches Wohlgefühl)
– Unsicheres Selbstbild versus stabiles Selbstbild
– Geringes Selbstvertrauen und geringe Kontrollüberzeugung als Eltern versus hohes Selbstvertrauen und hohe Kontrollüberzeugung als Eltern

Sowohl die Verunsicherungsphase (bis zur 12. Schwangerschaftswoche, im Folgenden SSW) als auch die (die Schwangerschaft abschließende) Antizipations- und Vorbereitungsphase (ca. 32. bis 40. SSW) zeichnen sich durch ein Überwiegen der zuerst genannten Ausprägungen eines Merkmals aus, während die Anpassungs- (bis zur 20. SSW) und Konkretisierungsphase (bis zur 32. SSW) mit einer zunehmenden Bekanntheit der Information, einer wachsenden Sicherheit in der Bewertung, einem eher stabilen Selbstbild, hohem Selbstvertrauen und einer hohen Kontrollüberzeugung der Eltern beschrieben werden können.

Im Verlauf der Verunsicherungsphase spielen zwei Faktoren eine bedeutende Rolle:

– die kognitive und emotionale Auseinandersetzung mit der Information über die Schwangerschaft und
– körperliche Signale.

Durch verfeinerte medizinische Möglichkeiten (Ultraschalldiag-

nostik) werden Frauen und ihre Partner heute schon sehr früh (6./
7. SSW) mit dem sicheren Eintreten einer Schwangerschaft konfrontiert, wodurch sich die Verunsicherungsphase verlängert hat. In
Abhängigkeit von der Erwünschtheit des Ereignisses wird innerhalb dieser Phase möglicherweise ein Schwangerschaftsabbruch
erwogen. Eine erwünschte und geplante Schwangerschaft ist jedoch nicht gleichbedeutend mit einem geringeren Maß an Verunsicherung oder gar deren Ausbleiben. Innerhalb dieser Phase findet
eine notwendige Antizipation unaufhaltsamer Veränderungen im
Leben der werdenden Eltern statt, die das Alltagsleben, die Partnerschaft, die beruflichen Pläne, aber auch das Selbstkonzept beider
betreffen.

Die körperlichen Veränderungen und Beschwerden der Frühschwangerschaft werden von den Betroffenen überwiegend ambivalent oder negativ bewertet (Hertz u. Molinski 1980; Weiler 1982,
zit. n. Gloger-Tippelt).

Von Gloger-Tippelt nicht erwähnt, meines Erachtens jedoch
sehr wesentlich, ist die Angst vor einer Fehlgeburt, die nicht wenige
Frauen bis zur 12. SSW belastet, insbesondere bei entsprechenden
Vorerfahrungen. Weiterhin verdient der expandierende Bereich
der Pränataldiagnostik unbedingt mehr Aufmerksamkeit, gerade
in seiner Bedeutung für das Schwangerschaftserleben der Frauen
sowie ihrer Partner. Es erscheint plausibel, dass ein Mehr an Diagnostik häufig mit einem Mehr an Verunsicherung einhergeht. Es
stellen sich Fragen wie: Welche Untersuchungen sind bei wem
sinnvoll? Wie sicher sind die Ergebnisse? Was mache ich mit dem
Ergebnis? Wer begleitet mich während der unsicheren Zeit bis zum
Vorliegen eines Befunds? Zur letzten Frage ist anzumerken, dass in
der Klinik- und Praxisroutine in der Regel kaum oder gar keine
Zeit bleibt, über Ängste zu sprechen, die etwa in Erwartung eines
Befunds der Fruchtwasseruntersuchung auftreten (siehe hierzu
den Bericht von Inga, S. 94ff.). Hier sind dringend psychologische
Unterstützungsangebote und ein größeres Forschungsinteresse
gefragt. Das Gebiet der Pränataldiagnostik beeinflusst vermutlich sämtliche Merkmalsbereiche, mit denen Gloger-Tippelt die
Schwangerschaftsphasen differenziert. Es geht in seiner Bedeutung
sicher weit über die Verunsicherungsphase hinaus.

Die Anpassungsphase (ca. 12. bis 20. SSW) zeichnet sich durch ein wachsendes Wohlbefinden nach stattgefundener Auseinandersetzung mit den anstehenden Veränderungen und einer positiven Bewertung der Schwangerschaft aus. In diesen Zeitraum fällt meist auch die Mitteilung über die Schwangerschaft an die Familien, Freunde, Bekannte und den Arbeitgeber.

Körperliche Beschwerden lassen meist nach und die Frau hat Erfahrungen mit ihrem veränderten Körpergefühl gesammelt. Durch veränderte Gewohnheiten (Schlafen, Essen) wächst die *interne Kontrollüberzeugung*.

Mit dem Erleben der Kindsbewegungen ist die Konkretisierungsphase (ca. 20. bis 32. SSW) verknüpft. Diese sind als sicherer Nachweis für das Leben des Kindes zu werten und spielen eine große Rolle bei der »Entstehung der Vorstellung vom Kind als eigenem Wesen« (Gloger-Tippelt 1988, S. 85). Daneben entwickeln sich Fantasien der Frau über sie selbst als Mutter und ihren Partner als Vater, was zu Veränderungen des Selbstbildes führt, die durch das veränderte Körperbild und soziale Erfahrungen zusätzlich unterstützt werden.

Während der Phase der Antizipation und Vorbereitung (ca. 32. bis 40. SSW) nehmen die körperlichen Beschwerden wieder zu; die Veränderungen in diesem Bereich erreichen ihren Höhepunkt. Ängste und emotionale Konflikte steigen während dieser Zeit ebenfalls massiv an, wobei sich ein großer Teil der Ängste auf die unausweichlich herannahende Geburt bezieht, die an Bedeutung gewinnt. Auch Todesängste, die Angst vor einem behinderten Kind, Angst vor dem Verlust der Selbstkontrolle während der Geburt, Angst, allein gelassen zu werden und ausgeliefert zu sein, und Ängste vor ärztlichen Maßnahmen werden geschildert (Lukesch 1981; Seemann 1981, zit. n. Gloger-Tippelt). Ein Fehlen jeglicher Angst wird als pathologischer Hinweis gewertet. Ein Untersuchungsergebnis, das eine Tendenz zu komplikationsreicheren Geburten bei einem Angstabfall und einer niedrigeren Komplikationsrate bei einem Anstieg der Angst beschreibt (zit. in Davies u. Beckmann 1982; vgl. Breen 1975, zit. n. Gloger-Tippelt), betrachtet Gloger-Tippelt als Hinweis auf die antizipatorische Wirkung von Angst. Andererseits konnten vielfach auch negative Auswirkungen der Angst auf den Geburtsverlauf und teilweise auf die Säuglingsentwicklung beschrieben werden (Davids u. Holden 1970; Doty

1967; Grimm u. Venet 1966; Jarrahi-Zadah et al. 1979; Klusmann 1975; Lukesch 1981; McDonald et al. 1963, zit. n. Gloger-Tippelt).

Reizbarkeit, Gefühle der Hilflosigkeit und Depressivität sowie ein Gefühl der Schutzbedürftigkeit nehmen im Verlauf der letzten Schwangerschaftswochen ebenfalls zu. Schließlich etabliert sich in dieser letzten präpartalen Phase die »konkrete Antizipation des Kindes als Neugeborenes« (Gloger-Tippelt 1988, S. 90), was ein Anwachsen des Bedürfnisses nach Kontrolle und Sicherheit bei den Eltern nach sich zieht.

Gloger-Tippelts Modell, das sich auf Längsschnittstudien stützt, kann einen Eindruck der umfangreichen Anpassungsleistungen vermitteln, die eine Schwangerschaft den werdenden Eltern abverlangt. Eine Berücksichtigung der Ängste, die das Erleben von Schwangerschaft und Geburt mobilisiert, kommt im Rahmen der Erforschung des Phänomens PPD meines Erachtens entschieden zu kurz. Dies ist umso weniger verständlich, als die Angst aus psychodynamischer Sicht als »zentrale Achse zum Verständnis aller psychischen Störungen, als der Affekt, der alle *Abwehrmechanismen* mobilisiert« (Mentzos 1984, S. 27) betrachtet werden kann. Es sei hier schon vorweggenommen, dass insbesondere die Bedeutung der Geburt beziehungsweise des Geburtserlebens im Entstehungszusammenhang postpartaler Depressionen damit möglicherweise zu einem großen Teil verständlich wird.

Weitere entwicklungspsychologische Ansätze

Bereits in den fünfziger Jahren wurde der Übergang von der Zweierbeziehung zur Familie unter dem Krisenparadigma betrachtet (Hill 1949; Le Masters 1957; Dyer 1963, zit. n. Oerter u. Montada 1995). Besondere Anforderungen ergeben sich durch die Umstrukturierung der Interaktion zwischen den einzelnen Familienmitgliedern, die nach der Geburt eines Kindes erforderlich wird, sowie durch die notwendigen Veränderungen des individuellen Verhaltens. Einige Autoren sehen bereits in der Schwangerschaft eine potenzielle Stressquelle, die sowohl auf das intrapsychische Erleben als auch auf den interpersonalen Bereich (Partnerschaft, Familie, Freunde) einwirkt und zu einem Krisenerleben führt (Buddeberg

1986; Dohrenwend u. Dohrenwend 1974; Hultsch u. Plemons 1979; Katschnig 1980, zit. n. Oerter u. Montada).

Die Verwendung des Krisenbegriffs im Zusammenhang mit dem Übergang zur Elternschaft blieb jedoch nicht unumstritten: Rossi (1968, zit. n. Oerter u. Montada) setzte das Konzept der phasenspezifischen Entwicklungsaufgabe entgegen.

Einige Autoren sehen in der frühen Elternschaft und ihren Anforderungen sowohl einen Entwicklungsanreiz als auch eine mögliche Auslösesituation für Konflikte und Krisen (Havighurst 1982; Miller u. Sollie 1980; Sollie u. Miller 1980; Brüderl 1989; Schneewind 1983, zit. n. Oerter u. Montada).

Bei der Frage, ob der Krisenbegriff hinsichtlich des Übergangs zur Elternschaft gerechtfertigt erscheint, kommt es sehr auf die mit diesem Begriff verbundenen Vorstellungen an. So können Krisen auch einen Zuwachs an persönlichen Bewältigungspotenzialen und -kompetenzen nach sich ziehen und Chancen für eine Neuorientierung eröffnen.

Geburt

Innerhalb ihrer Beschreibung der Geburtsphase, die sich in ihrem Modell durch eine geringe Bekanntheit der Information, eine geringe Sicherheit der Bewertung (hohe Ängstlichkeit), ein unsicheres Selbstbild und ein geringes Selbstvertrauen auszeichnet, hebt Gloger-Tippelt folgende Einflussfaktoren als besonders bedeutsam hervor:
– Das »äußere Setting«: Findet die Geburt in einem Krankenhaus – ambulant oder stationär – oder zu Hause statt?
– Die Anwesenheit des Partners und ihre Wirkung
– Kognitive Prozesse, die vor allem darin bestehen, körperliche Signale wahrzunehmen und sie mit den Anweisungen der Hebamme oder des Arztes und zum Teil des Partners in Übereinstimmung zu bringen.
– Die emotionale Befindlichkeit, die sich durch starkes Schmerzempfinden, Hilflosigkeit, einen Verlust an Selbstkontrolle, existenzielle Angst und zum Teil auch Todesangst auszeichnet. Die Anwendung von Atemtechniken und Entspannungsmethoden

sowie die Unterstützung durch den Partner bezeichnet Gloger-Tippelt als einen Versuch, Kontrolle zu gewinnen.
- Der Geburtsmodus: spontane, vaginal operative oder Kaiserschnittgeburt.
- Die erste Begegnung mit dem Neugeborenen: Besteht die Möglichkeit zum Kontakt unmittelbar nach der Geburt?

Aus psychologischer Sicht ist nach Gloger-Tippelt das Konstrukt des Geburtserlebens am besten zur Beschreibung der Geburtsphase geeignet:

»Die Qualität des Geburtserlebens ließ sich in den Untersuchungen von Doering et al. (1980) und Entwisle u. Doering (1981) durch mehrere Faktoren in folgender Reihenfolge bestimmen: Grad der Bewusstheit der Frau, Grad des Schmerzerlebens in der Eröffnungsphase, Beteiligung des Partners und Vorbereitungsniveau der Frau. Die Anwesenheit des Partners fördert in direkter und indirekter Weise (z. B. über den Bewusstseinsgrad der Frau) ihr Geburtserleben. Das Geburtserleben des Vaters lässt sich durch die Variablen ›aktive Rolle bei der Geburt‹, Vorbereitungsgrad und die positive Geburtserfahrung der Frau vorhersagen« (Gloger-Tippelt 1988, S. 95).

In der Annahme, dass es sich bei den von Gloger-Tippelt angeführten Untersuchungsergebnissen um solche quantitativer Forschung handelt, bin ich der Auffassung, dass qualitative Erhebungen zu einem detaillierteren, facettenreicheren Bild des Geburtserlebens beitragen können.

Ein bemerkenswerter Befund hinsichtlich des Settings bei der Geburt findet sich bei Windsor-Oettel (1992). In ihrer Studie kam sie zu dem Ergebnis, dass Frauen, die zu Hause oder ambulant in einer Klinik entbunden hatten, postpartal einen niedrigeren Angst- und einen höheren Selbstwert hatten als Frauen, die einige Tage im Krankenhaus verweilten. Sie führt diesen Befund überwiegend auf die Geburtsform zurück. Andererseits zeigte ihre Studie jedoch auch, dass die Frauen der erstgenannten Untersuchungsgruppe bereits während der Schwangerschaft signifikant weniger Schwangerschaftsprobleme angaben, was die Bedeutung der Geburtsform meines Erachtens einschränkt. Zudem wäre es interessant, Einflussfaktoren zu untersuchen, die zur Entscheidung, zu Hause, ambulant oder stationär zu entbinden, beitragen. Dabei könnte es sich durchaus um Variablen handeln, die wiederum sowohl den Selbstwert als auch die Ängstlichkeit beeinflussen, wie zum Beispiel die Kontrollüberzeugung (intern vs. extern) und das Ausmaß an sozialer Unterstützung.[3] Hinsichtlich der Ursachen postpartaler Depressionen formuliert Windsor-Oettel folgende Hypothese:

»Postnatale Depression ist die Reaktion auf eine Geburtserfahrung, die allem Erwarteten widerspricht und darüber hinaus die Reaktion auf die gesellschaftlich vollzogene Isolation der jungen Mutter in Form von Wehr- und Hilflosigkeit ihrerseits« (1992, S. 54).

Die Einbeziehung der Entbindungsform in die Überlegungen zur PPD stellt einen wertvollen Beitrag der Autorin dar. Neben der Geburtserfahrung und gesellschaftlichen Rahmenbedingungen kommt jedoch dem biographischen Kontext eine große Bedeutung im Entstehungszusammenhang mit postpartalen Depressionen zu, wie Erfahrungen bedeutender Kliniker[4] und eine Vielzahl an Forschungsergebnissen zeigen. So wie das Phänomen PPD nicht unabhängig von der Geburt betrachtet werden kann, bedarf es für ein tieferes Verstehen der Erkrankung einer Einordnung dieser Geburt in den Lebenslauf der jeweils betroffenen Frau.

Das Konzept von der Geburt als einem kritischen Lebensereignis (Filipp 1981) bezieht sich weniger auf den Geburtsverlauf als vielmehr auf die Folgen dieses Geschehens.

Das neue Leben mit dem Kind

In Gloger-Tippelts Phasenmodell beginnt nach der Geburt die Phase der Überwältigung und Erschöpfung, die vier bis acht Wochen andauert. Sie zeichnet sich – ebenso wie die Geburtsphase – durch eine geringe Bekanntheit der Information, eine geringe Sicherheit der Bewertung (hohe Ängstlichkeit), ein unsicheres Selbstbild, ein geringes Selbstvertrauen und eine geringe Kontroll-

---

[3] Vgl. hierzu die Untersuchungsergebnisse im Kapitel »Berichte postpartal depressiver Frauen«, S. 73ff.

[4] Vgl. dazu das Fallbeispiel von Arieti, S. 58ff.

überzeugung als Eltern aus. Innerhalb dieser Merkmalsbereiche erfolgt während der Phase der Umstellung (ca. 2. bis 6. Monat nach der Geburt) und der Phase der Gewöhnung (ca. 6. bis 12. Monat nach der Geburt) nach und nach eine Veränderung: Die Bekanntheit der Information, die Sicherheit der Bewertung, das Selbstvertrauen und die Kontrollüberzeugung als Eltern nehmen zu und das Selbstbild wird stabiler.

Während der Phase der Überwältigung und Erschöpfung müssen zahlreiche neue Informationen verarbeitet werden, da sich die Situation der Frau körperlich, psychisch und sozial vollkommen verändert. Die hormonelle Umstellung, die Rückbildungsvorgänge und der beginnende Milchfluss, der nicht selten schmerzhafte Spannungsgefühle verursacht (»Milcheinschuss« etwa am 3. Wochenbetttag), beanspruchen die Wöchnerin körperlich und psychisch. Vom in dieser Zeit häufig auftretenden »Babyblues« wird noch die Rede sein. Die durch die Geburt verursachte Erschöpfung nimmt durch Schlafstörungen im Wochenbett häufig noch zu; dabei spielen Sorgen und Ängste um die Gesundheit und die Versorgung des Babys eine bedeutende Rolle. Während der oft recht kurzen Schlafenszeiten des Kindes vergewissern sich viele besorgte Eltern des Öfteren, ob es noch atmet. Beide Partner müssen sich vollkommen auf die Bedürfnisse des Neugeborenen einstellen, was eine emotionale und kognitive Neuorientierung bedeutet. Der Alltag wird sozusagen »rund ums Kind« gestaltet; nichts ist mehr wie früher. Bei der Versorgung und Pflege des Kindes fühlen sich viele Eltern unsicher. Allein das Schreien des Babys sorgt für ein nicht geringes Maß an Nervosität, da beide erst lernen müssen, seine Signale zu deuten.

Die Belastungen durch das Stillen werden häufig unterschätzt: Neugeborene verlangen zum Teil in sehr kurzen Abständen nach der Brust (2 bis 3 Stunden). Dauert eine Mahlzeit dabei etwa eine Stunde, dann ist leicht zu errechnen, wie viel Zeit der Frau »ohne Kind an der Brust« verbleibt. Dabei stellt die enge Mutter-Kind-Bindung unter Umständen ein Problem für den Partner dar: Das Baby drängt sich sozusagen vor und beansprucht seine Mutter komplett, was ein hohes Maß an Unterstützung durch den Partner notwendig macht. Die Partnerschaft muss zugunsten der Elternschaft zurückstehen; die eheliche Zufriedenheit nimmt häufig ab.

Durch nächtliches Schreien des Babys kommt der Tag-Nacht-Rhythmus vollkommen durcheinander, so dass beide Eltern reizbar und verletzlich werden. Während dieser Zeit ist das soziale Umfeld, das sich ebenfalls umfassend verändert, in besonderem Maß gefragt, die jungen Eltern zu unterstützen.

Im Lauf der Phase der Herausforderung und Umstellung (ca. 2. bis 6. Monat nach der Geburt) nehmen körperliche und psychische Erholung allmählich zu. Mit der Weiterentwicklung des Kindes kommt es zu einem regelmäßigeren Tagesablauf und zu Pflege- und Versorgungsgewohnheiten; so dass die elterliche Kontrollüberzeugung ansteigt. Forschungsergebnisse zeigen, dass in dieser Zeit Vorläufer einer spezifischen Bindung des Kindes an die Bezugsperson zu beobachten sind: das Unterscheiden und Bevorzugen von bekannten gegenüber unbekannten Personen, soziales Lächeln, Ausstrecken der Arme zur Begrüßung vertrauter Personen und emotionale Reaktionen auf Trennungen von ihnen (Ainsworth et al. 1978; Bowlby 1975; Bretherton 1985; Keller u. Meyer 1982, zit. n. Gloger-Tippelt). Der Säugling wird in zunehmendem Maß sozial aktiv. Papoušek u. Papoušek (1984 zit. n. Gloger-Tippelt) haben dokumentiert, wie Eltern sich durch eine typische Stimmführung und Mimik, die in allen Kulturen aufzufinden ist, auf das Kind einstellen und es bei der Interaktion unterstützen. Die elterliche Feinfühligkeit als zentraler Aspekt im Rahmen der Eltern-Kind-Bindung wird im Kapitel »Depressionen nach der Geburt« (S. 41ff.) näher erläutert. Voraussetzungen für ein feinfühliges Verhalten sind ein hohes Maß an Aufmerksamkeit und Informationsverarbeitung, so dass Eltern kindliche Signale registrieren, interpretieren und zeitlich angemessen darauf reagieren können.

Bezüglich der Partnerbeziehung berichtet Gloger-Tippelt von einer überwiegend traditionellen Rollenverteilung insbesondere im ersten halben Jahr post partum. Die Beschränkung der Frauen auf häusliche und kindbezogene Tätigkeiten übt dabei einen ungünstigen Einfluss auf deren Zufriedenheit aus. Ergebnisse zur Vaterbeteiligung weisen auf eine größere Zufriedenheit der Frauen engagierter Partner hin (Nickel u. Köcher 1986; Belsky et al. 1984a, zit. n. Gloger-Tippelt).

Mit der Einkehr einer gewissen Alltagsroutine tritt ein Ernüchterungsprozess ein, wobei sich die in den ersten Wochen wechselnden depressiven und euphorischen Stimmungen glätten. Die Frauen passen sich an die neue Mutterrolle an, was mit einer Umstellung des Selbstbildes einhergeht. Beide Eltern entwickeln mit zunehmender Erfahrung mehr Selbstvertrauen im Umgang mit ihrem Kind. Dieser Prozess ist jedoch störanfällig: Machen Mütter und Väter häufig die Erfahrung, ihr Baby nicht trösten und beruhigen zu können, so entsteht eine Hilflosigkeit, die mit einer sinkenden Motivation, eben diese Verhaltensweisen zu zeigen, und mit einer Abnahme an elterlicher Aufmerksamkeit einhergeht. Die Eltern erleben sich nicht als kompetent und resignieren. Die Gefahr für eine derartige Entwicklung ist bei unruhigen, häufig schreienden (»irritablen«) Säuglingen besonders groß.

Im Zuge einer wachsenden Vertrautheit mit der neuen Situation treten die Eltern in die Phase der Gewöhnung (ca. 6. bis 12. Monat nach der Geburt) ein. Sie haben sich in ihren Verhaltensweisen dem Kind gegenüber erprobt und die Partnerschaft an die Elternrolle angepasst. Dadurch kommt es zu einer Abnahme an neuen beziehungsweise zur Bearbeitung und Verfestigung prinzipiell bekannter Informationen. Das Kind hat eine deutliche Hierarchie von bevorzugten Personen und die Eltern kennen das Kind ihrerseits mit seinen individuellen Gewohnheiten und typischen Verhaltensweisen; es ist eine emotionale Vertrautheit entstanden, die eine Zunahme an Sicherheit bewirkt. Auch im Fall eines »nicht normativen Lebensereignisses« (Krankheit des Kindes, Wiederaufnahme der Arbeit, Partnerschaftskonflikte) können die Eltern auf bisherige Erfahrungen zurückgreifen.

Gloger-Tippelt betont die Bedeutung der mütterlichen Anpassung an das individuelle Temperament des Kindes. Verhaltensbeobachtung und -auswertung helfen den Eltern, Strategien für ihr eigenes Verhalten zu entwickeln. Im Rahmen des Bindungsprozesses ist neben der Feinfühligkeit der Mutter auch die Orientierungsfähigkeit des Kindes relevant. Eine Gewichtung mütterlicher und kindlicher Beiträge zur Beziehungsqualität ist wegen der komplexen Wechselwirkungen schwer vorzunehmen; so kann einerseits eine hohe *Irritabilität* des Säuglings zu Hilflosigkeit und nachfolgend abnehmender Sensibilität der Mutter führen, andererseits kann ein feinfühliges mütterliches Verhalten das Temperament des Kindes günstig beeinflussen.

Gegen Ende dieser Phase werden für die Frauen durch ein Nach-
lassen an Stressempfinden und Unsicherheit andere Lebensziele
(z. B. beruflicher Natur) wieder greifbarer. Die Qualität der Partnerbeziehung erweist sich besonders für Erstgebärende als wesentliche Einflussgröße auf die Stimmung und Zufriedenheit der Frau.
Die Mutterrolle ist ein Jahr nach der Geburt des Kindes zumeist in
das Selbstbild integriert und das Ideal einer guten Mutter wird
weniger stereotyp beschrieben (Cowan et al. 1980, zit. n. Gloger-
Tippelt). Interessanterweise ändert sich das Selbstwertgefühl der
Eltern in vorliegenden Studien nicht systematisch. Es wird sowohl
von Zunahmen als auch von Verringerungen des Selbstwerts berichtet (Cowan et al. 1978; 1985; Leifer 1980; Wolkind u. Zajicek
1981, zit. n. Gloger-Tippelt). Als Ressourcen, die der Frau die Anpassung an die Mutterschaft erleichtern, nennt die Autorin ein hohes Ausbildungsniveau, eine stabile Partnerschaft, hohes väterliches
Engagement, ökonomische Sicherheit und soziale Unterstützung.

Nach Sigrun-Heide Filipps Modell der »Kritischen Lebensereignisse« liegt ein solches vor, wenn ein

»Eingriff in das zu einem gegebenen Zeitpunkt aufgebaute Pas-
sungsgefüge zwischen Person und Umwelt (vorliegt) ... – wobei an
dieser Stelle ergänzt werden muss, dass solche Eingriffe ›emotionale Nicht-Gleichgültigkeit‹ für die Person besitzen« (Filipp 1981,
S. 9).

Die Geburt eines Kindes ist als ein solches Ereignis anzusehen,
wobei dies für die Geburt des ersten Kindes sicherlich in besonderem Maß gilt. Die Entwicklungsaufgabe besteht darin, ein neues
Gleichgewicht in der Person-Umwelt-Beziehung herzustellen.

Eine Untersuchung von Mummendey über Selbstkonzept-Än-
derungen nach kritischen Lebensereignissen kam bei dem Ereignis
»Geburt eines Kindes« zu folgendem Ergebnis:

»Tritt dieses Ereignis in der jüngeren Vergangenheit auf, so geht
es mit einer Zunahme an *social presence* (Ausgeglichenheit im Umgang [mit anderen, Anm. d. Autorin]) und *sense of well-being* (Abwesenheit von Sorgen, Problemen und Beschwerden) einher. Liegt
die Geburt in etwas fernerer Vergangenheit, so werden ›negativere‹
Selbstbildänderungen berichtet: *communality* (das Fehlen von
Schwierigkeiten in einer Gemeinschaft), *achievement via indepen-
dence* (Selbstständigkeit und Leistungsstärke) und *intellectual effi-*

ciency nehmen rückblickend ab« (Mummendey 1980, zit. n. Filipp 1981, S. 262).

Vorausgesetzt, dass das erste Lebensjahr des Kindes als »jüngere Vergangenheit« anzusehen ist, erscheint es demnach nicht unproblematisch, im Konzept von der Geburt als einem kritischen Lebensereignis einen Erklärungsansatz für postpartale Depressionen zu begründen, wie es zum Beispiel Sauer (1997) versucht. Das Konzept der kritischen Lebensereignisse sieht diese keineswegs zwingend als »pathogen« an. Erst eine »Kumulation von kritischen Lebensereignissen« (Filipp 1981, S. 6) besitzt pathogene Effekte, wenn sie die Kapazitäten eines Individuums zur Anpassung an neue Umstände überfordert.

Psychodynamische Aspekte

Schwangerschaft

Eine sehr ausführliche Psychologie der Schwangerschaft entwickelte Helene Deutsch (1954):

– Ambivalente Gefühle gehören zum Erleben der Schwangerschaft dazu: Deutsch spricht von »ausscheidenden und behaltenden Tendenzen« (Deutsch 1954, S. 108), die bei intensiver Ausprägung zu psychosomatischen Symptomen führen können.

– Sie sieht die Schwangerschaft als Zeit der verstärkten Introversion an: das bedeutet, dass das Interesse der Frau von der Umwelt abgelenkt und der eigenen Person und dem heranwachsenden Fötus zugewandt wird. Nach Deutsch ist eine bestimmte psychische Reife nötig, um dieses Ausmaß an Introversion ohne emotionale Störungen zu durchleben.

– Andererseits bemächtigt sich eine »nestbildende Aktivität« (S. 125) der Frau, die als Vermittlung zwischen Abkehr von der Außenwelt und Hinwendung zur sozialen Umwelt angesehen werden kann.

– Große Bedeutung kommt der Mutter-Kind-Identifizierung zu, was zu einem Übermaß an *Regression* bei der Frau führen kann.

Im Dienst der Identifikation wendet die Schwangere ihr Interesse weitgehend von der eigenen Person ab und dem Kind zu, das jedoch als Teil des *mütterlichen Selbst* angesehen werden kann. Diese Einheit kann als »Erfüllung der ewigen Sehnsucht der Menschheit nach einer Identität zwischen Ich und Nicht-Ich« (S. 114) betrachtet werden. Dieser Aspekt ist im Rahmen der Erforschung des Phänomens PPD besonders bemerkenswert, denn die Geburt bedeutet Trennung und das Ende der beschriebenen Einheit:

»Um es (das Kind, Anm. d. Autorin) zu dem Wesen zu machen, das außerhalb ihr *ist*, muß sie es aus dem Tiefsten hergeben und entledigt sich dadurch *nicht seiner allein*, sondern *ihrer selbst* mit ihm. Sie verliert nicht nur es, sondern sich selbst mit ihm. Das scheint mir im Tiefsten das Wesen jener Todesangst und Todesahnung zu sein, die *jede* schwangere Frau in sich trägt und wodurch *Lebengeben* auch zum *Lebenverlieren* wird« (Deutsch, S. 130).

Diese Worte können das im Rahmen einer Depression verlorene Gefühl für die eigene Person hervorragend verständlich machen, zumal im Kontext nicht bewältigter Trennungs- und Verlusterlebnisse.

– Die Identifikation mit der eigenen Mutter gehört ebenfalls zum »Schicksal« der Schwangeren, wobei frühere Konflikte aktualisiert werden können.

– Die schwangere Frau bewegt sich in ihrem inneren Erleben zwischen zwei Antithesen: Sie »erweitert« sich einerseits durch das in ihr wachsende neue Leben, andererseits »schrumpft« sie auch körperlich und psychisch: körperlich, da sie für ein anderes Wesen beansprucht wird, psychisch, da sie »nichts bekommt, sondern gibt und in der nächsten Lebensphase nur geben wird. Wenn diese doppelte Einstellung ins Unendliche geht, bewegt sich das innere Erlebnis der Schwangeren zwischen unendlicher Erweiterung, ›Ich bin die ganze Welt‹, und unendlicher Schrumpfung, ›Ich bin gar nichts‹. Das eine schafft Leben, Liebe, mütterlichen Stolz und Glücksgefühle, das andere Depression, Zerknirschung und Scham, Hass, Destruktion und Tod« (Deutsch, S. 129).

– Schwangerschaft kann auch als Zuflucht vor einer unbefriedigenden Realität angesehen werden, die das Ausleben bewusster und unbewusster Wünsche ermöglicht; zum Beispiel eine Introversion ohne soziales Schuldgefühl.

– Sie kann ebenso eine Art »Ferien vom Ich« (S. 126) bedeuten: Etwaige Minderwertigkeitsgefühle, die kompensatorisch zu hohem Leistungsdruck führen können, bekommen eine »Ruhepause, in der es heißt: ›Jetzt brauche ich nichts anders zu sein, ich bin ja schwanger‹« (S. 127). Damit wird die Geburt wiederum zu einem Verlusterlebnis.

Ein wichtiger Aspekt dieses Ansatzes ist die recht nahe liegende – und in der Realität dennoch wenig berücksichtigte – Annahme, dass eine schwangere Frau, der wenig Liebe entgegengebracht wird, eine geringere Bereitschaft zum Geben haben wird.

Auch Winnicott (1964, 1966, 1968) hebt die zunehmende Identifikation der Schwangeren mit ihrem Kind hervor: Indem sie ihre Aufmerksamkeit von sich selbst weg- und dem heranwachsenden Baby zuwendet, ist sie nach der Geburt in der Lage, sich in ihr Kind hineinzuversetzen, eine Einstellung, die er als »Primäre Mütterlichkeit« (Winnicott 1964, S. 46; 1968, S. 101) bezeichnet. Nach der Geburt kommt der Mutter nach seinem Ansatz die Aufgabe zu, die *Ich-Organisation* des Babys zu fördern, wobei ihr eigenes Ich stützend wirkt (siehe auch Winnicott 1966). Das mütterliche Hilfs-Ich erfährt im Dienste dieser Aufgabe bereits während der Schwangerschaft eine strukturelle Auflockerung. Dabei betont Molinski, dass die formale Auflockerung und Umstrukturierung der Ich- und Triebkräfte eine Vorbereitung auf die bevorstehende Anpassungsleistung darstellen; es sei daher irreführend, »von einer Ich- und Triebregression zu sprechen« (Hertz u. Molinski 1980, S. 100).

Brazelton und Cramer (1994) sehen in der Schwangerschaft eine Zeit des emotionalen Aufruhrs, die auf die Aufgabe vorbereitet, sich auf ein Baby einzustellen und eine Bindung aufzubauen. Dabei kommt es zur Regression auf eine stärkere Abhängigkeit familiärer Beziehungen. Ein dadurch unter Umständen auflebendes intensives Verschmelzungsgefühl mit der eigenen Mutter kann als Bedrohung der Identität erlebt werden. Es können Ängste entstehen, die ein Wiederaufleben früherer Konflikte zur Folge haben, wobei nach

Pines (1981, zit. n. Brazelton u. Cramer) Trennungskonflikten besondere Bedeutung zukommt.

Die erlebten Ängste haben darüber hinaus die zukünftige Verantwortung zum Gegenstand. Zur Anpassung gehört auch das Bewusstsein: »Bald wird es kein Zurück mehr geben« (Brazelton u.
Cramer 1994, S. 30).

Bemerkenswert erscheint mir der Gedanke der Autoren, dass
ambivalente Gefühle der Schwangeren dem Kind gegenüber durch
eine Idealisierung des Babys abgewehrt werden. Sie sehen es als
vordringlichste Aufgabe der Frau, das in ihr heranwachsende Kind
nicht als Eindringling zu sehen, sondern als »gutartigen Teil ihrer
selbst anzunehmen« (S. 32). Hier wird »Mutterliebe« – was auch
immer darunter verstanden wird – keineswegs als naturgegeben
betrachtet.

Daniel Stern (1998; Stern u. Bruschweiler-Stern 2000) vertritt die
Auffassung, dass die Mutter – insbesondere die Erstgebärende –
mit der Geburt eines Kindes in eine neue psychische Organisation
eintritt, die er als »Mutterschaftskonstellation« (Stern 1998, S. 209)
bezeichnet. Der Schwangerschaft und auch der Geburt kommen
dafür vorbereitende Funktionen zu. Die mütterliche Identität unterscheidet sich nach diesem Ansatz grundlegend von der Identität
einer Frau, bevor sie Mutter wurde. Laut Stern erfassen gängige
psychologische Modelle diesen Aspekt nicht.

Im Rahmen der Vorbereitung auf die neue, mütterliche Identität
sind insbesondere von Bedeutung: Fantasien über das Baby, über
die Frau selbst als Mutter und über die gemeinsame Zukunft als
Familie, Bindung, Ängste (vornehmlich um die Gesundheit des
Kindes und vor der Geburt) und die Veränderung des Körperbildes. Im ersten Schwangerschaftsdrittel sind Frauen meist noch
nicht dazu bereit, ihrer Fantasie freien Lauf zu lassen, da nicht selten ein Verlust des Babys befürchtet wird. In Übereinstimmung mit
Gloger-Tippelt sieht auch Stern (Stern u. Bruschweiler-Stern 2000)
im Erspüren der ersten Kindsbewegungen eine wichtige Ursache
für die Zunahme an Fantasien über das Baby. Dabei entfalten werdende Mütter zwischen dem vierten und siebten Monat ihre Fantasien. Während des achten und neunten Monats werden diese Fantasien jedoch wieder aufgelöst; Stern sieht darin einen Schutz vor
allzu großer Diskrepanz zwischen dem imaginierten und dem rea-

len Baby.[5] In den Vorstellungen über das Baby und über die Zeit nach der Geburt sieht er eine Vorbereitung auf die Bindung, wobei er zwischen drei Bindungsmustern – nicht zu verwechseln mit Bowlbys Bindungstypen – unterscheidet:

- Das distanzierte Bindungsmuster liegt vor, wenn eine Frau sich tendenziell von der Mutterschaftserfahrung abgrenzt, was sich darin äußern kann, dass sie sich wenig mit der Schwangerschaft beschäftigt und ihren Bauch eher versteckt.
- Ein verstricktes Bindungsmuster bedeutet, dass eine Frau so in der Mutterschaftserfahrung aufgeht, dass es ihr »nicht mehr gelingt, auch nur einen Schritt zurückzutreten, um eine bessere Sicht auf den damit verbundenen Entwicklungsprozess zu erhalten« (Stern u. Bruschweiler-Stern 2000, S. 49).
- Das autonome Bindungsmuster ist zwischen den beiden anderen Mustern anzusiedeln.

Die letzten Monate vor der Geburt gehen nach Stern und Gloger-Tippelt mit einer großen Zunahme an Ängsten (um die Gesundheit des Kindes und vor der Geburt) einher. Stern betont dabei die Notwendigkeit, sich mit diesen Ängsten auseinander zu setzen, da sie eine vorbereitende Funktion erfüllen. Die Veränderungen des Körperbildes leisten einen Beitrag zur Entwicklung der mütterlichen Identität; sie helfen der Frau, sich von ihrem bisherigen Selbstbild zu lösen. Meines Erachtens kann diese Ablösung durchaus schmerzhaft und problematisch sein: Der Übergang zur Mutterschaft stellt auch einen Abschied dar und bedeutet nicht nur, dass etwas Neues, Erwünschtes im Leben hinzukommt.

---

[5] Diese Annahme ist für das Thema Frühgeburtlichkeit von Bedeutung, das hier aus Gründen der Übersichtlichkeit jedoch nicht aufgegriffen werden kann.

Geburt

> »Eine Frau, die entbindet, entdeckt oder findet bei
> der Geburt auch die Möglichkeit, in Abgründe zu
> blicken – wenn sie will bzw. wenn sie kann. Die
> weibliche Psyche gerät an dieser Stelle in ein Mi-
> nengelände. Im Geburtsgeschehen verdichtet sich
> die gesamte Biographie. Und in dieser Verdich-
> tung wird nichts ausgelassen. Es wird nichts aus-
> sortiert. Die Geburt ist die Stunde der Wahrheit.
> Dort wird die Luft dünn« (Azoulay 1998, S. 29).

So mancher Frau mag die »Luft ausgehen«, angesichts der enormen
physischen und psychischen Aufgabe, die eine Geburt bedeutet.

Die Psychologie der Entbindung von Deutsch lässt sich durch
widersprüchliche Tendenzen der Gebärenden gut beschreiben:
- Mit herannahendem Entbindungstermin erfolgt eine beachtli-
  che Zunahme an Ängsten vor der Geburt einerseits und ein Anwachsen der Neugier auf das Kind andererseits. Die mütterliche
  Ungeduld wird weiterhin durch eine Zunahme an körperlichen
  Beschwerden forciert.
- Die Beziehung zum Kind verliert zum Teil ihren symbiotischen
  Charakter; sie »spaltet sich: das Kind im Uterus hat bereits einen
  Doppelgänger, dem alle fantasierten Wunscherfüllungen gelten,
  dessen reale Existenz als *Du-Objekt* immer näher rückt. Gleichzeitig verstärkt sich mit dem Ende der Schwangerschaft die Pola-
  rität Ich-Du, und die Verwaltung der Liebe und der feindlichen
  Regungen bedient sich dieses Doppelgängertums: der Feind
  muss heraus, um als teurer Freund in der Außenwelt wieder zu
  erscheinen« (Deutsch 1954, S. 161; Hervorgehobenes s. Glossar,
  S. 178).
  Dadurch setzt der Kampf zwischen »Behaltenwollen und Aus-
  stoßen« (S. 161) wieder ein: überwiegt das Behaltenwollen, was
  als Ausdruck einer narzisstischen Selbstgenügsamkeit anzusehen
  ist, und will die Frau auf die hergestellte Einheit nicht verzichten,
  so kann es zu einer Verlängerung der Schwangerschaft kommen.
  Überwiegen hingegen die Kräfte des Ausstoßens, kann eine vor-
  zeitige Entbindung die Folge sein.
- Als weiteres Paradoxon nennt sie das Zusammentreffen eines
  gewaltigen Entwicklungsfortschritts mit regressiven Kräften.

– Deutsch stellt einen Zusammenhang zwischen Geburt und Ge-
  schlechtsverkehr, zwischen Schmerz und Lust her, der in der
  Annahme eines »weiblichen Masochismus« begründet ist; mit
  dieser Hypothese hat sie Empörung hervorgerufen.

– Im Verlauf der Geburt findet ein Wechsel zwischen passiven und
  aktiven Tendenzen statt: Während es im Rahmen der *Eröffnungsperiode* mehr auf das Geschehen-lassen-Können ankommt, wird
  bei der *Austreibungsphase* die aktive Teilnahme der Gebärenden
  bedeutsam. In der Aktivität der Gebärenden und auch der
  Schwangeren kurz vor der Geburt sieht Deutsch einen Schutz-
  mechanismus gegen die Angst.

Die Angst während der Geburt hat den Charakter der Todesangst,
was sich durch medizinisch verbesserte Möglichkeiten und einer
nachfolgend niedrigeren mütterlichen Sterblichkeit nicht geändert
hat: Sie habe zwar nun weniger den Charakter der *Realangst*, erfahre jedoch aus anderen Quellen Verstärkung. So nennt Deutsch die
durch den drohenden Verlust der Einheit mit dem Kind provozier-
te Trennungsangst und eine Art »Restangst« bezüglich der eigenen
Unversehrtheit und derjenigen des Kindes, die durch eine sorgen-
volle Haltung seitens der Familie möglicherweise verstärkt wird.
Eine weitere Angstquelle sieht sie in einer »unerledigten und
schuldbeladenen Beziehung zur eigenen Mutter« (Deutsch 1954, S.
166). Sie berichtet auch von Frauen, die während der Geburt von
einer Art Angst vor der Angst ergriffen werden. Die Autorin erach-
tet es angesichts der bedrohlichen Ängste als wichtige Hilfen für die
Gebärende, einen aktiven Anteil am Geburtsgeschehen übernehmen zu können und »die Möglichkeit der raschen Wiedervereini-
gung mit dem Kinde« (S. 181) zu erhalten; sie übt Kritik an der
technisierten Geburtshilfe, die beides einschränkt. Damit erweist
sie sich als ihrer Zeit weit voraus: Erst viele Jahre – man kann sagen,
eine Generation – später fingen Geburtshelfer und Hebammen an,
diese Gesichtspunkte wieder zu berücksichtigen.
  Deutsch sieht in der Geburt ein Ereignis, das durch den großen
psychischen und physischen Aufruhr »ein ausgiebiges psychisches
Material heraufbefördert« (S. 159), wodurch Konflikte aktualisiert
und gesteigert werden können. Angesichts dieser detaillierten Vorstellungen über die »Psychologie des Entbindungsakts« mag es be-

fremdlich erscheinen, dass im Rahmen der Erforschung postpartaler Depressionen das Augenmerk so einseitig auf somatische Vorgänge (etwa die hormonellen Umstellungen) gerichtet wurde und
immer noch wird.

Stern sieht in der Geburt eine »Geschichte, die nie wirklich ganz
erzählt wird« (Stern u. Bruschweiler-Stern 2000, S. 64), eine Erfahrung, die kaum vollständig in das Selbst integriert werden kann. Er
vergleicht sie mit einem Orkan; eine Metapher, die auch Azoulay
verwendet.

Die emotionale Bindung an das Baby ist unmittelbar nach der
Geburt noch nicht vorhanden; sie wächst mit den Erfahrungen, die
Mutter und Kind miteinander machen. Dabei gehören zu den
besonders wichtigen Erfahrungen der erste Schrei, das Gefühl des
Babys auf dem Bauch der Mutter, der erste Blickkontakt und das
Stillen. Vom ersten Schrei berichten Mütter, dass er das Baby »so
real« (Stern u. Bruschweiler-Stern 2000, S. 66) gemacht habe. Der
erste Blick hat einigen Frauen den Eindruck vermittelt, dass das
Baby sie schon kenne. In der Tat zeigen Neugeborene eine besondere Vorliebe für die Stimme der eigenen Mutter (siehe auch Klaus et
al. 1997).

Die große Bedeutung des Frühkontakts für den Prozess der Bindung wurde in den letzten Jahren zunehmend anerkannt[6] und findet allmählich Eingang in die Praxis vieler geburtshilflicher Abteilungen.

Den Gefühlszustand einer Frau unmittelbar nach der Geburt
vergleicht Stern (Stern u. Bruschweiler-Stern 2000) mit zerbrechli-
chem Porzellan: Die Mütter zeichnet eine ungeheure Sensibilität
aus, die dazu dient, Alarmsignale, die eine Gefährdung des Babys
anzeigen könnten, frühzeitig wahrzunehmen. Unachtsame Bemerkungen seitens des medizinischen Personals können daher großen
Schaden anrichten.

---

[6] Eine aufschlussreiche Studie führte Gomez Pedro (1989) in Lissabon
    durch; Näheres dazu in Klaus et al. (1997, S. 108).

Azoulays »Streitschrift wider den Mythos der glücklichen Geburt«

Die zu Beginn dieses Teilkapitels bereits zitierte Autorin Azoulay spricht von einer *kollektiven Abwehr* der bedrohlichen, ängstigen-den, ja brutalen Aspekte des Ereignisses Geburt. Daher soll ihre Streitschrift den psychodynamischen Theorien der Geburt hinzu-gefügt werden, wobei sie als Mutter und Philosophin und nicht etwa als Psychoanalytikerin die Feder führt. Obwohl zahlreiche Riten und Traditionen rund um Gebärende und Neugeborene auf ein Bewusstsein für die bedrohlichen Seiten des Geschehens hinweisen, wird dieses Wissen sozusagen wieder zugedeckt. Eine besonders problematische Art des Zudeckens sieht Azoulay im »Mythos der glücklichen Geburt«, der Vorstellung, man könne mit-tels ausgeklügelter Vorbereitung und eines ansprechenden Ambi-entes der Entbindung nicht nur ihre Wucht und Rohheit nehmen, sondern sie sogar zu einem berauschenden Ereignis umgestalten. Dabei gebe es Hinweise für die schwangere Frau, dass diese Idylle fadenscheinig ist:

»Alle stehen sie stramm; der Arzt, die Krankenkasse, »Pro Fami-lia«, die Geburtsvorbereiterin, die Verwandten, die Freunde. Alle strahlen einen an, so sehr, dass man geblendet ist, und im Chor sin-gen sie: ›Alles wird gut.‹ Da hätte man schon stutzig werden kön-nen. Das hätte als klare Warnung schon erkannt werden können« (Azoulay 1998, S. 40).

Geburtsvorbereitungskursen und vorbereitender Literatur sagt sie einen deutlichen Hang zur Verharmlosung nach, was mir zum Teil berechtigt erscheint. Sie zitiert einige Ratgeber, die den Ge-burtsschmerz in der Tat verharmlosen und darüber hinaus von schmerzstillenden Medikamenten oder auch von der *PDA* abraten, ein Vorgehen, das Azoulay als sadistisch bezeichnet: »Was erlaubt ihnen, wenn Frauen die Schmerzen als unerträglich beschreiben, beim Wort unerträglich Anführungszeichen zu setzen?« (S. 75). Neben den Schmerzen nennt sie – in Übereinstimmung mit Deutsch – Todesangst als Teil des Geburtserlebens.

Ein weiterer, von der Autorin hervorgehobener, im Zusammen-hang mit der Erforschung postpartaler psychischer Störungen besonders bemerkenswerter Aspekt ist die Auflösung der Körpergrenzen. Sie vergleicht den Körper der Frau mit dem Roten Meer, das sich öffnet, das Volk durchlaufen lässt und sich wieder schließt. Geht man von einem »*Körper-Selbst*« (Dorsch 1994, S. 698) als einem wichtigen Bestandteil des Selbst aus, so wird nachvollziehbar, dass die Auflösung der Körpergrenzen bei der Geburt eine Bedrohung für das Selbst der Gebärenden darstellen kann. Möglicherweise lässt sich auf diesem Weg ein Zugang zum Verständnis für die postpartal enorm erhöhte Psychoseneigung (siehe Kapitel »Depressionen nach der Geburt«, S. 41ff.) gewinnen: Als wichtige, bei Psychosen erlebte Gefahr für das Selbst wird die der »Fragmentierung« (Mentzos 1984, S. 146) angeführt, die durch ein Erleben der körperlichen Entgrenzung wachgerufen werden kann.

Hinweise auf ein verschwiegenes Wissen um die unannehmbaren Aspekte der Geburt als einem Ausnahmezustand sieht Azoulay in der Rechtsprechung zur Kindstötung, die der gebärenden Frau unter Umständen eine entschuldbare absolute Verzweiflung zugesteht und sie gegebenenfalls für unzurechnungsfähig erklärt.

Einen kritischen Blick wirft die Autorin auf den Umgang mit Geburt und Geburtsschmerz in alternativen geburtshilflichen Kreisen, die einen »Mythos der natürlichen Weiblichkeit« (Azoulay 1998, S. 143) beschwören, der das Mitgefühl der Hebammen neutralisiere. Dabei bezeichnet sie insbesondere die Haltung vieler freiberuflicher Hebammen, den Schmerz als »positiv« und »normal« zu werten, als problematisch. Sie entgegnet, dass die Betroffenen den Schmerz keineswegs als normal ansehen. Die Ablehnung medizinischer Errungenschaften im Bereich der Schmerzbekämpfung sieht sie als beklagenswerte Konsequenz einer Kritik an der medizinischen Geburtshilfe, die in ihrer Polarisierung problematisch ist:

»Die Polarisierung ›Arzt, Technik, Kontrolle‹ versus ›Frau, Natur, ursprüngliche Geburt‹, wie wir sie längst nicht mehr nur in frauenbewegten Kreisen beobachten können, ist weniger harmlos, als sie erscheint. Sie führt nicht nur dazu, dass Frauen aus (teilweise berechtigter) Kritik am medizinischen Apparat an den technischen Fortschritten vorbei Geburt und Körper wieder in die eigene Regie nehmen, sondern sie lenkt zugleich von der schmerzhaften Konfrontation mit der dunklen Seite des Gebärens ab« (Azoulay, S. 55).

Das von der Autorin geschilderte Phänomen richtet sich gegen die werdenden Mütter, denen doch geholfen werden soll; man kann von einer Ideologisierung innerhalb der Geburtshilfe sprechen, wobei sich Schulmedizin und »alternative« Medizin, klinische und außerklinische Geburtshilfe zum Teil erbittert gegenüberstehen. Zur Selbstbestimmung der Gebärenden tragen ideologisch eingefärbte Informationen beider Seiten jedoch nicht bei.

Eine Frau verzweifelt sicherlich mehr an der Geburt, wenn sie das Geschehen nicht mit den erhaltenen Informationen in Übereinstimmung bringen kann. Sowohl »Angstmache« als auch abgehobene romantische Schilderungen sind daher ungeeignet, eine Schwangere auf das bevorstehende Ereignis einzustimmen. Im Hinblick auf postpartale Depressionen sind diese Aspekte insofern bedeutsam, als die Geburtsvorbereitung und die Bewertung des Ereignisses sicher eine wichtige Rolle bei der Verarbeitung spielen.

Das neue Leben mit dem Kind

> »›Ich hatte das Gefühl, als hätte man mich molekular neu zusammengesetzt‹, sagt Judith A., die erfolgreich als Chefredakteurin und Journalistin in New York arbeitete, bevor sie ihre beiden Kinder bekam. ›Ich interessierte mich sehr für das öffentliche Leben, für Literatur und arbeitete gern in diesem Bereich – und dann veränderte ich mich. Ich hatte mich immer als in sich gefestigte Einheit gefühlt, die sich mit deutlichen Konturen in der Welt bewegte, und dieses Gefühl kam mir abhanden, weil man – auf ganz unbegreifliche Weise – nicht weiß, wo man selbst aufhört und das Baby anfängt. Es ist nicht nur das Berufliche; ich kam mir vor, als stünden plötzlich alle Fenster offen, als sei meine Schutzhülle sehr porös geworden, und es fiel mir unendlich schwer, mich ins Leben hinaus zu wagen‹« (Bericht einer postpartal depressiven Mutter, zit. n. Figes 1999, S. 57).

Deutsch weist darauf hin, dass die enormen körperlichen und psychischen Belastungen, die Schwangerschaft und Geburt für eine Frau bedeuten, im Wochenbett keineswegs schlagartig verschwinden, sondern neuen Herausforderungen weichen. Sie bezeichnet es, insbesondere in Anbetracht der körperlichen Veränderungen, als Trugschluss, wenn eine Frau nach der Geburt denkt »›Jetzt bin ich wieder ich‹« (Deutsch 1954, S. 191). Die Aufgabe des Stillens stellt den Körper der Frau erneut in den Dienst der Fortpflanzungsfunktion. Das Wochenbett schildert sie als »Zwischenland zwischen Schwangerschaft und Leben« (S. 203); eine ähnliche Metapher benutzt Azoulay: »Die Psyche befindet sich in einer Landschaft, in der das Meer sich noch nicht richtig vom Land getrennt hat: es plätschert noch alles übereinander« (Azoulay 1998, S. 107).

In dieser Zeit ist die Frau von vielerlei Ängsten geplagt, welche die Trennung vom Kind, den Verlust des Ich und mögliche Mutter und Kind betreffende Gefahren beinhalten.

Die Beziehung zum Kind entwickelt sich allmählich, wobei das Stillen eine wichtige Rolle spielt: diesem Thema widmet die Autorin große Aufmerksamkeit, wobei sie im Fall auftretender Schwierigkeiten die Ursachen zu einem großen Teil im psychischen Bereich ansiedelt. Während einige Frauen stolz darauf sind, ihr Kind ernähren zu können, und große Befriedigung daraus ziehen, empfinden andere das Stillen als ein »Aufgefressen-Werden«: Die oralen Bedürfnisse des Kindes werden dabei als Aggressionen erlebt, wodurch es sozusagen zu einem »Feind« wird. Als Grundlage dieser Angst, »gefressen zu werden«, sieht Deutsch den »Zwiespalt zwischen den Polaritäten Ich – Fortpflanzungsdienst« (Deutsch 1954, S. 209), der darin besteht, dass die Frau die Interessen und Ansprüche des Kindes mit eigenen Ich-Interessen einigermaßen in Einklang zu bringen versucht, wobei sie selbst häufig zurückstecken muss, so dass ein Gefühl der Ich-Verarmung droht und für Angst und Unsicherheit sorgt: »Das Ich fühlt sich nicht stark genug, den Wandel der Interessen und den Entfall der gewohnten Kontrolle über die emotionellen Vorgänge ohne Spannung und Angst zu ertragen« (S. 208).

Da sich die Mutterliebe auf Kosten der Selbstliebe entwickelt, fühlen sich Mütter mitunter überfordert und zu kurz gekommen. Zu den mit der neuen Rolle einhergehenden Einschränkungen der Bewegungsfreiheit kann die Angst vor dem Verlust der Schönheit belastend hinzukommen. Als besonders problematisch wird die Situation derjenigen Frauen geschildert, die aus einem Gefühl der Vereinsamung heraus schwanger werden: Das Kind erfüllt die sehnsüchtigen Liebeswünsche der Mutter nicht, sondern fordert seinerseits bedingungslose Liebe ein. Diese Erfahrung kann zu Enttäuschung und Verbitterung der Frau führen. Die Illusion einer Mutter-Kind-Symbiose, die mütterliche, bisher ungestillte Bedürfnisse befriedigt, wird im Kapitel »Depressionen nach der Geburt« erneut zur Sprache kommen.

Nach Stern (1998; Stern u. Stern-Bruschweiler 2000) ändert sich postpartal – insbesondere nach der Geburt des ersten Kindes – die »psychische Organisation« einer Frau. Diese neue Organisation bezeichnet er als »Mutterschaftskonstellation« (Stern 1998, S. 209).[7] Die oben zitierte Schilderung der Frau, sich post partum wie molekular neu zusammengesetzt zu fühlen, kann als Unterstützung dieser These betrachtet werden. Die Änderungen in der psychischen Organisation, die in ihrer Dauer variabel sind, betreffen Handlungstendenzen, Sensibilitäten, Fantasien, Ängste und Wünsche der Mütter. Dabei sind drei Themen von besonderer Bedeutung: der Diskurs der Mutter mit ihrer eigenen Mutter (wobei Stern als »Mutter« in diesem Kontext die wichtigsten mütterlichen Gestalten im bisherigen Leben der Frau bezeichnet), insbesondere mit der Mutter ihrer eigenen Kindheit, ihr Diskurs mit sich selbst, insbesondere mit sich selbst als Mutter; und ihr Diskurs mit dem Baby. Das Denken und Fühlen der Frau kreist um diese »Mutterschaftstrilogie«. Es entsteht eine neue Triade, die für eine gewisse Zeit wichtiger wird als die »ödipale Triade« (bzw. ödipale Triaden: sowohl die »alte«: Mutter, Mutter der Mutter, Vater der Mutter als auch die »Neuauflage«: Mutter, Vater, Baby).

Folgende Fragestellungen prägen die psychische Organisation der zur Mutter gewordenen Frau:

»1. Kann sie das Überleben und Gedeihen des Babys gewährleisten? Wir wollen dies als *Thema des Lebens und Wachstums* bezeichnen.

2. Kann sie eine für sie selbst authentische emotionale Beziehung zu dem Baby aufnehmen, und wird diese Beziehung sicherstellen,

---

[7] Die klinischen Implikationen des in der langjährigen beratenden und therapeutischen Tätigkeit Sterns begründeten Modells würden den Rahmen sprengen; sie sind bei Stern (1998, S. 226ff.) nachzulesen.

daß sich das Baby psychisch zu dem Baby entwickelt, das sie sich wünscht? Dies ist das *Thema der primären Bezogenheit.*

3. Wird sie das Unterstützungssystem schaffen und tolerieren können, dass zur Erfüllung dieser Funktion nötig ist? Dies ist das *Thema der unterstützenden Matrix.*

4. Wird sie in der Lage sein, ihre Selbstidentität so zu transformieren, dass sie diese Funktionen unterstützt und fördert? Dies ist das *Thema der Reorganisation der Identität«* (Stern 1998, S. 211; Hervorhebung im Original).

Jeder Themenbereich soll nun anhand eines Beispiels verdeutlicht werden:

1. Viele Mütter schleichen sich nachts zum Babybett, um zu überprüfen, ob ihr Kind noch atmet. Weiterhin sorgen sie sich oft um eine regelrechte Gewichtszunahme.

2. Die Eltern fragen sich, ob sie Signale – zum Beispiel das Schreien – des Babys richtig deuten und angemessen darauf reagieren.

3. Die Frauen nehmen Kontakt zu einer Hebamme und sehr häufig auch zu ihrer Mutter auf, die sie um Unterstützung (oft in Form eines Besuchs, bei dem die Mutter im Haushalt ihrer Tochter aktiv wird) bitten: Anderen Frauen kommt hinsichtlich der unterstützenden Matrix eine vorrangige Rolle zu.

4. Die Identität der Frau ändert sich vom Selbstverständnis als Tochter zur Mutter, von der Ehefrau zum Elternteil, von der jüngsten Generation zur Elterngeneration. Eine weitere, hinsichtlich der Identität wichtige Frage wird nach einiger Zeit die der Berufstätigkeit sein (Rückkehr in den Beruf: ja oder nein, Voll- oder Teilzeit).

Die Entwicklung der Mutterschaftskonstellation wird als kulturell und historisch bedingt und nicht als angeboren betrachtet. Zu den kulturellen Bedingungen (bzw. Erwartungen) der westlichen postindustriellen Gesellschaften gehört nach Stern, dass die Gesellschaft davon ausgeht, dass ein Kind erwünscht war, dass die Mutter das Baby liebt, dass sie letztendlich die Verantwortung für das Kind allein trägt, selbst wenn sie Aufgaben an andere delegiert, und dass der Vater und andere einen unterstützenden Kontext schaffen. Der Mutterrolle wird kulturell ein hoher Wert beigemessen; dennoch werden für junge Mütter wenig Hilfsangebote bereitstellt, die die Übernahme der neuen Rolle erleichtern könnten.

Die Anstrengungen der Mutterschaft sind in Fragen und Ängsten hinsichtlich der vier geschilderten Themenbereiche und vor allem in der Erwartung an die Mutter begründet, trotz Übermüdung jederzeit reagieren zu können.

Um das Kind mit seinen individuellen Eigenheiten akzeptieren zu können, ist nach der Geburt die Aufgabe des Fantasiebabys zugunsten des realen nötig. Dabei können eigene Wünsche eine hinderliche Rolle spielen. Beispiele für eigene Wünsche sind: sich durch das Kind lebendiger zu fühlen (das Baby als »Antidepressivum«), einen Menschen zu haben, der einen bedingungslos liebt, einen Stellvertreter, der für die Mutter oder den Vater nicht realisierbare Träume auslebt, oder das Kind, das die Ehe rettet. Erfolgt keine Auseinandersetzung mit diesen Strebungen, fällt es den Eltern entsprechend schwer, das Kind als eigene Persönlichkeit wahrzunehmen; zudem ist bei einem Festhalten an bestimmten Wunschvorstellungen eine Enttäuschung programmiert.

Die Gründung einer Familie lässt eigene Kindheitserfahrungen wieder aufleben, so dass mitunter eine Bearbeitung konfliktreicher Themenbereiche notwendig wird.

Depressionen nach der Geburt – Erklärungsansätze und Befunde

Abgrenzung postpartaler Depressionen vom »Babyblues« und von postpartalen Psychosen

Neben der postpartalen Depression gehören der sogenannte »Babyblues« und postpartale Psychosen zu den wichtigsten nach der Geburt eines Kindes auftretenden psychischen Erkrankungen (wobei der Krankheitsbegriff beim Babyblues nicht unproblematisch ist). Da die drei Störungsbilder sich überschneiden und eine Abgrenzung oft schwierig ist, werden auch der Babyblues und postpartale Psychosen kurz dargestellt.

Der Babyblues oder die postpartale *Dysphorie*

Es handelt sich um die mildeste Form psychischer Störungen in der Postpartalzeit. Eine recht abwertende, umgangssprachliche Bezeichnung dieses Phänomens lautet »Heultage«.

Die Symptomatik schildern Bergant und Lanczik (1997) so: eine hochgradige Affektlabilität mit Weinerlichkeit, Ängstlichkeit, erhöhter Reizbarkeit, Verwirrtheit, Vergesslichkeit, Schlaf- und Appetitstörungen. Viele Frauen äußern die Angst davor, ihrer neuen Aufgabe als Mutter nicht gewachsen zu sein. Die Symptome treten meist um den 2. bis 5. Tag nach der Geburt auf, halten über Stunden oder auch einige Tage an und klingen in der Regel ohne therapeutische Maßnahmen spontan wieder ab.

Die Angaben zur Häufigkeit der postpartalen Dysphorie schwanken erheblich: Riecher-Rössler (1997) spricht von 25 bis 40 Prozent der Wöchnerinnen. Die Schwankungen der Häufigkeitsangaben sind vermutlich auf unterschiedliche diagnostischen Kriterien und Messinstrumente zurückzuführen. Zur Pathogenese wurden sowohl biologische als auch psychosoziale Faktoren untersucht.

Der rapide Abfall der Östrogene und des Progesterons und Schwankungen der Kortisol-, Prolaktin- und Oxytocinspiegel in den ersten Tagen post partum haben dazu geführt, dass zur Erklärung der postpartalen Dysphorie häufig hormonelle Faktoren herangezogen werden. Obwohl zahlreiche pathologische Befunde erhoben wurden (Nott et al. 1976; George et al. 1980; Ballinger et al. 1982; Kuevi et al. 1983; Metz et al. 1983; Feksi et al. 1984; Gard et al. 1986, zit. n. Riecher-Rössler), konnte bisher keiner konsistent bestätigt werden. Befunde hinsichtlich der Bedeutung von Noradrenalin, Norepinephrin und Tryptophan bei der Entstehung des »Blues« erscheinen ebenfalls widersprüchlich.

Hartung und Hartung (1997) kamen in ihrer Untersuchung über den »Postpartum-Blues«, bei der 119 Wöchnerinnen befragt wurden, zu folgenden Ergebnissen bezüglich möglicher psychosozialer Faktoren:

Als bedeutsamster Faktor erwies sich die Anzahl der Geburten der Frauen. Die befragten Erstgebärenden litten mit einer hohen Signifikanz häufiger unter postpartaler Dysphorie als die mehrgebärenden Teilnehmerinnen.

Weiterhin zeigte die Studie, dass längere Geburten mit häufigerem »Blues« einhergehen. Dieser Befund ist, bedingt durch die größere seelische und körperliche Belastung durch einen protrahierten Geburtsverlauf, wenig erstaunlich und unterstützt die Erschöpfungsgenese der Symptomatik.

Frauen nach einer Kaiserschnittentbindung zeigten auf der die Stimmung abbildenden Steinskala früher höhere Blues-Werte; das Stimmungstief nahm jedoch eher ab als bei Frauen, die vaginal geboren hatten.

Die Hypothese, dass nach Haus- und Geburtshausgeburten die Blues-Rate niedriger sei, konnte in dieser Studie nicht signifikant bestätigt werden. Frauen, die eine außerklinische Geburt geplant hatten und ihr Kind dann doch in einer Klinik zur Welt brachten, wiesen allerdings eine signifikant erhöhte Blues-Rate auf. Dieser Befund weist auf die Bedeutsamkeit der Idealvorstellungen Gebärender hin: Können sie nicht in die Tat umgesetzt werden, so mag dies unter Umständen zu Enttäuschung und zu Versagensgefühlen führen.

Es zeigte sich kein signifikanter Zusammenhang zwischen der

postpartalen Dysphorie und dem Geschlecht des Kindes. Je später die Wöchnerin sich in der Lage gefühlt hat, ihr Kind selbst zu versorgen (Babypflege, Wickeln etc.), desto häufiger trat der Babyblues auf.

Frauen mit ausgeprägten Stillproblemen litten signifikant häufiger unter der postpartalen Dysphorie. Dabei ist an eine wechselseitige Bedingtheit zwischen Stimmungslage und Stillvorgang zu denken. Mütter von Neugeborenen mit längeren Schlafzeiten klagten seltener über den »Blues«.

Die befragten Frauen mit postpartalem Blues gaben präpartal vermehrt Stimmungsschwankungen und Ängste an. Auch Partnerschaftsprobleme im letzten Schwangerschaftsdrittel fanden sich in dieser Gruppe signifikant häufiger.

Riecher-Rössler berichtet vom häufigen Befund, dass Frauen, die schon vor oder während der Schwangerschaft an psychischen Problemen litten, häufiger von der postpartalen Dysphorie betroffen waren (Nott et al. 1976; Ballinger et al. 1979; Harris 1980a; Handley et al. 1980; Stein 1980, zit. n. Riecher-Rössler).

Der Bericht von Riecher-Rössler und die Ergebnisse der Studie von Hartung und Hartung zeigen, dass eine biologisch orientierte Sichtweise des Babyblues dem Phänomen unter gar keinen Umständen gerecht wird; umso mehr gilt dies wohl im Zusammenhang mit dem Krankheitsbild der postpartalen Depression, das immer noch allzu häufig einseitig mit biologischen Veränderungen erklärt wird.

Angesichts der körperlichen und psychischen Belastungen, denen Gebärende und Wöchnerinnen ausgesetzt sind, sollte das Phänomen des Babyblues nicht pathologisiert werden; insofern ist der Störungsbegriff problematisch. Die Symptomatik erscheint in Anbetracht der notwendigen Verarbeitung des Geburtserlebnisses, der Erschöpfung, der Unsicherheit im Umgang mit dem Neugeborenen (insbesondere bei Erstgebärenden), der Beschwerden beim sogenannten Milcheinschuss und der Belastung durch ein unter Umständen häufig schreiendes Kind gut nachvollziehbar.

Dennoch kamen verschiedene Autoren zu dem Ergebnis, dass der »Blues« als Risikofaktor für eine postpartale Depression angesehen werden kann (O'Hara 1995, S. 135; Hannah 1992; Hargood 1988; Pitt 1973, zit. n. Sutter et al. 1995).

Cox (1986) verweist auf eine seiner frühen Studien, in der er mit seinen Mitarbeitern herausfand, dass ein Viertel der Frauen mit schwerem Babyblues anschließend eine Depression entwickelten. Dabei ist zu berücksichtigen, dass sich die drei Störungsbilder postpartaler »Blues«, postpartale Depression und postpartale Psychose überlappen.

Postpartale Psychosen

Hierbei handelt es sich um die schwerste Form psychischer Störungen post partum, die bereits von Hippokrates beschrieben wurde. Nachdem lange Zeit die Ansicht vorherrschte, dass postpartale Psychosen ein eigenständiges Krankheitsbild darstellen, hat die Forschung inzwischen gezeigt, dass sich die Störungsbilder in Symptomatik, Verlauf und therapeutischem Ansprechen nur wenig von Psychosen unterscheiden, die unabhängig von einer Geburt auftreten. Sie werden daher in der ICD-10 und im DSM-IV nicht gesondert klassifiziert, wobei im DSM-IV eine Zusatzkodierung »mit postpartalem Beginn« für Störungsbilder vorgesehen ist, die innerhalb der ersten vier Wochen nach der Entbindung auftreten.

Bei postpartalen Psychosen handelt es sich meist um *Affektpsychosen*, wobei sowohl depressive als auch manische und insbesondere schizoaffektive Erscheinungsbilder vorkommen. Die Häufigkeit postpartaler Psychosen liegt bei 0,1 bis 0,2 Prozent (Schöpf et al. 1984). Nach Kendell et al. (1987, zit. n. Riecher-Rössler) ist das Risiko, wegen einer Psychose behandelt werden zu müssen, innerhalb der ersten drei Monate post partum etwa 13-mal höher und im ersten Monat sogar 22-mal höher als in den 15 Monaten vor der Schwangerschaft. Buist (1997) betont den abrupten Ausbruch postpartaler Psychosen und bezeichnet die erste Woche nach einer Geburt als besonders kritische Zeit.

Typisch für die depressive Form sind Antriebslosigkeit, Angstzustände, unter Umständen *katatoner Stupor* und massive Schuldgefühle; hingegen kommt es bei der manischen Form zu Antriebssteigerung, motorischer Unruhe, Enthemmung und Größenideen. Rein schizophrene Psychosen (u. a. Halluzinationen, Wahnvorstellungen, Katatonie, Stupor) scheinen postpartal selten aufzutreten (vgl. Riecher-Rössler 1997).

Bei einer atypischen Form stehen Verwirrtheit und Desorientierung im Vordergrund (Dean u. Kendall 1981, zit. n. Riecher-Rössler).

Zu Ätiologie und Pathogenese wurden zahlreiche biologische und psychosoziale Risikofaktoren untersucht wie das Alter, der Familienstand (Kendell et al. 1981; 1987; Paffenbarger 1982, zit. n. Riecher-Rössler), geburtshilfliche Komplikationen, Kaiserschnittentbindungen, Totgeburten, perinatale Todesfälle, Zwillingsgeburten, Schwangerschaftsabbrüche (Kendell et al. 1981; 1987, zit. n. Riecher-Rössler). Darunter fanden sich keine konsistent bestätigten Risikofaktoren für psychotische Störungsbilder nach einer Geburt.

Landy et al. (1989) weisen auf einen Zusammenhang zwischen *Deprivations-*, Verlust- und Missbrauchserfahrungen in der frühen Kindheit (1. und 2. Lebensjahr) und dem Auftreten postpartaler psychotischer Depressionen hin. Vor diesem Hintergrund muss eine ausschließlich medikamentöse Behandlung des Störungsphänomens durchaus zweifelhaft erscheinen; eine stützende Psychotherapie sollte ebenfalls angestrebt werden. Auch meine Überlegungen hinsichtlich des Körper-Selbst (S. 34) führen in diese Richtung.

Untersuchungen endokriner Einflussfaktoren ergaben keine pathologischen Auffälligkeiten.

Erstgebärende haben ein höheres Psychoserisiko als Mehrgebärende (Brockington et al. 1982; Kendell et al. 1987, zit. n. Riecher-Rössler). Dieser Befund kann als Hinweis auf die Bedeutsamkeit psychischer Einflussfaktoren angesehen werden, da insbesondere die Geburt des ersten Kindes mit großem psychischen Aufruhr einhergeht.

Der konsistenteste Risikofaktor ist eine bestehende Prädisposition für die Erkrankung; 15 Prozent aller unter postpartaler Psychose leidenden Frauen haben zuvor bereits eine psychotische Episode durchgemacht, was deutlich über der Zufallserwartung liegt. Dass Prädisposition nicht mit biologischen/genetischen Faktoren gleichzusetzen ist, zeigt das interaktive Entwicklungsmodell psychopathologischer Phänomene nach Resch (1996) klar auf.

Schöpf (1994, zit. nach Riecher-Rössler) fand einen Zusammenhang zwischen einer hohen familiären Belastung hinsichtlich *endogener Psychosen* und dem Auftreten von psychotischen Störungsbildern post partum. Eine Häufung von Postpartum-Psychosen in den Familien der betroffenen Wöchnerinnen konnte hingegen nicht nachgewiesen werden (Whalley et al. 1982, zit. nach Riecher-Rössler), was dafür spricht, dass es sich bei psychotischen Erkrankungen Entbundener nicht um eigenständige, von Psychosen zu anderen Zeitpunkten unabhängige Störungsbilder handelt.

Der Verlauf postpartaler Psychosen scheint insgesamt milder zu sein als der Verlauf von Psychosen, die zu einem anderen Zeitpunkt auftreten (Rohde u. Marneros 1993; Schöpf 1994, zit. n. Riecher-Rössler). Die stationäre Behandlung dauert meist mehrere Monate, wobei die akut-psychotische Episode unter Therapie wenige Wochen anhält (Brockington et al. 1982, zit. n. Riecher-Rössler). Eine länger anhaltende *Residualsymptomatik* ist jedoch möglich, eventuell kommt es auch zu Rückfällen (Rhode u. Marneros 1993, zit. n. Riecher-Rössler). Psychosen, die erstmals nach der Geburt eines Kindes auftreten, haben eine bessere Prognose als vergleichbare Störungsbilder, die zu einem anderen Zeitpunkt erscheinen.

Eine frühestmögliche stationäre Behandlung ist unbedingt notwendig, schon wegen des nicht zu unterschätzenden Suizid- und auch *Infantizid*risikos. Neben stützenden Gesprächen erfolgt je nach klinischem Bild eine Behandlung mit Neuroleptika, Antidepressiva und/ oder Lithium, wobei abgestillt werden muss. Dabei sind physikalische Maßnahmen dem medikamentösen Abstillen vorzuziehen; durch das meist zum Einsatz kommende Bromocriptin kann die Psychose verstärkt werden. Auch nichtpsychotische Depressionen treten nach Gabe dieses Medikaments unter Umständen häufiger auf.

In Deutschland gibt es inzwischen einige (jedoch zu wenige) psychiatrische Abteilungen, die Mütter mit ihrem Säugling aufnehmen, nach meinem Kenntnisstand jedoch eher bei nichtpsychotischen Depressionen.

Bei psychotischen Erkrankungen steht in der Regel die medikamentöse Behandlung im Vordergrund. Brisch (1999) legt darüber hinaus in einer eindrucksvollen Einzelfallbeschreibung einer postpartal psychotischen Frau einige psychotherapeutische Überlegungen dar.

Bisherige Befunde zu postpartalen Depressionen

In Abgrenzung zu postpartalen Psychosen müsste die Bezeichnung korrekterweise postpartale nichtpsychotische Depressionen lauten; die meisten Autoren zählen nur diese zu den postpartalen Depressionen. Es wurde jedoch bereits darauf hingewiesen, dass sich die Zuordnung zu den Störungsbildern postpartale Dysphorie beziehungsweise »Babyblues«, postpartale Depression und postpartale Psychose aufgrund von Überschneidungen schwierig gestalten kann.

Bei der zum Thema vorliegenden Literatur fällt eine mangelnde Einheitlichkeit bezüglich des Zeitrahmens auf, innerhalb dessen von einer postpartalen Depression gesprochen wird. Die meisten Autoren gehen über die in der DSM-IV-Zusatzkodierung »mit postpartalem Beginn« vorgesehenen ersten vier Wochen post partum hinaus und bezeichnen Depressionen, die bis zu einem Jahr nach der Geburt eines Kindes auftreten, als »postpartal«. Dabei scheinen depressive Störungsbilder besonders häufig innerhalb der ersten drei Monate aufzutreten (Kumar u. Robson 1984; Watson et al. 1984; Meltzer u. Kumar 1985; O'Hara 1986, zit. n. Riecher-Rössler).

Zur Symptomatik postpartaler Depressionen gehören neben einer ausgeprägt dysphorischen Stimmung Antriebsmangel, Energielosigkeit, motorische Verlangsamung (Verarmung von Mimik und Gestik), Freudlosigkeit, Interessenverlust, innere Leere, Müdigkeit, Schlaf- und Appetitstörungen, somatische Beschwerden, Denk- und Konzentrationsstörungen, Ängste, Sorgen, Schuldgefühle und auch Suizidgedanken; also Symptome, die auch bei Depressionen zu anderen Zeitpunkten auftreten. Darüber hinaus berichten betroffene Frauen teilweise von starker Reizbarkeit, von negativen, ambivalenten oder fehlenden Gefühlen ihrem Kind gegenüber, von großen Ängsten bezüglich der Gesundheit des Kindes und von der Angst, ihre Aufgaben als Mutter nicht bewältigen zu können.

Hinsichtlich der Häufigkeit postpartaler Depressionen schwanken die Angaben erheblich zwischen 6 und 22 Prozent (vgl. Riecher-Rössler). Die meisten Studien weisen jedoch auf eine Häufigkeit von etwa 10–15 Prozent hin, wobei sowohl bereits bestehende
als auch erstmalig nach der Geburt eines Kindes entwickelte depressive Störungen inbegriffen sind. Ein transkultureller Vergleich
konnte keine Unterschiede in der Häufigkeit der PPD in Großbri-
tannien, den USA, Uganda, Chile und Nigeria finden (Dech u. Sandermann 1997).

Bisher wurden wenige Studien durchgeführt, die das Risiko, an
einer postpartalen Depression zu erkranken, vergleichen mit dem
Risiko gleichaltriger Frauen ohne Entbindung, depressiv zu werden. Eine prospektive Fallkontrollstudie an 182 Frauen mit Geburt,
die jeweils nach Alter, Familienstand, Berufsstatus und Kinderzahl
mit Frauen ohne Geburt parallelisiert waren, erbrachte keine signifikanten Unterschiede in der Depressionshäufigkeit (O'Hara 1990,
zit. n. Riecher-Rössler).

Die Dauer postpartaler Depressionen erstreckt sich meist über
viele Monate; bei der Hälfte der betroffenen Frauen über 6 Monate
und nicht selten mehr als ein Jahr (Wolkind et al. 1980; Cox et al.
1984; Kumar u. Robson 1984, zit. n. Riecher-Rössler). Die Dauer
der Krankheitsepisoden scheint kürzer und die Rückfallgefahr geringer zu sein als bei depressiven Erkrankungen, die unabhängig
von der Geburt eines Kindes auftreten.

Brisch (1999) betont die dringende Behandlungsbedürftigkeit
der PPD, die über die persönliche Belastung der betroffenen Frau-
en hinaus zu einer Beeinträchtigung der Mutter-Kind-Bindung[8]
führen kann. Murray und Cooper (1996) fanden Hinweise auf eine
erhöhte Rate unsicher gebundener Kinder bei Müttern mit PPD
und Defizite in der frühen Interaktion. Becks (1995) Ergebnisse einer Meta-Analyse von 19 Studien, die sich der Untersuchung der
Mutter-Kind-Interaktion im Zusammenhang mit PPD widmen,
weisen auf einen moderaten bis großen Einfluss des Störungsbildes
auf die Interaktion während des ersten Lebensjahrs hin. Das Inter-

---

[8] Die Bindungstheorie wird in Anbetracht ihrer Bedeutsamkeit im Entstehungszusammenhang mit depressiven Störungsbildern noch genauer erörtert, s. S. 65ff.

aktionsverhalten innerhalb der Mutter-Kind-Dyade zeigt sich als
weniger synchron, wenn Mütter emotional unzugänglich oder
weniger responsiv reagierten. Depressive Mütter greifen kindliche
Signale, zum Beispiel das Lächeln, weniger häufig auf. Dadurch ver-
fehlen sie nicht nur Bedürfnisse des Säuglings; sie können ihr eigenes positives Feedback auch weniger intensiv genießen. In ihrer
phänomenologischen Studie (Interviewanalyse) fand Beck (1996)
heraus, dass postpartal depressive Mütter häufig Ärger ihren Kindern gegenüber empfanden, der zur Folge hatte, dass sie sich von
ihnen innerlich distanzierten. Die Frauen litten unter Schuldgefühlen, ihr Kind nicht »normal« lieben zu können, und trauerten über
die beeinträchtigte Beziehung. Murray et al. (1996) konnten einen
Einfluss des kindlichen Verhaltens auf die Interaktion und das Auftreten postpartaler Depressionen aufzeigen: Eine hohe Irritabilität
und niedrige Werte auf einer Skala für motorische Fähigkeiten des
Säuglings können demnach als signifikante Prädiktoren für PPD
angesehen werden.

Kinder depressiver Mütter zeigen häufig emotionale und Verhal-
tensauffälligkeiten und sind mitunter noch in späteren Jahren in
ihrer Entwicklung beeinträchtigt; insbesondere bei längerer Dauer
der mütterlichen Depression (Ghodsian et al. 1984, zit. n. Riecher-
Rössler). Resch weist darauf hin, dass Kinder depressiver Eltern
neben einer möglichen genetischen Risikoerhöhung im familiären
Zusammenleben eine »signifikante Beeinträchtigung ihrer Ent-
wicklungsbedingungen« (Cummings u. Davies 1994, zit. n. Resch
1996, S. 213) erfahren.[9]

Landy et al. (1989) berichten, dass sich bei bestehender Bereitschaft zu einer längeren Psychotherapie viele Frauen vollkommen
von der depressiven Symptomatik erholen. In Anbetracht der zuvor
genannten Befunde ist also eine psychotherapeutische Behandlung
sowohl im Sinne des mütterlichen als auch im Sinne des kindlichen
Wohlergehens unbedingt anzustreben.

---

[9] Siehe Kapitel 9 »Vulnerabilität und Symptomgenese«, S. 213–216: »Kinder von Eltern mit affektiven Störungen«, in Resch (1996).

Befunde zu Ätiologie und Pathogenese
postpartaler Depressionen

Die Flut an Studien, die inzwischen zur Frage der Ätiologie und
Pathogenese vorliegen, ist beachtlich. Eine vollständige Darstellung
ist daher kaum möglich; zudem wäre sie vermutlich eher verwir-
rend als hilfreich. Dennoch möchte ich versuchen, ein möglichst
breites, interessantes und vor allem praxisrelevantes Spektrum an
Befunden und Ansätzen zu bieten.

Biologische Faktoren

Die beachtlichen hormonellen Umstellungen nach der Geburt eines Kindes haben besondere Aufmerksamkeit innerhalb der Suche
nach pathogenetischen Faktoren im Zusammenhang mit der PPD
erlangt. Bereits bei der Erforschung des Phänomens »Babyblues«
erwiesen sich die biologischen Befunde jedoch als inkonsistent.

Dalton (1980) stellte einen Zusammenhang her zwischen PPD
und nachfolgend erhöhter Wahrscheinlichkeit, ein prämenstruelles
Syndrom zu entwickeln. Dementsprechend betont sie die Bedeutung hormoneller Einflüsse und empfiehlt, bei Frauen mit postpartaler Depression in der Vorgeschichte nach weiteren Geburten eine
Progesteronprophylaxe durchzuführen.

Spangenberg und Pieters (1991) konnten in ihrer Studie einen
signifikanten Zusammenhang zwischen früherem prämenstruellen
Syndrom und dem Auftreten einer PPD finden. Sie werten dieses
Ergebnis als Beleg für die wichtige Rolle hormoneller Faktoren bei
der Entstehung postpartaler Depressionen. Es erscheint mir jedoch
fragwürdig, das prämenstruelle Syndrom ausschließlich biologisch
zu deuten. Eine alternative Sichtweise legen Hertz und Molinski
(1980) dar.

Gard et al. (1986, zit. n. Riecher-Rössler) fanden keine Unterschiede hinsichtlich der Östrogen- und Progesteronspiegel bei depressiven und nichtdepressiven Müttern. Auch die Kortisol- und
Tryptophanspiegel (Handley et al. 1980, zit. n. Riecher-Rössler) unterschieden sich nicht.

O'Hara (1995) führte eine umfangreiche Längsschnittstudie (Er-
hebungszeitraum: 2. Schwangerschaftsdrittel bis zur 9. Woche post
partum) mit depressiven (n = 19) und nichtdepressiven (n = 163)

Müttern durch, wobei psychosoziale und biologische Einflussfaktoren untersucht wurden. Er erwartete ein erhöhtes Risiko für PPD bei erniedrigten Östrogen- und Progesteron- und erhöhten Prolaktin- und Kortisolwerten. Insgesamt ergaben sich jedoch keine signifikanten Unterschiede bei den hormonellen Variablen zwischen den beiden Untersuchungsgruppen; lediglich zu zwei Messzeitpunkten zeigten depressive Frauen signifikant niedrigere Östrogenwerte (36. Schwangerschaftswoche und 2. Tag post partum) und signifikant niedrigere Kortisolwerte (38. Schwangerschaftswoche und 2. Tag post partum).

Harris et al. (1996) konnten in einer prospektiven Studie (120 Frauen, davon 7 mit der Diagnose »major depression«) keinen Zusammenhang zwischen erniedrigten Progesteronwerten und dem Auftreten der PPD nachweisen; die depressiven Frauen zeigten jedoch signifikant niedrigere Kortisolwerte einen und vierzehn Tage vor der Geburt.

Als weiterer biologischer Einflussfaktor muss die Erschöpfung Entbundener durch die Geburt und den nachfolgenden Schlafentzug, insbesondere bei häufig schreienden Babys, berücksichtigt werden. Hier zeigt sich die unauflösliche Wechselwirkung zwischen biologischen und psychischen Einflussfaktoren: Bei ausgeprägter Angst (z. B. um die Gesundheit des Kindes) und innerer Unruhe ist mit größeren Schlafstörungen zu rechnen als bei ausgeglichenerer Stimmungslage.

Befunde zu Schwangerschaft, Geburt und Wochenbett

In einer umfangreichen Studie (n = 2375) konnten Warner et al. (1996) unter anderem eine ungeplante Schwangerschaft als Risikofaktor für die Entwicklung der PPD aufzeigen. Laizner und Jeans (1990, zit. n. Sauer 1997) sowie Paykel et al. (1980, zit. n. Sauer) konnten jedoch weder die Geplantheit des Kindes noch die Gefühle beim Feststellen der Schwangerschaft mit dem Auftreten der PPD in Verbindung bringen.

Über die Rolle depressiver Symptome während der Schwangerschaft als Prädiktor für postpartale Depressionen herrscht Uneinigkeit (Atkinson u. Rickel 1984; Cox et al. 1982; Gotlib et al. 1989; Saks et al. 1985, zit. n. Gotlib et al. 1991).

Whiffen (1988) konnte in einer prospektiven *multivariaten* Studie die Zufriedenheit in der Partnerschaft, depressive Symptome, optimistische Erwartungen bezüglich des Kindes und »life stress« (gemessen anhand der Anzahl berichteter negativer Ereignisse) während der Schwangerschaft als Risikofaktoren für das Auftreten der PPD nachweisen.

Auch Pfost et al. (1990) sahen in ihrer Studie den Zusammenhang zwischen depressiver Symptomatik während und nach der Schwangerschaft bestätigt.

O'Hara (1995) kam in seiner bereits geschilderten Längsschnittstudie (s. S. 50f.) zu dem Ergebnis, dass negative Lebensereignisse während Schwangerschaft und Wochenbett und depressive Symptome während der Schwangerschaft bei postpartal depressiven Frauen häufiger auftraten. Ein Zusammenhang zwischen Stressoren bei der Geburt und bei der Versorgung des Kindes und dem Auftreten der PPD konnte in dieser Studie nicht bestätigt werden.

Der Einfluss geburtshilflicher Komplikationen wird unterschiedlich bewertet. Während die von Riecher-Rössler genannten Autoren (Ballinger et al. 1982; Cox et al. 1982; Kumar u. Robson 1984; O'Hara 1986, zit. n. Riecher-Rössler) überwiegend keinen Zusammenhang zwischen einem komplikationsreichen Geburtsverlauf und dem Auftreten der PPD fanden, konnte dieser von Campbell und Cohn (1991) in einer umfangreichen Studie bestätigt werden. Spangenberg und Pieters (1991) wiederum fanden keinen Zusammenhang zwischen Früh- und Kaiserschnittgeburten und depressiver Symptomatik post partum.

Es stellt sich die Frage, was bei den zuvor genannten Autoren im Einzelnen unter dem Begriff »geburtshilfliche Komplikationen« subsumiert wurde. Darüber hinaus ist anzunehmen, dass nicht primär die medizinische Einschätzung des Geburtsverlaufs, sondern vielmehr die persönliche Bewertung durch die betroffene Frau eine entscheidende Rolle bei der Entwicklung depressiver Symptome spielt. Eine spontane, komplikationslose Geburt kann zum Beispiel aufgrund von Gefühlen der Angst, der Einsamkeit und der Verlorenheit durchaus als Trauma erlebt werden[10], während bei einer Geburt durch Saugglocke die geschilderten Gefühle unter Umständen eine vergleichsweise geringere Rolle spielen können.

---

[10] Vgl. insbesondere den Geburtsbericht von Karin, S. 74ff.

Von einem in dieser Hinsicht bedeutsamen Befund berichten Trotter et al. (1992). In einer prospektiven, *randomisierten,* kontrollierten Studie wurde der Effekt der unterstützenden Begleitung durch eine *Doula* während der Geburt auf das Auftreten postpartaler Depressionen gemessen. Die Anwesenheit einer Doula ging mit signifikant niedrigeren Depressionswerten drei Monate nach der Geburt einher. Dieser Befund ist von großer Bedeutung für die Prävention postpartaler Depressionen. Auch die positive Wirkung einer Doula auf einen rascheren und komplikationsärmeren Geburtsverlauf wird von Klaus et al. (1997) beschrieben. Somit kann die Bedeutsamkeit emotionaler Unterstützung kaum überschätzt werden.

Hinsichtlich der Bedeutung des Mutter-Kind-Kontakts nach der Geburt gehen die Befunde auseinander. Während Dalton (1984, zit. n. Sauer) der Trennung von Mutter und Kind unmittelbar nach der Geburt keinen Einfluss auf die Entwicklung einer PPD zuschreibt, da die Häufigkeit des Störungsbildes bei Frauen nach Hausgeburt vergleichbar mit derjenigen bei in einer Klinik Entbundenen sei, fanden James et al. (1987, zit. n. Sauer) wie auch Sandler et al. (1972, zit. n. Sauer) einen Zusammenhang zwischen frühem Mutter-Kind-Kontakt und einer niedrigeren Depressivitätsrate. Nach Sandler et al. zeigte sich eine positive Wirkung der Möglichkeit des Rooming-in auf die Stimmungslage der Mütter.

Die Rolle medizinischer Komplikationen beim Kind für die Entwicklung depressiver Störungsbilder wird unterschiedlich bewertet (Paykel et al. 1980; Hopkins et al. 1987; Stein et al. 1989; zit. n. Sauer). Dabei dürften die Art der Komplikation und das Maß an Einbeziehung der Mutter in die Behandlung von entscheidender Bedeutung sein.

Beim kindlichen Temperament konnten Terry et al. (1996) einen Zusammenhang zwischen erhöhtem Stress durch ein Kind mit schwierigem Temperament und dem Auftreten depressiver Symptome aufzeigen. Dieser Zusammenhang war jedoch mit dem Befund eines dysfunktionalen, das heißt wenig kognitiv problemfokussierten Copingstils (Bewältigungsstils) verknüpft. Dysfunktionale Copingstile werden von den Autoren auch als »emotionalfokussiert« bezeichnet; dazu gehören zum Beispiel Wunschdenken, Fluchttendenzen oder Vermeidung. Sie dienen im Gegensatz zu den »problem-fokussierten Copingstrategien«, die auf eine konkrete Stressreduzierung ausgerichtet sind, nicht der Problemlösung. Warner et al. (1996) fanden in ihrer Studie unter den Frauen mit erhöhten Depressionswerten mehr nicht stillende Mütter. Sauer (1997) nennt jedoch Autoren mit widersprüchlichen Ergebnissen zu den Faktoren Stillen/Nichtstillen, Stilldauer und Stillmodus (voll vs. teilweise gestillt). Dabei erscheint mir eine Wechselwirkung zwischen der Stillbeziehung und zugrunde liegenden Einflussfaktoren bedeutsam. So stellt sich etwa die Frage, warum eine Frau abgestillt hat: Dieser Schritt mag bereits eine Bewältigungsstrategie angesichts anhaltender mütterlicher Erschöpfung und eventuell depressiver Symptome sein. Er kann aber auch von einem extrem ausgeprägten Bedürfnis zeugen, die Trinkmengen des Kindes zu kontrollieren, oder ein Hinweis auf eine problematische Mutter-Kind-Beziehung sein.

Psychosoziale Faktoren

Während manche Autoren unter den depressiven Frauen im Vergleich zu den nichtdepressiven Wöchnerinnen mehr jüngere (Paykel et al. 1980; Hayworth et al. 1980; Fegetter u. Gath 1981; O'Hara et al. 1984, zit. n. Riecher-Rössler) und unverheiratete (Fegetter u. Gath 1981, zit. n. Riecher-Rössler) oder mehr Frauen mit schlechter Ausbildung (O'Hara, 1986; Cutrona u. Troutman 1986, zit. n. Riecher-Rössler) fanden, konnten andere Forscher dies nicht bestätigen (Spangenberg u. Pieters 1991; O'Hara 1995) oder stellten das Gegenteil fest (Kumar u. Robson 1984; O'Hara 1987, zit. n. Riecher-Rössler). Warner et al. (1996) konnten in ihrer Studie einen Zusammenhang zwischen Arbeitslosigkeit der Mutter (d. h. der fehlenden Möglichkeit, an einen Arbeitsplatz zurückzukehren) oder des »Familienoberhaupts« und dem Auftreten der PPD feststellen.

Familien- und Eigenanamnese, entwicklungsbedingte Prädisposition

O'Hara (1995) ermittelte mit einer sehr hohen Signifikanz eine eigene Depression in der Vorgeschichte neben einer familiären Belastung mit dieser Erkrankung als Hauptrisikofaktoren für das Auftreten einer PPD. Innerhalb der Familie kommt nach seinen Ergebnissen einer Depression der Mutter größere Bedeutung zu als einer des Vaters. Dieser Befund zeigt deutlich, dass eine familiäre Häufung keinesfalls nur genetisch interpretiert werden darf: Die größere Bedeutung einer mütterlichen Erkrankung legt vielmehr eine entwicklungspsychologische, beziehungsorientierte Interpretation nahe. Neuere Forschungsergebnisse weisen auf eine spezifische Vulnerabilität von Kindern depressiver Mütter für das Störungsbild hin (Hammen 1991, zit. n. O'Hara 1995). Hier zeigt sich die dringende Behandlungsbedürftigkeit depressiver Erkrankungen auch zur Vermeidung einer transgenerationalen Weitergabe.

Ungefähr ein Drittel aller Frauen mit einer PPD hat bereits vor der Schwangerschaft schon mindestens einmal an einer psychiatrischen Erkrankung gelitten (Paykel et al. 1980; Dean u. Kendall 1981; Watson et al. 1984; Meltzer u. Kumar 1985; O'Hara 1986, zit. n. Riecher-Rössler).

Eine Interaktion zwischen Vulnerabilität und »Life stress« erwies sich ebenfalls als bedeutsam bei der Entwicklung postpartaler Depressionen (O'Hara et al. 1991; O'Hara 1995).

Einige Autoren kamen zu dem Ergebnis, dass eine frühe Trennung von den Eltern in der Kindheit oder andere Verlusterlebnisse bei postpartal depressiven Frauen doppelt so häufig aufgetreten waren wie bei nicht depressiven Müttern (Frommer u. O'Shea 1973; Murray u. Gallahue 1987, zit. n. Sauer). Diesen Zusammenhang konnten weder Kumar und Robson (1984, zit. n. Sauer) noch Paykel et al. (1980, zit. n. Sauer) feststellen.

Landy et al. (1989) sehen in Deprivationserfahrungen in der frühen Kindheit und in starker elterlicher Kontrolle zwischen dem 3. und 6. Lebensjahr mögliche Entwicklungsgrundlagen für postpartale nichtpsychotische Depressionen.

Andere Forscher (Paykel et al. 1980; O'Hara 1986, zit. n. Riecher-Rössler) berichten davon, dass postpartal depressive Mütter in ihrer Vorgeschichte mehr belastenden Lebensereignissen ausgesetzt waren als Frauen, die keine PPD entwickelten, und dass sie eine schlechtere Beziehung zur eigenen Mutter (Kumar u. Robson 1984, zit. n. Riecher-Rössler) oder eine ambivalentere Einstellung zur Mutterschaft zeigten. Auch diese Befunde blieben nicht unwidersprochen.

Befunde zur Partnerschaft und zum sozialen Netzwerk

Es liegt nahe, der Partnerschaft eine bedeutende Rolle im Rahmen der Erforschung depressiver Erkrankungen post partum einzuräumen. Dennoch sind auch in diesem Punkt die Befunde nicht ganz eindeutig. Einige Autoren fanden Hinweise auf eine problematische Partnerbeziehung bei postpartal depressiven Frauen, wobei die Konflikte jedoch schon vor der Erkrankung bestanden (Kumar u. Robson 1984; Watson et al. 1984, O'Hara 1986, zit. n. Riecher-Rössler). Viele Studien weisen auf einen Zusammenhang zwischen Eheproblemen und Postpartum-Depression hin (Ballinger 1982; Ballinger et al. 1979; Cox et al. 1982; Hopkins et al. 1984; Kumar u. Robson 1978; O'Hara et al. 1983; Paykel et al. 1980; Watson et al. 1984, zit. n. Landy et al. 1989).

Logsdon et al. (1994) fanden zwar keine Hinweise auf eine geringere partnerschaftliche Unterstützung depressiver Mütter, jedoch eine Beziehung zwischen PPD und der von den Frauen wahrgenommenen Nähe zum Partner: Frauen, die sich ihrem Partner näher fühlten, entwickelten weniger depressive Symptome.

O'Hara (1995) konnte in seiner Längsschnittstudie nur wenige Hinweise für ein geringeres Ausmaß an sozialer Unterstützung durch Partner, Eltern oder Vertraute der depressiven Mütter finden.

In früheren Studien (Ballinger et al. 1979; Cutrona 1984; Wandersman et al. 1980, zit. n. Landy et al.) wird einem Mangel an freundschaftlicher, elterlicher und partnerschaftlicher Unterstützung hingegen eine große Rolle bei der Entstehung der PPD zugesprochen.

Die Widersprüchlichkeit der Befunde zur Paarbeziehung könnte auch in einer jeweils unterschiedlichen Interpretation des Begriffs »partnerschaftliche Unterstützung« begründet sein; insofern erscheint mir das Ergebnis von Logsdon et al. (1994) besonders bemerkenswert.

Nairz (1991) fand in ihrer Studie einen Zusammenhang zwischen PPD und während der Schwangerschaft reduzierten Sozialkontakten; nach der Geburt hingegen unterschieden sich depressive und nichtdepressive Frauen nicht in der Häufigkeit sozialer Kontakte.

Kognitive Ansätze

Das reformulierte Modell der »erlernten Hilflosigkeit« diente als Ausgangspunkt für die Studie von Hayworth et al. (1980, zit. n. Landy et al.), die einen Zusammenhang zwischen externer Kontrollüberzeugung und dem Auftreten der PPD herstellen konnten.

Little et al. (1981, zit. n. Nairz 1991) fanden heraus, dass sich bei Frauen, die feindselige Gefühle gegen sich selbst richten (intropunitive Frauen) der Zusammenhang zwischen PPD und »locus of control« (Kontrollüberzeugung) signifikant verstärkt.

Zum *Attributionsstil* postpartal depressiver Mütter existieren widersprüchliche Befunde, wobei eine internale, stabile und globale Attribution von Misserfolgen und eine externale, instabile Attribution von Erfolgen als depressionstypisch angesehen werden (Nairz 1991). Cutrona (1983, zit. n. Landy et al.) und O'Hara et al. (1980, zit. n. Landy et al.) bestätigten einen Zusammenhang zwischen den genannten Attributionsstilen und der PPD; Manly et al. (1982, zit. n. Landy et al.) konnten dies jedoch nicht feststellen, wobei sie den Attributionsstil unmittelbar post partum erhoben, was vermutlich kein günstiger Zeitpunkt ist.

Terry et al. (1996) wiesen in ihrer Studie die Bedeutsamkeit des Copingstils für depressive Störungen post partum nach: Die Störungen traten häufiger bei niedrigen Werten des kognitiven, problem-fokussierten Copingstils und bei höheren Werten des Wunschdenkens auf.

Sowohl kognitiv-lerntheoretische als auch psychodynamische Ansätze zur Entstehung depressiver Störungsbilder räumen dem Selbstwertgefühl eine zentrale Bedeutung ein. Hall et al. (1996) untersuchten in ihrer Studie die Rolle des Selbstwertgefühls als Mediator der Effekte von Stressoren und sozialen Ressourcen bei der Entwicklung depressiver Symptome post partum. Mütter mit geringem Selbstwertgefühl zeigten eine 39-mal höhere Wahrscheinlichkeit als selbstwertstabilere Frauen zu erkranken. Auch Alltagsstressoren stellten sich als bedeutsam heraus. Die Autoren schlussfolgern, dass Bemühungen, Alltagsstressoren zu verringern und die Qualität der wichtigsten Beziehungen zu fördern, einen wichtigen Beitrag darstellen, die Wahrscheinlichkeit, eine PPD zu entwickeln, zu verringern.

Psychodynamische Ansätze

Psychodynamische Erklärungsansätze zur Entstehung der PPD sprechen – analog den Ansätzen zu depressiven Störungen, die unabhängig von einer Geburt auftreten – der Mutter-Kind-Beziehung der Betroffenen große Bedeutung zu. Ein Fallbeispiel bei Arieti (Arieti u. Bemporad 1983) soll zur Veranschaulichung einer psychoanalytischen Herangehensweise zusammenfassend dargestellt werden.

Die vierundzwanzigjährige Lisette erkrankte nach der Geburt ihres ersten, ungeplanten Kindes an einer zunächst milden, nach einigen Monaten jedoch schweren Depression, die mehrere Monate lang stationär und zunächst erfolgreich behandelt wurde. Nach der Entlassung verschlechterte sich ihr Zustand trotz psychopharmakologischer Behandlung dramatisch, so dass zusätzlich eine Elektrokrampftherapie durchgeführt wurde, die ebenfalls keine Besserung nach sich zog. Zu Beginn der Psychotherapie war die Patientin suizidal. Die Therapie, über deren Gesamtdauer nichts berichtet wird, verlief erfolgreich: Nach der Genesung ist es im Verlauf von zehn Jahren zu keinem Rückfall gekommen.

Innerhalb der Behandlung kamen der Beziehung zu Lisettes Mutter und dem Geburtserleben zentrale Bedeutung zu. Die Patientin war vier Jahre alt, als die Mutter ihr zweites Kind bekam und postpartal an einer Depression und an epileptischen Anfällen litt, weshalb Lisette von ihr getrennt und für einige Zeit von der Großmutter betreut wurde. Diese Trennung wurde als Trauma erlebt, obwohl die Großmutter als sehr liebevoll und fürsorglich geschildert wird. Lisettes Mutter war dagegen schwer zufrieden zu stellen und hat den jüngeren Sohn bevorzugt. In der Folge hat die Patientin sozusagen dafür gelebt, endlich Bestätigung und Zustimmung von ihrer Mutter zu erfahren, die ihr wesentlich wichtiger war als der Vater. Arieti bezeichnet daher die Mutter als »dominante Bezugsperson« (Arieti u. Bemporad 1983, S. 342) Lisettes, der eine größere Bedeutung als dem eigenen Partner zukam.

Nach der Geburt ihres Kindes hat Lisette eine große Sehnsucht nach Bemutterung und Versorgung durch die eigene Mutter verspürt, deren Verhalten sie jedoch schnell als missbilligend empfand. Im Zuge der Identifikation mit ihrem Kind erlebte sie Gefühle der Zurückweisung und der Beraubung; gleichzeitig wurde das Kind

als Eindringling – wie ihr Bruder – erlebt. Das Stillen war problematisch: Sie wünschte sich, selbst »genährt« zu werden anstatt zu
nähren.

Im Verlauf der Therapie wurde die Abhängigkeit ihres Selbstwertgefühls und ihrer Selbstachtung von der mütterlichen Bestätigung deutlich. Die Ablösung von der Mutter wird als wichtiger
Schritt beschrieben, der eine größere Nähe zum Partner nach sich
zog.

Zum Geburtserleben wird berichtet, dass Lisette den Kontroll-
verlust als beschämend und grauenvoll empfand. Ihr – gegen ihre
Vorsätze – wiederholtes lautes Schreien wird als Erfahrung der
»Desintegration« (Arieti u. Bemporad 1983, S. 346) bezeichnet. Im
Geburtserleben war sie mit ihrer Mutter identifiziert, die – nach der
Geburt des Bruders – an Depressionen und an Epilepsie erkrankte.
Sie fühlte sich als »Opfer der Natur« und als Gefangene in der neu-
en, einengenden Rolle. Arieti bringt postpartale Depressionen mit
dem Status der Frau in der patriarchalischen Gesellschaft in Ver-
bindung: »Schwangerschaft und Geburtsschmerz vermitteln der
Frau möglicherweise den Eindruck, als sei sie in ihrer biologisch-
reproduktiven Rolle gewissermaßen eingesperrt« (Arieti u. Bemporad, S. 349).

Hervorzuheben ist an diesem – von mir sehr gerafft dargestellten
– Fallbeispiel die wichtige Rolle, die er dem Erleben der Geburt beimisst.

Auch Brisch (1999) richtet in seiner Falldarstellung das Augenmerk besonders auf die Beziehung der Klientin zu ihrer Mutter. Als
zweites von sechs Kindern und gefolgt von Zwillingen hat sie die
mütterliche Aufmerksamkeit sehr früh teilen und eigene Bedürfnisse zurückstellen müssen. Darüber hinaus kam ihr schon früh die
Aufgabe zu, jüngere Geschwister zu bemuttern. Brisch äußert die
Vermutung, dass orale Bedürfnisse nicht ausreichend befriedigt
wurden. Später gründete sie »in einer Verwechslung von ›Mutter
sein statt Mutter haben‹« (Brisch 1999, S. 139) selbst eine große Familie. Bei ihren vier Kindern litt sie nach jeder Geburt unter einer
postpartalen Depression, die bei den ersten drei Kindern als »endo-
gen« diagnostiziert und ausschließlich medikamentös behandelt
wurde. Nach der vierten Geburt verschlechterte sich ihre Befindlichkeit trotz psychopharmakologischer Behandlung zusehends, so

dass sie psychotherapeutische Hilfe in Anspruch nahm. Nach
Brisch kam es durch die Überforderungssituation zum Zusammenbruch bisheriger Abwehrmechanismen und zur depressiven
Störung. Die Klientin wurde zwar durch ein intaktes soziales Netz
versorgt, es fiel ihr jedoch schwer, Hilfe von außen (z. B. die ihrer
Mutter bei der Kinderbetreuung) in Anspruch zu nehmen; sie tat
dies quasi gezwungenermaßen und anfänglich mit schlechtem Gewissen. »Sich etwas für sich nehmen und nicht mit anderen teilen
müssen« (S. 144) wird als wichtiger Aspekt in der psychotherapeutischen Behandlung beschrieben. Nach dreimonatiger Psychotherapie (Gesamtdauer zwei Jahre) war die depressive Symptomatik
gänzlich verschwunden.

Molinski (1972), dessen Abhandlungen zur postpartalen Depression in umfangreicher klinischer Erfahrung begründet sind,
nennt verschiedene Faktoren, die für den Entstehungszusammenhang relevant sein können: den befürchteten Verlust des Partners,
perfektionistische Tendenzen, das Gefühl, den überwertig erlebten
Anforderungen etwa beim Stillen nicht gewachsen zu sein, die
Angst, das ersehnte Kind oder die innige Verbindung während der
Schwangerschaft nach der Geburt zu verlieren, und das Gefühl der
Frau, allein »unvollständig« zu sein.

Schweren, auch psychotischen postpartalen Depressionen liegt
nach Molinskis Erfahrung häufig eine bestimmte Dynamik zugrunde: Orale und aggressive Impulse werden von der Frau weitgehend abgewehrt. Die Bedürfnisse des Kindes werden als bedrohlich erlebt, es wird unbewusst als »oraler Konkurrent« empfunden.
Dabei wird die eigene Angst, »infolge des Kindes verhungern zu
müssen« (Molinski 1972, S. 92), in die Sorge verkehrt, das Kind
könne verhungern. Es kommt zu aggressiven Impulsen dem Säugling gegenüber, die wiederum Schuldgefühle bei der Mutter auslösen; sie richtet diese Wut dann zum Teil gegen sich selbst. Es
verbleiben jedoch auch aggressive Gefühle dem Kind gegenüber.
Molinski betont, dass die Wut an sich oft gar nicht erlebt, sondern
sofort reaktiv durch Schuldgefühle ersetzt werde.

Andererseits gibt es Frauen, bei denen der Ärger sich nicht gegen
das Kind, sondern gegen die eigene Mutter wendet. Dieser Ärger
wird durch eine Bedrohung der Mutter-Tochter-Einheit hervorgerufen. Die Geburt des Kindes wird als Trennung von der eigenen

Mutter erlebt – die Frau wurde sozusagen aus ihrer Kindheit vertrieben.

Halberstadt-Freud spricht im Zusammenhang mit postpartalen Depressionen von der »Illusion der Symbiose« (1993, S. 1041) und geht von einer multigenerationalen Verknüpfung aus. Sie sieht Mutterschaft als eine Erfahrung an, die drei Generationen umfasst und die frühere Konflikte und Ängste der Frau wiederbelebt. Die »Illusion der Symbiose« besteht in der Fantasie, das Baby könne der Mutter jene Wünsche erfüllen, die ihr selbst als Kind nicht erfüllt worden sind. Der Ansatz geht davon aus, dass Gefühle wie Wut und Aggression abgespalten und auf den Partner verschoben werden, um diese Illusion nicht zu gefährden.

Problematisch ist nach Halberstadt-Freud nicht die Existenz eines »imaginären Babys« (S. 1048) an sich, das mütterliche Wünsche und Sehnsüchte erfüllt, sondern die möglicherweise unzureichende Unterscheidung zwischen realem und fantasiertem Baby bei narzisstisch verletzbaren oder depressiven Frauen. Dabei kann es zu einer mangelnden beziehungsweise unklaren Abgrenzung zwischen mütterlichen und kindlichen Bedürfnissen kommen.

Durch die Erfahrung der Mutterschaft kann eine Desillusionierung über die fantasierte Symbiose eintreten. Es entstehen feindselige Gefühle der Frau gegenüber ihrer Mutter und eine unaufgelöste, einengende Bindung wird deutlich. Die Autorin illustriert ihr Konzept anhand eines Fallbeispiels, in dem die Mutter der postpartal depressiven Frau ebenfalls unter einer PPD gelitten hatte.

Ergebnisse qualitativer Forschung

Brown et al. (1997) führten Interviews mit postpartal depressiven und nichtdepressiven Frauen durch, wobei viele Aspekte der Mutterschaft berücksichtigt wurden. Ein wichtiges Ziel ihrer Erhebung war der Vergleich zwischen den Konzepten von der »guten Mutter« in beiden Untersuchungsgruppen. Die Hypothese, dass postpartal depressive Mütter einem rigideren, schwarzweiß malenden Konstrukt der »guten Mutter« anhängen, das ein Versagen programmiere, konnte nicht bestätigt werden. Die Untersuchungsgruppen unterschieden sich nicht in ihren Ideen darüber, was eine »gute Mutter« ausmacht. Darüber hinaus akzeptierten die Teilnehmerinnen gleichermaßen die Unmöglichkeit, ihren Ansprüchen an eine »gute Mutter« gerecht zu werden. Die Autorinnen würdigen die Hingabe und Energie, welche die Interviewpartnerinnen darauf verwenden, ihrem Ideal möglichst nahe zu kommen.

Auch Mauthner (1999) untersuchte das Bild der »guten Mutter« depressiver und nichtdepressiver Frauen in einer qualitativen Studie. Die depressiven Interviewpartnerinnen berichteten von intensiven Konflikten durch Widersprüche zwischen ihrem Idealbild der »guten Mutter« und ihrem Selbsterleben. Die Autorin führt unterschiedliche Interpretationsmöglichkeiten für die große Bedeutung dieser Konflikte für depressive Frauen an: Eine Ursache mögen höhere und unrealistischere Ideale sein, andererseits erscheint es denkbar, dass die Erfahrungen nichtdepressiver Mütter überwiegend positiv sind. Eine dritte Möglichkeit wäre der unterschiedliche Umgang depressiver und nichtdepressiver Frauen mit diesen Konflikten in dem Sinn, dass Frauen, die nicht depressiv erkranken, ihre Standards eher modifizieren können. Als Voraussetzung dafür bezeichnet Mauthner die Möglichkeit, Gefühle in nicht moralisierend urteilenden zwischenmenschlichen Beziehungen (»non-judgmental interpersonal relationships«, Mauthner 1999, S. 143) mitzuteilen und sie selbst zu akzeptieren. Sie geht davon aus, dass es depressiven Frauen schwerer fällt, ihre Gefühle wahrzunehmen, ernst zu nehmen und innerhalb unterstützender Beziehungen zum Ausdruck zu bringen. Depressive Gesprächspartnerinnen berichteten von Rückzugstendenzen und Isolation: »I was making myself alone« (S. 143), wobei sich die Wahrnehmung der Freunde veränderte: »Whatever they did wasn't right in my eyes« (S. 143).

Ein wichtiges Ziel der Studie von Mauthner ist die Betrachtung postpartaler Depressionen aus der Perspektive der Betroffenen. Dabei stellt die Autorin eine Diskrepanz fest zwischen feministischen Ansätzen, die PPD als »normale« Antwort auf die Erfahrung der Mutterschaft ansehen, und den Berichten der Betroffenen selbst: »These 18 women felt that their experiences were ›abnormal‹ in the sense that they did not recognize the person they had become and had never experienced anything like it before« (S. 151).

»Arguing that depression is ›normal‹ trivializes and minimizes feelings which mothers themselves experience as terrifying and ›abnormal‹« (S. 157).

Die erkrankten Interviewpartnerinnen berichteten von einer großen Entlastung durch das medizinische Label »Postpartum Depression«: Sie sahen die Intensität und Schwere ihrer Gefühle bestätigt, die dadurch von »gedrückter Stimmung« abgehoben werden. Zudem konnten sie mit Hilfe dieses Terminus viel leichter annehmen, dass sie nicht verrückt werden würden.

Nicolson (1999) weist im Rahmen ihrer Studie (Interviews während der Schwangerschaft, einen, drei und sechs Monate post partum) auf die Bedeutsamkeit des Themas Verlust im Zusammenhang mit der Erfahrung der Mutterschaft hin. Dabei ist bemerkenswert, dass mit einer Ausnahme alle Frauen bereits Vorerfahrungen mit Depressionen hatten. Insofern ist eine Generalisierung des Ergebnisses als problematisch anzusehen. Das Thema Verlust umfasst in den Berichten die Bereiche Zeit/Autonomie, körperliche Erscheinung, Weiblichkeit/ Sexualität und die berufliche Identität als ein wichtiger Bestandteil des Selbstverständnisses der Frauen, bevor sie Mütter wurden.

Die Autorin betont, dass Veränderungen, zumal die massiven Veränderungen im Zusammenhang mit Mutterschaft, mit Verlust einhergehen. Psychische Erkrankungen sieht sie als Folge nicht durchlebter Trauer über einen Verlust oder als Hinweis auf frühere, nicht verarbeitete Verlusterlebnisse an. Dennoch kommt sie zu dem Schluss, dass postpartale Depressionen als die Regel und nicht als Ausnahme begriffen werden sollten, was mir wenig nachvollziehbar erscheint.

Ist »Postpartum-Depression« eine eigenständige Diagnose?

Dieser Frage widmete Valerie Whiffen (1992) eine Metastudie, in der die Ergebnisse verschiedener Studien über postpartale Depressionen bezüglich *Prävalenz,* Symptomatologie, Verlauf, Dauer, Rückfallgefahr und Ätiologie mit vorliegenden Ergebnissen über nicht postpartale Depressionen verglichen wurden.

Die Autorin weist auf methodische Schwierigkeiten insbesondere bei der Frage nach der Prävalenz von postpartalen im Vergleich zu nicht postpartalen Depressionen hin. Sie zeigt auf, dass das Störungsbild »major depression« nach einer Geburt sogar seltener als bei nicht gebärenden Vergleichsgruppen aufzutreten scheint; nimmt man jedoch leichtere depressive Störungsbilder hinzu, so ergibt sich eine insgesamt erhöhte Rate depressiver Erkrankungen post partum. Dies könnte als Hinweis auf eine eigenständige Diagnose angesehen werden. Der Vergleich zeigte, dass Depressionen nach der Geburt in der Tendenz milder ausfallen. Darüber hinaus unterschieden sich postpartale von nicht postpartalen Depressionen nicht grundlegend; insbesondere hinsichtlich der Ätiologie konnte die Autorin keine Unterschiede feststellen. Ihre Befunde lassen sich mit der Annahme, dass postpartale und nicht postpartale Depressionen unterschiedliche Störungsbilder darstellen, nicht vereinbaren: Diese Annahme wird jedoch von einigen Autoren (z. B. Dalton 1980) zum Ausdruck gebracht. Ein zentraler Befund spricht sogar gegen eine eigenständige Diagnose: Frauen, die psychische Erkrankungen, insbesondere Depressionen in ihrer Vorgeschichte aufweisen, haben das größte Risiko für eine Depression nach der Geburt (vgl. S. 54f.). Nach den Angaben von Whiffen (1992) hat mindestens jede vierte postpartal depressive Frau schon während der Schwangerschaft unter depressiven Störungen gelitten. Laut den von Riecher-Rössler (1997) genannten Autoren hat etwa ein Drittel der Frauen mit postpartaler Depression schon vor der Schwangerschaft mindestens einmal an einer psychiatrischen Erkrankung gelitten.

Zusammenfassend hält es Whiffen für nicht sinnvoll, die Postpartum-Depression als ein eigenständiges Störungsbild anzusehen, ja sie hält es sogar für problematisch: Durch die Annahme einer eigenständigen Diagnose sei Verwirrung in die Forschung gebracht worden; sie habe zu einer Konzentration auf biologische Erklärungsmodelle (hormonelle Anpassung) geführt, während Ergebnisse über depressive Störungsbilder unabhängig von Geburten ignoriert worden seien; man habe ohne Grund sozusagen noch einmal bei Null angefangen.

Zudem komme von PPD betroffenen Frauen häufig nicht die bei Depressionen übliche Behandlung zu, die ihnen jedoch helfen könnte. Demnach würden sowohl Forschung als auch Praxis von einer Aufgabe des Konzepts der Postpartum-Depression profitieren; insbesondere wäre es möglich, bereits während der Schwangerschaft Frauen mit einem wegen psychiatrischer Erkrankungen in der Vorgeschichte erhöhten Risiko, nach der Geburt an einer depressiven Störung zu erkranken, ausfindig zu machen.

An dieser Stelle sei angemerkt, dass ich mich aus Gründen der Übersicht dafür entschieden habe, in diesem Kapitel nur Konzepte zu Depressionen nach der Geburt anzuführen, nicht aber zu Depressionen allgemein. Meines Erachtens tragen jedoch Ansätze zu depressiven Störungsbildern wie etwa psychoanalytische Theorien – angefangen von Abraham (1911; zit. in Arieti u. Bemporad 1983, S. 34ff.) und Freud (1917) bis hin zu Mentzos (1984, 1996) – oder aus lerntheoretischer/kognitiver Sicht wie Seligmans Modell der Erlernten Hilflosigkeit (1967; zit. in Arieti u. Bemporad 1983, S. 78ff.) und Becks Kognitive Triade (1970; zit. in Beck et al. 1992) selbstverständlich auch zum Verständnis postpartaler Depressionen bei und haben dementsprechend auch die PPD-Forschung inspiriert. In Übereinstimmung mit Whiffen (1992) halte ich es für nicht erstrebenswert, PPD-Forschung gänzlich losgelöst von der allgemeinen Depressionsforschung zu betreiben. Kenntnisse über Letztere haben mir oft in höherem Maß zu einem Verständnis meiner postpartal depressiven Interviewpartnerinnen verholfen als so manche ausgewiesene PPD-Studie.

Die Bindungstheorie

Die Bindungstheorie in einem Buch über postpartale Depressionen? Sofern nicht nur von Forschungsergebnissen, sondern auch von therapierelevanten Modellen die Rede sein soll, darf sie nicht fehlen. Mögliche Auswirkungen postpartaler Depressionen auf die Mutter-Kind-Beziehung können auf diesem Hintergrund besser verstanden werden. Therapeutische Implikationen, etwa das Angebot einer Mutter-Kind-Therapie, haben noch keinen festen Platz innerhalb der Behandlungsmöglichkeiten, die postpartal depressiven Frauen eröffnet werden.

»Die Bindungstheorie begreift das Streben nach engen emotionalen Beziehungen als spezifisch menschliches, schon beim Neugeborenen angelegtes, bis ins hohe Alter vorhandenes Grundelement.

Im Säuglings- und Kleinkindalter sichert uns die Bindung an die
Eltern (bzw. entsprechende Ersatzfiguren) neben Schutz und Zuwendung den Beistand dieser Personen; selbst bei gesunder psychischer Entwicklung bleibt sie bis weit ins Erwachsenenleben bestehen, ergänzt durch neue, meist heterosexuelle Bindungen. Trotz der
großen Bedeutung des Nahrungs- bzw. Sexualtriebes ist die Bindung, ihrer lebenswichtigen Schutzfunktion wegen, als solche ei-
genständig« (Bowlby, Elternbindung und Persönlichkeitsentwick-
lung, zit. n. Brisch 1999, S. 6).

Bowlbys Theorie verbindet ethologisches, entwicklungspsycho-
logisches, systemisches und psychoanalytisches Denken. Im Rahmen seiner Tätigkeit als Kinderpsychiater erkannte er die Bedeutung emotionaler Traumatisierung durch frühe Trennungs- und
Verlusterlebnisse bei der Entwicklung von Verhaltensstörungen.[11]
Unter »Bindung« ist ein von Mutter und Kind gestaltetes, sich
wechselseitig bedingendes, selbstregulierendes System zu verstehen. Sie stellt einen Teil der Beziehung dar. Bowlby sieht das Bin-
dungssystem als »primäres, genetisch verankertes motivationales
System« (Brisch 1999, S. 35) an, das zwischen dem Säugling und
seiner primären Bezugsperson nach der Geburt aktiviert wird.[12]

Das Erleben von Angst verstärkt die Bindung; es ruft beim
Säugling oder Kleinkind das Bedürfnis nach Schutz und Nähe der
Mutter hervor. Als aktiver Interaktionspartner signalisiert das Kind
seine Bedürfnisse zum Beispiel durch Blickkontakt oder das
Herstellen von Körperkontakt. Die Trennung von der Bezugsperson wird mit Protest beantwortet. Das Explorationsverhalten des
Kindes wird durch die Anwesenheit einer Bezugsperson gefördert
(secure base phenomenon). In ungewohnten Situationen oder Kri-
sensituationen wird die Angst des Kindes durch die Anwesenheit
der Bezugsperson gemildert.

Als wesentliche Grundlage für die Entwicklung einer sicheren
Bindung wird feinfühliges Verhalten der Bezugsperson angesehen.
Feinfühligkeit meint dabei die Fähigkeit, kindliche Signale wahrzu-

---

[11] Ein historischer Überblick über die Entwicklung der Bindungstheorie
findet sich in Brisch (1999, S. 29ff.).

[12] Zu den Phasen des Bindungsverhaltens siehe Resch (1996, S. 61).

nehmen, sie richtig zu interpretieren[13] und sie auch prompt und angemessen zu befriedigen. Reagiert die Bezugsperson dagegen gar nicht, unzureichend oder mit einem nicht vorhersagbaren Wechsel zwischen Verwöhnung, Überstimulation oder frustrierender Versagung, kommt es eher zu einer unsicheren Bindung.

Um das Bindungsverhalten von Kindern *reliabel* studieren zu können, haben Ainsworth und Wittig (1969) eine testähnliche, standardisierte Untersuchungssituation entwickelt: den »Strange-Situation«-Test.[14] Mit Hilfe dieser Untersuchungsmethode lassen sich empirisch vier grundlegende Bindungstypen unterscheiden: die sichere Bindung, die unsicher vermeidende Bindung, die ambivalent unsichere Bindung und den desorganisierten Bindungstyp.

Sicher gebundene Kinder zeichnen sich durch ein höheres Selbstwertgefühl, weniger depressive Symptome, ein adäquateres Sozialverhalten in Kindergarten und Schule, mehr Fantasie und positive Affekte beim Spiel und eine längere Aufmerksamkeitsspanne aus (Resch 1996).

Unsicher gebundene Kinder zeigen hingegen ein ausgeprägteres Vermeidungsverhalten, ein wichtiges Symptom depressiver Störungen im Erwachsenenalter. Somit erweist sich die Bindungstheorie als ausgesprochen relevantes Konzept bei der Erforschung depressiver Störungsbilder, deren Ursprung Bowlby im familialen Umfeld des Säuglings/Kleinkindes ansiedelt.

Die entwicklungspsychologische und entwicklungspsychopathologische Bedeutung des Bindungsmusters liegt darüber hinaus in dessen Stabilität: Nach Bowlby kommt es zu einer Bindungsrepräsentation im Sinne eines internalen Arbeitsmodells. Internalisiert werden vom Kind Qualitäten von Beziehungen und nicht primär Eigenschaften der Bezugspersonen.

Mary Main entwickelte ein halbstrukturiertes Interview (Adult-Attachment-Interview), um die Bindungsrepräsentation von Er-

---

[13] Wobei anfangs eine Zeit des Ausprobierens und des Kennenlernens nötig und insbesondere bei Eltern von Erstgeborenen vollkommen normal ist. Nach einigen Wochen stellt sich meist eine gewisse Sicherheit bei der Interpretation kindlicher Signale ein.

[14] Eine Beschreibung dieses Verfahrens ist in Oerter u. Montada (1995, S. 240) zu finden.

wachsenen zu erfassen (George, Kaplan u. Main 1985; Main et al. 1985, zit. n. Brisch). Hinsichtlich der transgenerationalen Perspektive berichtet Brisch von einer Untersuchung mit Schwangeren und deren Partnern im letzten Schwangerschaftsdrittel mit Hilfe des Adult-Attachment-Interviews, bei der mit hoher Zuverlässigkeit die Bindungsqualität der Kinder mit einem Jahr vorausgesagt werden konnte (Fonagy et al. 1991; Steele u. Steele 1994, zit. n. Brisch).

Brisch entwickelte auf bindungstheoretischem Hintergrund ein »Feinfühligkeitstraining für werdende Eltern«, das sie befähigen soll, kindliche Signale genauer wahrzunehmen, um sensibel im Pflegeverhalten darauf antworten zu können.

Meine Erfahrungen als Hebamme haben mir gezeigt, dass Unsicherheit bei der Deutung der kindlichen Signale ein beachtliches Stresspotenzial für junge Eltern darstellt. Für postpartal depressive Mütter gilt dies womöglich in besonderem Maß: Zweifel an der eigenen mütterlichen Kompetenz, die durch diese Unsicherheit genährt werden, bedrohen das vermutlich ohnehin instabile Selbstwertgefühl und können Schuldgefühlen, einem wichtigen Bestandteil depressiver Störungen, Vorschub leisten. Somit erscheint mir ein Angebot wie Brischs Feinfühligkeitstraining für verunsicherte und insbesondere für depressive Mütter von großer Bedeutung. Der Mutter und auch dem Vater können bei der Entwicklung elterlicher Kompetenzen Beistand geleistet werden. Gleichzeitig wird die Entwicklung einer sicheren Bindung beim Kind gefördert. Dabei bedarf es sicherlich einer besonderen Sensibilität der Therapeuten, um bei depressiven Müttern ohnehin vorhandene Schuldgefühle dem Kind gegenüber nicht zu verstärken, sondern im Gegenteil zu deren Bearbeitung beizutragen. Die Mutter-Kind-Interaktion wurde als wichtiger Aspekt bei der Erforschung der PPD bereits aufgegriffen (S. 48f.). Diese Ergebnisse stützen die Forderung nach mehr Angeboten im Bereich der Mutter-Kind-Therapie.[15]

---

[15] Vgl. hierzu Waitzmann-Samulowski, E. (2001): Analytische Säuglings-Elterntherapie am Beispiel der Postpartumdepression. Hebammenforum, 2001: 419–421.

Das interaktive Entwicklungsmodell psychopathologischer Phänomene nach Resch

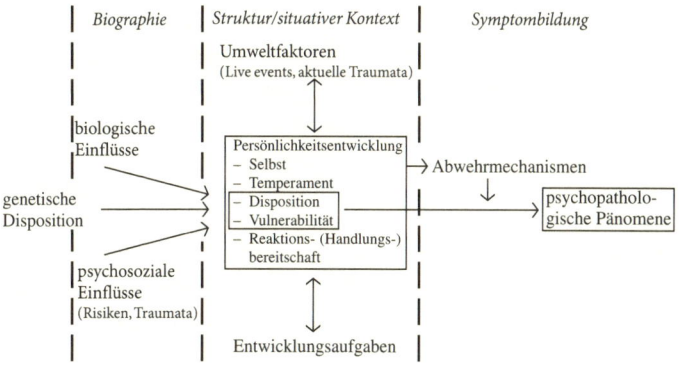

Abbildung 1: Interaktives Entwicklungsmodell psychopathologischer Phänomene nach Resch (1996, S. 193)

Die Entwicklungspsychopathologie als eine eigenständige wissenschaftliche Disziplin macht sich Erkenntnisse der Entwicklungspsychologie bei der Erforschung psychopathologischer Symptome zunutze. Resch sieht die Differenzierung in psychogene (rein erlebnisbedingte), exogene (hirnorganisch bedingte) oder endogene (durch genetische Funktionsanomalien zerebraler Prozesse bedingte) psychopathologische Phänomene als überholt; die Entstehung dieser Phänomene ist vielmehr als ein »multimodales und multikausales Geschehen« (Resch 1996, S. 191) zu begreifen. Dabei wird dem in der Natur des Entwicklungsprozesses begründeten, prozessualen Charakter besondere Bedeutung zugesprochen.

Das Individuum wird nicht als seiner Umwelt ausgeliefert angesehen; es bringt vielmehr eine »bestimmte genetische Ausstattung mit individuellen Entwicklungs- und Verhaltensbereitschaften« (S. 191) mit. Dazu gehören Temperamentsfaktoren, *affektive Reagibilität* und kognitive Basisausstattung ebenso wie die körperliche Ausrüstung mit somatischen und neurovegetativen Funktionskreisen. Auf diesem Hintergrund setzt sich das Individuum mit bestimmten Entwicklungseinflüssen auseinander. Am Beispiel der Bindung wurde deutlich, dass sowohl mütterliche als auch kindliche Merkmale im Bindungsprozess eine Rolle spielen; die Person-Umwelt-Beziehung ist daher als ein wechselseitiger Prozess anzusehen.[16]

Bei einer Berücksichtigung des von Resch vorgestellten ätiopathogenetischen Modells (vgl. Abb. 1) ergeben sich hinsichtlich der Auseinandersetzung mit dem Phänomen depressiver Erkrankungen nach der Geburt eines Kindes folgende Konsequenzen: Das Modell berücksichtigt aktuelle Traumata und Life events, deren Bedeutung sich jedoch aus der Wechselwirkung mit einer vorhandenen Disposition und Vulnerabilität erschließt. Das mag selbstverständlich, weil unmittelbar einsichtig erscheinen. Bei der Sichtung der zum Thema PPD vorliegenden Literatur fiel mir jedoch die Tendenz auf, das Auftreten der Erkrankung einseitig mit bedeutsamen Faktoren wie zum Beispiel Partnerschaftskonflikten oder geburtshilflichen Komplikationen zu erklären, ohne die geschilderte Wechselwirkung zu berücksichtigen.[17] Dies mag auf eine überwiegend quantitative Herangehensweise in der Forschung zurückgehen, welche die Bedeutung von Einflussfaktoren in Zahlen fassen will. Komplexe Wechselwirkungen entziehen sich einem solchen Vorgehen.

Weiterhin speist sich die Vulnerabilität für ein psychopathologisches Phänomen aus biologischen, genetischen und psychosozialen Einflüssen; eine besondere Fixierung auf hormonelle Variablen bei der Erforschung postpartaler Depressionen erscheint in Anbetracht dessen problematisch.

Aktuellen Entwicklungsaufgaben wird ebenfalls Bedeutung zugesprochen. Die Entwicklungsaufgabe Mutterschaft zu erforschen und dabei das individuelle Erleben zu betrachten gewinnt dadurch an Gewicht. Spezifische Bewältigungsstrategien und Ressourcen aufzuzeigen, die einer Frau die Auseinandersetzung mit dieser Entwicklungsaufgabe erleichtern, ist ein wesentlicher Beitrag zum Thema postpartale Depression.

---

[16] Zu den Konsequenzen einer solchen interaktionistischen Sichtweise für die Entwicklungspsychopathologie siehe Resch (1996, S. 6).

[17] Diese Tendenz wurde auch im Kapitel »Befunde zu Ätiologie und Pathogenese postpartaler Depressionen«, S. 50ff., deutlich.

Zusammenfassung und Kritik

Der Überblick über Forschungsergebnisse zu postpartalen Depressionen zeigt eine Dominanz quantitativer Herangehensweisen. Dabei fällt ein großes Maß an Widersprüchlichkeit der Befunde zur Ätiologie und Pathogenese des Störungsbildes auf, was als Hinweis auf Multikausalität und eine hohe Interdependenz relevanter Einflussfaktoren angesehen werden kann.

Das interaktive Entwicklungsmodell psychopathologischer Phänomene nach Resch (1996) berücksichtigt die multifaktorielle und multimodale Bedingtheit der Entstehung psychischer Störungen und eröffnet darüber hinaus eine entwicklungspsychologische Perspektive, die im Rahmen der Erforschung des Phänomens PPD bisher zu kurz kam. Dabei erscheint es offensichtlich, dass Schwangerschaft, Geburt und die erste Zeit als Mutter besondere Entwicklungsaufgaben für eine Frau darstellen. Im Rahmen einer Erforschung dieser Zeit und des Phänomens PPD aus der Perspektive betroffener Frauen bietet sich eine qualitative Herangehensweise an, da sie personenzentriert ist und individuelle Erlebnisberichte nicht durch eine einseitige Fokussierung auf vorab festgelegte Variablen einengt.

Folgende Vorannahmen liegen meiner Untersuchung zugrunde und spiegeln sich im Interviewleitfaden[18] wider:

1. Schwangerschaft, Geburt und Wochenbett sind als Zeiten massiver Veränderungen anzusehen, die Frauen hohe Anpassungsleistungen abverlangen.
2. Die Geburt verdient als psychisch und physisch belastendes Ereignis besondere Beachtung; dabei ist vor allem das Geburtserleben und weniger die Geburtsform von Interesse.
3. Erwartungen, die eine Frau in Hinblick auf die Geburt und auf das Leben mit einem Baby hegt, sind von großer Bedeutung für die Anpassung an die genannten Ereignisse.
4. Durch die Mutterschaft ändern sich insbesondere die nächsten Beziehungen, wobei neben der Partnerschaft der Beziehung der

---

[18] Einsehbar im Methodenteil meiner Diplomarbeit im Internet unter: www.qualitative-forschung.de/publikationen/postpartale-depressionen/

Frau zu ihrer Mutter in einer psychodynamisch orientierten Betrachtungsweise des Phänomens PPD besondere Bedeutung zukommt.

5. Bei der Anpassung an das Leben mit einem Baby spielen Unterstützungsmöglichkeiten durch das soziale Netz eine bedeutende
   Rolle. Dabei ist zu berücksichtigen, wie leicht oder schwer es einer Frau fällt, Hilfe in Anspruch zu nehmen.

6. Das Erleben des Babys – etwa seines Temperaments – ist von
   großer Bedeutung für die postpartale Befindlichkeit der Frau.

Durch die Mutterschaft werden unter Umständen eigene Kindheitserfahrungen wiederbelebt. Die Geburt eines Kindes kann als
Reinszenierung früher Erfahrungen betrachtet werden.

Ziel meiner Untersuchung war es, unter Berücksichtigung dieser
Vorannahmen das Erleben der Mutterschaft postpartal depressiver
und nichtdepressiver Frauen in phänomenologischem Sinn zu erforschen und zu vergleichen. Unter Anwendung der qualitativ sys-
tematischen Strategie der Komparativen Kasuistik nach Jüttemann
(1981) soll ein überindividueller, begrenzt verallgemeinerbarer Ansatz zum Verständnis postpartaler Depressionen dargelegt werden.
Darüber hinaus sollen detaillierte Einzelfallanalysen ein tieferes
Verständnis der Erfahrungen von Mutterschaft und postpartaler
Depression ermöglichen.

Dieses Buch wendet sich an Forscher und an Berufsgruppen, die
postpartal depressive Mütter beraten und betreuen – nicht zuletzt
jedoch an die Betroffenen selbst und an ihre Angehörigen. Aus diesem Grund wird hier auf eine detaillierte Darstellung des methodi-
schen Vorgehens in meiner Untersuchung verzichtet. Interessierte
Leserinnen und Leser können den Methodenteil meiner Diplomarbeit im Internet einsehen: www.qualitative-forschung.de/publikati-
onen/postpartale-depressionen/

Berichte postpartal depressiver Frauen – Analyse problemzentrierter Interviews

Die Einzelfalldarstellungen beginnen mit einem prägnanten Zitat der Interviewten. Nach einer kurzen Beschreibung des situativen Kontextes folgen Angaben zur Vorgeschichte. Dabei wurden die Namen selbstverständlich durch Kodenamen ersetzt und für die Interpretation irrelevante Daten abgeändert oder weggelassen, um ein Wiedererkennen der Frauen unmöglich zu machen. Die Interviews wurden in mehreren deutschen Großstädten geführt.[19]

Die Darstellungen untergliedern sich in die Abschnitte Lebenszufriedenheit vor der Schwangerschaft, Erleben der Schwangerschaft, Geburtserlebnis, Erleben der Depression, Beziehung zum Kind, Partnerschaft, Beziehung zur Mutter, Selbstbild und aktuelle Lebenszufriedenheit. Abschließend erfolgt eine zusammenfassende Interpretation.

---

[19] Da dies ein Buch über Depressionen nach der Geburt ist, wurden die Einzelfalldarstellungen der nichtdepressiven Frauen (Kontrollgruppe) nicht aus meiner Diplomarbeit übernommen. Viele Aussagen dieser Frauen sind im Komparationsteil meiner Arbeit nachzulesen, der unter der Adresse www.qualitative-forschung.de/publikationen/postpartale-depressionen/ ins Netz gestellt ist.

Karin

> »Nee, nehmt'se weg von mir, ... ich kann ihr nichts Gutes mehr tun.«
>
> »Ja, ich möcht einfach so wieder so 'n bisschen mehr das Gefühl haben, ich lebe, und es also zu wissen, wer ich bin eigentlich wieder, das ist im Moment so weg, auch das Körpergefühl.«

Situativer Kontext

Das Interview fand in der Wohnung der Befragten statt und erstreckte sich über drei Termine. Der Kontakt zu Karin gestaltete sich von der telefonischen Kontaktaufnahme an unkompliziert; ich war jedoch bereits zu diesem Zeitpunkt durch ihre leise, traurig klingende Stimme angerührt.

Ich wurde freundlich begrüßt und mit Tee bewirtet. Karins lebhafte, strahlende einjährige Tochter Mira war bei allen Terminen dabei. Sie selbst wirkte sehr bedrückt auf mich. Dennoch hat sie sich intensiv auf das Gespräch eingelassen und sehr offen berichtet. Von ihrem lebhaften, zeitweise auch übermüdeten, quengeligen Kind wurde sie ziemlich in Anspruch genommen, wir haben das Aufnahmegerät einige Male gestoppt, damit sie Mira beruhigen konnte. Trotz dieser Störungen kam es bei allen Terminen zu einem dichten Gespräch.

Zur Vorgeschichte

Karin ist zum Zeitpunkt des Interviews 25 Jahre alt, ihre Tochter Mira ist gerade ein Jahr alt geworden. Mit ihrem Partner Martin (28 Jahre) war sie vor der Schwangerschaft bereits zweieinhalb Jahre zusammen. Sie befindet sich in der Abschlussphase ihres Studiums, ihr Partner arbeitet vollzeitlich. Die Schwangerschaft war nicht geplant, das Paar ist während dieser Zeit zusammengezogen.

Karin ist in einem kleinen Ort in den neuen Bundesländern bei beiden Eltern aufgewachsen und hat eine jüngere Schwester. Als sie zehn oder zwölf Jahre alt war (das genaue Alter kann sie nicht angeben), erkrankte ihre Mutter an einer Depression. Die beiden letzten

Schuljahre verbrachte sie im Internat, was in ihrem Ort wegen
mangelhafter Busverbindungen üblich gewesen sei. Auf das Abitur
folgte ein Au-pair-Jahr, während dieser Zeit entwickelte sich ein
starker Kinderwunsch. Neben ihrem anschließenden Studium hat
Karin gejobbt. Als kritisches Lebensereignis ist neben der mütterlichen Depression der Tod der Großmutter zu nennen, als Karin
neun Jahre alt war.

Lebenszufriedenheit vor der Schwangerschaft

Karin berichtet, als Studentin viel Zeit außer Haus verbracht zu haben, beinahe der ganze Tag sei mit Veranstaltungen an der Uni,
Gängen in die Bibliothek und Treffen mit Leuten im Café ausgefüllt
gewesen. Ein- bis zweimal in der Woche habe sie auch gearbeitet.
Zu Hause sei sie selten gewesen. Bei der Beschreibung, wie sie sich
das Leben mit Kind vorgestellt habe, äußert sie den Wunsch, sich
nach der Geburt »endlich mal die Zeit für irgendwas zu nehmen«,
so dass der Gedanke nahe liegt, dass in ihrem Leben für sie wichtige
Dinge zu kurz gekommen sein könnten.

Beim dritten Treffen schildert Karin den Rückzug von ihren drei
wichtigsten Freundinnen und Freunden, den sie schon vor der
Schwangerschaft ansiedelt. Zu diesem Zeitpunkt habe sie sich mehr
auf die Beziehung zu ihrem Partner konzentriert, vor allen Dingen
habe sie jedoch Angst vor tiefen Gefühlen gehabt und deshalb versucht, die Freundschaften auf eine oberflächlichere Ebene zu verla-
gern. Die Freunde hätten damals den Eindruck gehabt, »das bin ich
gar nicht mehr«. Karin begründet ihr Verhalten: »... grad die drei
Personen, die mir so am wichtigsten sind, die konnten mich auch
am schwersten verletzen, also durch irgendeinen Satz nur.« Dabei erläuterte sie – auf meine Nachfrage hin – dass sie mit »am
schwersten« »am tiefsten« meint. Sie habe Angst gehabt, »irgendwie
wieder abzufallen«, eine Bemerkung, die sie nicht näher ausführt
und die ich als Angst vor Zurückweisung deute. Es erscheint mir
wesentlich, dass hier Nähe mit Angst in Verbindung gebracht wird.
Über die Auswirkungen dieser Ängste auf die Partnerschaft sagt
Karin nichts. Es fällt mir insgesamt auf, dass in der Schilderung des
Lebens vor der Schwangerschaft der Partner kaum vorkommt.

Erleben der Schwangerschaft

Die Schwangerschaft mit Mira sei nicht geplant gewesen und habe
bei Karin und ihrem Partner zunächst Sprachlosigkeit ausgelöst.
Beide hätten sich erst zu einem späteren Zeitpunkt Kinder gewünscht. Es sei eine Erleichterung gewesen, dass Martin die
Schwangerschaft gut aufgenommen habe: »... also ich war froh,
dass er so reagiert hatte, ich hatte gehofft, dass er doch erst mal 'n
bisschen Panik kriegt und sich da überfordert fühlt.« Ob dieses
»gehofft« als echter oder als freudscher Versprecher zu werten ist,
scheint mir nicht ganz klar zu sein; es wäre allerdings denkbar, dass
Karin ambivalente Gefühle hinsichtlich ihrer Schwangerschaft bei
sich selbst nicht so recht wahrnehmen konnte und sie auf ihren
Partner projiziert hat. Sie hat eigene Zukunftspläne aufgeben müssen, etwa den Gedanken, ihre Diplomarbeit im Ausland zu schreiben, und ist für mein Empfinden beim Gespräch recht schnell
darüber hinweggegangen.

   Große Unterstützung habe sie durch ihre Eltern erfahren, was
»schon beruhigt« habe, da sie finanzielle Sorgen und »so was wie
Existenzangst« verspürt habe. Trotz allem sei die Schwangerschaft
auch eine Zeit der Vorfreude gewesen, die jedoch in der Hektik un-
terzugehen drohte: »Ähm, ich denke, es hat insgesamt gefehlt, die
Zeit für mich, mich richtig darauf vorzubereiten, ... ich hatte so
nich' die Zeit, mich wirklich innerlich darauf vorzubereiten, dass
sich da was verändert und dass ich dann in Ruhe auch mit meinem
Kind umgehen kann, irgendwie, ja mich ruhig darauf zu freuen,
und so mit mir da in eins zu kommen, aber – ja es war trotz allem,
die Freude war schon immer da, aber so 'ne hektische vorübergehende Freude.« Hier entsteht der Eindruck, dass Karin ihr »Innen-
leben« während der Schwangerschaft vernachlässigt hat; es ist ihr
nicht gelungen, mit sich »in eins« zu kommen, was nach einer inneren Zerrissenheit klingt, nach Ambivalenz, die womöglich erst jetzt
wahrgenommen werden kann. Die Ruhe, die dafür nötig ist, mit
sich selbst ins Reine zu kommen, hat gefehlt, wohl auch die Ruhe,
dem Kind, das sich da auf den Weg macht, einen Platz im eigenen
Leben einzuräumen. Es scheint dabei nicht nur um äußere, sondern
vielmehr um die innere Ruhe zu gehen. Dass die Zeit dafür gefehlt
hat, daran habe ich meine Zweifel; es kann sich eher um eine Ver-

meidung des möglicherweise schmerzhaften Prozesses handeln, mit sich ins Reine zu kommen.

Als zusätzliche Belastungsfaktoren kamen langwierige Erkrankungen im ersten und letzten Schwangerschaftsdrittel hinzu, die den Besuch des Geburtsvorbereitungskurses zum Teil verhinderten. Zum Zeitpunkt der Geburt war Karin demnach geschwächt. Zudem wollte sie möglichst viele Vorbereitungen für den Abschluss ihres Studiums treffen. Ihre Reserven hat sie wenig geschont, eher verbraucht, wohl auch in der Unterschätzung der auf sie und ihren Partner zukommenden Belastungen: »Ich weiß nich', ich hab das wahrscheinlich so gesehen, so wenn das Kind dann endlich da is', wird alles besser, also an diesem, so jetzt muss ich da noch durch, und dann wird alles besser.« Sie hat sich also in einer sehr schwierigen Situation mit trügerischen Hoffnungen und Durchhalteparolen selbst vertröstet und die Zukunft als Mutter unrealistisch eingeschätzt.

Als großen Stress bezeichnet Karin Spannungen in ihrer Beziehung zu Martins Eltern, von denen sie nicht näher berichtet.

Ängste vor der Geburt spielt sie ziemlich herunter: »... klar 'n bisschen Angst hat auch 'ne Rolle gespielt, ich denk, die hat jede Frau, grad vorm ersten Kind.« In den letzten Schwangerschaftswochen habe Karin unter Schlaflosigkeit und einem ständig harten Bauch gelitten: »... ich war zum Schluss auch so weit, dass ich dachte: ›Jetzt muss es zu Ende gehen‹, weil das einfach, ja is' ja für jede schwangere Frau dann belastend.« Angesichts dieses Berichts kann ich mir die schwangere Karin kaum vorstellen: Sie hat sich sozusagen hinter »jeder schwangeren Frau« versteckt, gerade was das Erleben von Ängsten und Belastungen angeht, was als Hinweis auf eine Vermeidung der Auseinandersetzung mit diesen Themen betrachtet werden kann.

Als Ratgeberin während dieser Zeit nennt sie eine Freundin, mit der sie häufig telefoniert habe, da diese selbst Mutter eines inzwischen zweijährigen Kindes sei.

Geburtserlebnis

Die Geburt Miras ist nachts mit einem Blasensprung losgegangen. Da die Wehen zunächst auf sich warten ließen, ist das Paar nach der ersten Vorstellung im Kreißsaal wieder nach Hause geschickt worden. Am folgenden Abend um 23 Uhr setzten regelmäßige Wehen ein. In der Klinik angekommen, haben beide erst einmal einige Zeit im Vorwehenbereich verbracht. Am nächsten Morgen sei es dann so weit gewesen, dass Karin in die Gebärwanne übersiedeln konnte. Die geplante Wassergeburt habe sich als wenig entspannend erwiesen, da der Thermostat kaputt und das Bad dadurch eher kalt gewesen sei. Weder die betreuende Hebamme noch Karin selbst beendeten das kühle Bad; dabei berichtet sie, »ganz schön gezittert« zu haben. Das Vorhaben der Wassergeburt musste dann wegen Abfallens der kindlichen Herztöne aufgegeben werden; Mira wurde gegen 19 Uhr mit *Kristellerhilfe* geboren.

Als zentral und bedrohlich schildert Karin Verlorenheitsgefühle und panische Angst, wenn die Hebamme den Kreißsaal verließ, was häufig geschehen sei: »Ich hatte einfach richtig panische Angst, wenn sie rausging, ... ich hab mich total verloren gefühlt, ... total hilflos und verloren.« Sie habe die Hebamme zwar dann gebeten, bald wieder zu kommen, jedoch: »In dem Moment hab ich's bestimmt auch nich' deutlich genug gesagt.« Ihre Sehnsucht nach mütterlicher Zuwendung wurde offenbar enttäuscht; dabei kommt in ihrem Bericht kein Ärger über die Hebamme zum Ausdruck. Karin sucht den Fehler bei sich selbst, sie sei nicht deutlich genug geworden.

Obwohl Martin anwesend war, wird er nicht als hilfreich geschildert. Ihre Wünsche richteten sich voll und ganz an die Hebamme; für eine weitere Geburt, falls eine eintreffen sollte, würde sie sich eine Beleghebamme suchen, die sie kennen und bei ihr bleiben würde.

Im Kreißsaal habe Karin eine überwältigende Angst erlebt, die als Todesangst betrachtet werden kann: »Ähm, ich hab das erste Mal so wirklich in meinem Leben gedacht: ›Das schaff ich nicht!‹ Ich hab also, ich glaub da war auch das erste Mal diese Angst, die ich dann inner Depression richtig hatte, ähm dass ich nich' mehr wusste, wie's weitergeht, die Angst, es hört nie auf.«

Weitere Schwierigkeiten seien für sie die Atmung und das Loslassen gewesen: »... ich konnt nich' mehr schreien, ich hab alles nach innen gedrückt, ... ich konnte nich' irgendwie lockerlassen oder freilassen«. Die Hebamme habe Karin aufgefordert, den Schmerz doch mal herauszuschreien und »sogar mein Mann immer: ›Nun lass es doch mal raus!‹«; wobei man über das »sogar« stolpert: Es wirkt auf mich, als habe sie ihrem Partner nicht so recht zugetraut, ihre Not wahrnehmen zu können.

Die geschilderten Ängste, das Gefühl der Verlorenheit, der Kontrollverlust und das Versagen einer Durchhaltestrategie, die in der Schwangerschaft schon kaum noch aufrechterhalten werden konnte, lassen die Geburt für Karin zu einer Grenzerfahrung und zu einem traumatischen Ereignis werden.

Als ihre Tochter geboren war, habe sie allerdings »so dieses intensivste Gefühl, das ich je hatte, ... 'n totales Glücksgefühl« verspürt. Ein Gefühl, das ihr seit dem dritten Wochenbetttag die Depression zunächst völlig geraubt habe.

Rückblickend glaubt Karin, die Geburt unterschätzt und daher die Vorbereitung nicht ernst genug genommen zu haben. Sie habe gehofft, dass ihr Körper diese Aufgabe für sie erledigen würde, und zweifelt nun an ihrem Körpergefühl. Nach der Geburt habe sie sich »körperlich wie 'n Müllhaufen« gefühlt und den Eindruck gehabt, »Das is' einfach nich' mehr mein Körper«.

Erleben der Depression

Der geschilderte Geburtsbericht lässt es beinahe zu, den Beginn der Depression sub partu (während der Geburt) anzusiedeln. Jedoch habe das Glücksgefühl während der ersten drei Tage noch »für alles 'n bisschen entschädigt«. Wenige Stunden nach der Geburt habe sie mit Partner und Baby die Klinik wieder verlassen, was sie im Nachhinein als zu früh ansieht. Es wäre wichtig für sie gewesen, rund um die Uhr jemanden zu haben, an den sie ihre Fragen hätte richten können: »... weil mitten in der Nacht wollt man da[20] auch

---

[20] Soll vermutlich heißen: bei der zu Hause nachbetreuenden, freiberuflichen Hebamme.

nicht anklingeln, wegen vielleicht irgendwelchen Lappalien, die für
mich aber in dem Moment … groß waren, ich hatte einfach riesige
Ängste.« In der ersten Woche nach der Geburt habe sie unter über-
wältigenden Ängsten, Schlaf- und Appetitlosigkeit gelitten. Der
Milcheinschuss am dritten bis fünften Tag nach Miras Geburt habe
ihr dann den Rest gegeben: »… also da merkt ich dann körperlich
und seelisch, da is' was nich' in Ordnung in mir.« Dennoch habe sie
gehofft, dass es ihr nur an Schlaf und körperlicher Erholung man-
geln würde. Zur Unterstützung seien ihre Eltern gekommen, ihre
Mutter habe die Situation als einzige realistisch eingeschätzt und
ihr dringend dazu geraten, professionelle Hilfe zu suchen. Zu diesem Zeitpunkt habe sie das Gefühl gehabt, nicht mehr dazuzugehö-
ren. Wenn ihr Partner sich ums Baby gekümmert hat, habe sie gedacht: »Ich brauch auch Hilfe, wer hilft mir?!« Seit dem schmerzhaften Milcheinschuss habe sie wieder die Angst gequält, die sie im
Kreißsaal zum ersten Mal gespürt hatte, die »Angst, es hört nie auf«.
Das Stillen habe sie sicherlich zu diesem Zeitpunkt schon überfordert: Sie habe das Baby alle zwei Stunden anlegen müssen, und da
sie, einmal wach geworden, lange Zeit brauche, um wieder einzu-
schlafen, habe sie in der ersten Woche nach der Geburt quasi gar
keinen Schlaf gefunden. Sie habe sich jedoch den Wunsch abzustillen noch nicht eingestehen können. Durch die völlige Erschöpfung
sei alles nur noch wie ein Film vor ihr abgelaufen. Sie habe das Bedürfnis gehabt, ihr Kind abgeben zu können: »… ich hab immer nur
gesagt: ›Nee, nehmt 'se weg von mir, … also ich kann ihr nichts Gutes
mehr tun.‹«

Auf die Initiative ihrer Mutter hin habe Karin sich sieben Tage
nach der Geburt in einer psychiatrischen Klinik vorgestellt, die
über Mutter-Kind-Plätze verfügt. Da kein Rooming-in-Platz frei
war, erfolgte zunächst die Aufnahme in einer geburtshilflichen Abteilung, die ein Zimmer für Karin, ihren Partner und das Baby zur
Verfügung gestellt habe. Dort habe sie sich körperlich etwas erholt
und wurde nach einer Woche entlassen. Zu Hause angekommen sei
sie erneut von Ängsten geplagt worden, so dass sie sofort wieder in
die Klinik zurückgefahren sei. In der folgenden Woche habe sie
unter der Angst, verrückt zu werden, gelitten. Ihre Mutter habe sie
dazu bewegt, diese Angst den Ärzten mitzuteilen, was dann die
Überweisung in die psychiatrische Klinik zur Folge hatte, die

inzwischen einen Mutter-Kind-Platz anbieten konnte. Dort wurde sie insgesamt fünf Monate lang stationär behandelt.

Die Gabe von Antidepressiva habe das Abstillen erforderlich gemacht, was Karin als große Erleichterung schildert: »Da hab ich dann schon gemerkt, dass ich's wollte.« In der geburtshilflichen Abteilung habe sie sich zwar schon einmal zaghaft deswegen erkundigt, es sei ihr jedoch immer wieder gesagt worden: »›Ja, es is' am besten fürs Kind, wenn's gestillt wird.‹ ... aber im Nachhinein muss ich sagen, dass es am besten für das Kind is', das wusst ich ja, sonst hätt' ich's mir nich' so schwer gemacht, also ich glaub, irgendjemand hätte auch mal seh'n müssen irgendwie, wie's um mich in dem Fall steht.« Diese Kritik erscheint mir angesichts der Schwere ihrer Erkrankung durchaus berechtigt.

Die psychopharmakologische Behandlung erwies sich als schwierig. Das erste Medikament habe epileptische Anfälle ausgelöst, »die mich völlig ... niedergestreckt haben«, was zur Verzweiflung geführt habe. Unter dieser Medikation habe sie ihre »Tiefphase« erreicht: »also dann wirklich mit Selbstmordgedanken«. Das Medikament sei erst abgesetzt worden, als sie im Schwesternzimmer einen epileptischen Anfall hatte; vorher habe man die von ihr geschilderten Symptome als »völlig normale Nebenwirkungen« eingestuft. Von diesem Zwischenfall berichtet sie ohne Wut oder für mich spürbaren Ärger, beinahe »neutral«, was mir bemerkenswert vorkommt; hier kann man durchaus von einer Aggressionshemmung sprechen. Auch das zweite Medikament habe sich als wenig hilfreich erwiesen, mit dem dritten, das sie zur Zeit noch einnehme, gehe es »so einigermaßen«.

Nach drei Monaten habe Karin im Krankenhaus eine Verhaltenstherapie begonnen, die sie als wenig hilfreich einschätzt. Eine große Stütze seien Mitpatienten gewesen, die ihr das Gefühl gegeben hätten, mit der Krankheit nicht allein dazustehen. Zusätzliche Entlastung habe sie dadurch erlebt, die Depression als eine Krankheit zu begreifen: »Es is' die Krankheit, das bin nich' ich irgendwie, der jetzt völlig durchdreht oder so.« Ihre Ängste schildert sie als bedrohlich: »Das war so immer eigentlich regelmäßig, dass ich wirklich schlimme Anfälle bekommen hab, so dass ich nur noch heulend umhergerannt bin, dass ich nich' wusste, ob ich sitzen soll, ob ich stehen soll, sondern nur noch mit'm Kopf gegen die Wand gerannt bin«, vor diesen Anfällen habe sie, insbesondere hinsichtlich ihrer Entlassung aus dem Krankenhaus, Angst gehabt, da sie sich während dieser Zeit nicht unter Kontrolle gehabt habe; sie seien zu Hause jedoch ausgeblieben.

Trotz des großen Wunsches, ihr Kind abgeben zu können, habe sie es weitgehend selbst versorgt: »irgendwie aus'm Wissen heraus, dass es mir später Leid tun würde«. Jedoch habe sie zeitweise eine negative Haltung Mira gegenüber gehabt, »also richtig Angst, sie dann zu nehmen, weil ich – ja so gefühlsmäßig ihr die Schuld für alles in die Schuhe geschoben habe«. Hier scheint unterdrückter Ärger in ihr zu gären, vor dem sie Angst hatte und vor dem sie ihre Tochter möglicherweise beschützen wollte.

Noch heute leide sie am meisten unter den fehlenden Gefühlen ihrem Kind gegenüber, ja unter dem Fehlen von Gefühlen allgemein, was auch die Beziehung zu ihrem Partner enorm belaste.

Seit der Entlassung (sieben Monate vor dem Interview) kommt zweimal wöchentlich eine Einzelfallhilfe ins Haus, was sie als große Entlastung erlebe. Bisher habe sie genug mit der Alltagsbewältigung zu tun gehabt, jetzt habe sie jedoch vor, eine Psychotherapeutin zu suchen, denn »es is' noch überhaupt nichts gut«, sie wünsche sich, wieder einmal durchatmen zu können: »Ja, ich möcht einfach wieder so'n bisschen mehr das Gefühl haben, ich lebe, und es also zu wissen, wer ich bin eigentlich wieder, das ist im Moment wirklich so weg, auch das Körpergefühl.«

Beziehung zum Kind

Karins Ressourcen in der Beziehung zu ihrer Tochter sind ihre Vorerfahrungen mit Kindern und ihr Kinderwunsch. In der Interaktion mit Mira wurde ihre verspielte Seite sichtbar, zudem schätze ich sie als eine Frau ein, die schnell einen Draht zu Kindern hat. In der Schilderung der Schwangerschaft kommen Vorfreude und liebevolle Identifikation mit ihrem Kind zum Ausdruck: »Also es war schon so, dass man neugierig wurde ... also auf das eigene Kind dann, dass man's sehen wollte.« Vom Glücksgefühl nach der Geburt abgesehen seien die fehlenden Gefühle Mira gegenüber zur Zeit eines ihrer Hauptprobleme: »Also ich merk immer noch, dass die

Gefühle auch zu Mira, die sind noch nich' da, also ich weiß zwar irgendwie, dass ich 'se lieb hab, ... aber ich fühl's nich', und das macht es so – ja, wenn man das fühlt, des entschädigt für vieles.« Karin fehlt dadurch eine Kraftquelle, die ihr angesichts der hohen Anforderungen, mit denen gerade Mütter sehr kleiner Kinder konfrontiert sind, helfen könnte. Ihre Antwort auf die »Wunschfrage« lautet: »Also der Wunsch: Ich möchte wieder gesund werden, wobei ich ja dann nich' weiß, ne, was gesund jetzt für mich wäre, aber was für mich wichtig is', dass ich meine Gefühle auch da zu Mira wiederfinde, dass ich es auch fühlen kann, dass ich se liebe – dass ich mich selbst auch wieder 'n Stück weit wiederfinde.« Bemerkenswert ist die Verknüpfung des Verlusts der Gefühle für ihr Kind mit dem Gefühl des Verlusts ihres Selbst.

Aus der ersten Zeit mit dem Baby schildert sie Gefühle, die aus tiefenpsychologischer Sicht als »orale Konkurrenz«[21] angesehen werden können: »Wenn er [ihr Partner] sich ums Baby kümmert, war ich eifersüchtig.« Dieses Erleben könnte mit Karins intensiver Sehnsucht nach mütterlicher Zuwendung zusammenhängen, die sie bei der Beschreibung der Geburt schildert.

An den bereits erwähnten großen Bemühungen, Mira trotz ihrer eigenen, sicherlich zunächst unterschätzten Krisensituation zu stillen, wird deutlich, dass Karin zu großen Opfern für ihr Kind bereit war und eigene Bedürfnisse dabei nicht wahrgenommen hat. Ihre Erwartungen an sich selbst als Mutter schildert sie als belastend: »Also ... weil's so oft mit der Grund is', warum man so oft unzufrieden is', mit sich selbst.« Sie habe sich, gerade während der Zeit in der Klinik, oft mit Vorwürfen und Grübeleien gequält: »Weil ich ja wirklich oft nur heulend über ihr hang und sie gewickelt hab, aber ..., es wurde mir dann von vielen Seiten bestätigt, dass es schon besser is' für sie, bei mir zu sein, als sie abzugeben, und 's war von mir aus natürlich die Angst da, dass ich sie gar nich' erst wieder nehmen könnte, wenn ich sie einmal abgebe.« Diese Angst erklärt sie mit der bereits geschilderten Neigung, ihre Tochter für die Krankheit verantwortlich zu machen, die sie reflektiert und offen mitteilt. Enorm wichtig sei für depressive Mütter eine Gelegenheit, über ablehnende Gefühle ihrem Kind gegenüber reden zu können. »In der An-

---

21 Vgl. Molinski (1972) bzw. S. 60 in diesem Band.

fangsphase war's bei mir ganz schlimm, dass ich das alles nich' ver-
stehn konnte oder dass ich mich wahnsinnig geschämt hab' oder ja
fast außerirdisch gefühlt hab' für meine Gedanken, ... dann halt sagen, dass es wirklich 'n Stück dieser Krankheit is'.«

Im aktuellen Tagesablauf stehen die Bedürfnisse Miras im Vordergrund, jedoch kann sie ihre Tochter inzwischen auch der Einzelfallhelferin überlassen, ohne ein schlechtes Gewissen zu haben:
»Also klar, Mira is' immer noch irgendwie 's Wichstigste, aber dass
es auch wichtig is', dass ich mich um mich kümmere und dann
vielleicht nich' vierundzwanzig Stunden am Tag für sie da sein
kann, weil je besser ich mit mir zurechtkomme, desto besser wird
auch unsere Beziehung wieder, desto besser wird meine Beziehung
zu Mira.« Die Betreuung durch die Einzelfallhelferin, ihre Eltern
und zwei Freundinnen bereite keine Probleme, wenn Karin anwesend sei, wolle die Kleine jedoch unbedingt zu ihr, was für eine stabile Mutter-Kind-Bindung spricht. Aus der Beschreibung des Temperaments ihrer Tochter spricht mütterlicher Stolz. Sie erlebt Mira
»als sehr lebendiges und aktives und aber auch als 'n kleinen Dick-
kopf, und 'ne kleine Zicke manchmal, ne? ... Also es macht einem
zwar viel Freude, is' wirklich immer lebendig und, aber is' auch anstrengend«.

Ich selbst habe Karin während der drei gemeinsamen Termine
als geduldige und liebevolle Mutter erlebt. In einigen Situationen
schien sie durch die übermüdete, weinerliche Stimmung Miras
überfordert zu sein: Sie versuchte, es ihr recht zu machen, wo nur
noch Beruhigung Erfolg versprechend schien oder das Aushalten
der kindlichen Übermüdung und Unruhe; was sicherlich für depressive Mütter schwerer ist als für nichtdepressive.

Partnerschaft

Über die Partnerbeziehung vor der Schwangerschaft erfahre ich
wenig. Als sie Martin von der Schwangerschaft berichtet habe, sei
Karin gespannt auf seine Reaktion und verunsichert gewesen. Die
mögliche Ambivalenz angesichts seiner aufgeräumten Reaktion
habe ich bereits erwähnt. Ein Problem seien finanzielle Sorgen gewesen, »die ich hatte«, eine Formulierung, die anzeigen könnte,

dass Karin sich dieser Sorge allein ausgeliefert gefühlt hat. Auch andere Schwierigkeiten während der Schwangerschaft schildert sie ohne Hinweis auf Unterstützung, die sie sich bei ihm oder anderen Vertrauenspersonen geholt hätte. Es stellt sich die Frage, ob sie alles allein durchlitten hat oder ob sie von erfahrener Unterstützung nicht berichtet, wobei mir das Erste wahrscheinlicher vorkommt, »weil ich ja eigentlich 'n Mensch bin, der so richtig spät irgendwas sagt, wenn was is'«. Sie habe gelesen, um die Angst vor der Geburt zu mildern.

Trotz allem sei die Schwangerschaft auch ein schönes gemeinsames Erlebnis gewesen: »Dann ham wer uns auch beide sehr drauf gefreut, das war schon – also es war schon auch 'ne schöne Zeit, sich darauf zu freuen, und zu denken, wie's denn sein wird.« Das Paar hatte gemeinsam einen Geburtsvorbereitungskurs belegt, und Karins Freund war auch bei der Geburt dabei, jedoch: »Martin war zwar dabei, aber er hat mir in dem Moment nich' geholfen.« Ihr Geburtsbericht zeugt vom Gefühl großer Einsamkeit.

Hervorzuheben ist seine Anwesenheit während der zwei Wochen auf der geburtshilflichen Station, nicht jeder Partner hätte sich, von der Vereinbarkeit mit beruflichen Verpflichtungen einmal abgesehen, so lange mit in die Klinik aufnehmen lassen.

Durch die Depression scheint die Verständigung zwischen den Partnern sehr problematisch geworden zu sein: »Martin kriegt des dann nich' auf die Reihe, also der kann dann alles so gut machen, wie er möchte, er macht's in meinen Augen schlecht, so ungefähr, ... in der Stimmung, in der man da is', da kann er nichts richtig machen, wenn er sich ums Baby kümmert, war ich eifersüchtig, und wenn er mir Fragen gestellt hat und wissen wollte, was los is', hat er grundsätzlich die falschen Fragen gestellt, die ich ihm natürlich nich' beantworten konnte, ich wusste nich', warum ich Angst hab, nich' schlafen zu können, ich wusste nich', warum ich so – ja überdreht war.« Hier kommt Karins Fähigkeit zur Selbstkritik und zum Perspektivenwechsel zum Ausdruck. Ihr Partner leide seit dem Auftreten von Karins Erkrankung unter Magenproblemen, die aus psychosomatischer Sicht als Ausdruck seines Leidens an der Situation betrachtet werden können.

Zusätzlich zu den geschilderten, durch die Depression entstandenen Problemen sei es zur Verschärfung von Differenzen gekom-

men, die bereits vor der Schwangerschaft existiert hätten: Karin beschreibt sich und Martin als sehr unterschiedliche Menschen, wobei er jemand sei, »der ungern und schlecht seine Gefühle ausdrü-
cken kann und über alles redet, ... also mir fällt es sehr schwer, dass
ich mit ihm über vieles nich' reden kann ... Ich merke, dass ich das
eigentlich brauche, jemand, mit dem ich reden kann, dass mir's im
Moment sehr schwer fällt und immer schwieriger wird«. Dieses
Eingeständnis habe dazu geführt, dass sie sich inzwischen auch
eine Trennung vorstellen kann, falls sich nichts ändern würde. Dieser Gedanke sei schmerzhaft: zum einen sei es wichtig für sie, dass
alle drei jetzt eine Familie sind, zum anderen »isses ja, ... so, dass wir
uns schon beide lieben, ... aber ich merk halt, dass es immer schwieriger wird und ich also ich nich' die Kraft hab, das jedes Mal durch-
zusteh'n, ... weil ich dadurch ganz oft am Boden bin, und – er sich
kaum dazu äußert dann oder keinen Schritt dann auch auf mich zu
macht oder von sich aus mal sagt ›Ich bleib' hier‹«. Sie erlebe es als
entlastend, diesen Gedanken, mit dem sie sich »schon ewig« her-
umschlage, nun auch ihrem Partner gegenüber ausgesprochen zu
haben.

Ein Wunsch an die Ärzte in der Klinik wäre, die Partner und Verwandten mehr in die Behandlung mit einzubeziehen. Hätten Martin und Karins Eltern nicht ausdrücklich um Gespräche gebeten,
wäre diesbezüglich, so Karin, nichts passiert.

Beziehung zur Mutter

Über ihre Herkunftsfamilie berichtet Karin, dass sie ihr »Gold
wert« vorgekommen sei, als sie in ihrer Au-pair-Familie mitbekommen habe, dass es keineswegs selbstverständlich sei, dass Eltern
sich viel mit ihren Kindern beschäftigen. »Im Vergleich« sei es
bei ihr »schon schön« gewesen, da in ihrer Familie alle viel Zeit
füreinander gehabt hätten.

Die Beziehung zu ihrer Mutter bezeichnet Karin als »ziemlich
intensiv«. Eine Vertiefung habe das Verhältnis nach Miras Geburt
durch Karins Depression erfahren. Ihre Mutter leide selbst schon
seit langem unter der Erkrankung und könne sich dadurch am besten in sie hineinversetzen. Sie habe Karin auch offen gesagt, dass es

wohl noch eine Weile dauern werde, bis es ihr besser ginge. Diese Ehrlichkeit sei sehr hilfreich gewesen.

Auch die Probleme in ihrer Partnerbeziehung habe Karin mit ihrer Mutter besprechen können, die wohl seit längerem etwas davon gespürt habe. Auf meine Nachfrage hin, ob ihre Mutter schon immer ein gutes Gespür für Karins Stimmungen gehabt habe, antwortet sie:»Na ja, oft ...«, danach folgte eine längere Pause. Es stellt sich die Frage, was sich hinter dieser Einschränkung und dem anschließenden Schweigen verbirgt.

Schwierigkeiten mit der Depression ihrer Mutter äußert Karin beim dritten Termin, jedoch sehr verhalten: »Also ich muss aber auch dazu sagen, ich hatte schon immer 'n, also ich hab'n gutes Ver- hältnis zu meiner Mutter, bis auf die Phase halt, als, also da war ich so zwölf, dreizehn, als sie, meine Mutter die Depression also so bei ihr anfing, da hatt ich schon dann – Schwierigkeiten.« Angesichts dieser Formulierung habe ich den Eindruck, dass Karin sich nur ungern dazu durchringt, diese Schwierigkeiten näher zu betrach- ten, die jedoch großen Einfluss auf sie ausgeübt haben, besonders durch das viele Weinen ihrer Mutter habe sie sich oft schuldig und hilflos gefühlt: »Nach dem Au-pair-Jahr war's dann auch so, dass ich relativ wenig nach Hause gefahren bin, allein aus dem Grund, weil ich damit nich' so richtig umgehen konnte, also weil ich auch oft Angst hatte, was Falsches zu sagen oder überhaupt was zu sagen, so dass sie gleich wieder weinen muss, obwohl's ... in den Momen- ten ... weiß ich ja nun selbst da – kann 'n Krümel ausreichen, um sie zum Weinen zu bringen, also 's war ja in dem Moment nich' meine Schuld, nur ich konnte damit nich' umgehen, dann nich' zu wissen, was man machen kann, ja eigentlich überhaupt nichts machen zu können, da hilflos daneben zu stehen und das alles nich' zu verste- hen.« Hier wirkt sie auf mich sehr identifiziert mit ihrer Mutter, sie betont ihr Verständnis für deren Verhalten, wobei sie ihrem eigenen Leiden an der mütterlichen Depression wenig Bedeutung beimisst. So werden ihre Schuldgefühle gleich wieder rationalisiert: Sie weiß ja, dass es nicht ihre Schuld war. Dieses Wissen hat sie nicht vor der Angst bewahrt, etwas Falsches zu sagen; ihre seltenen Besuche sprechen für sich. Eine Auseinandersetzung war nicht möglich. Ein Grund dafür könnte das nahe liegende Gefühl sein, die Mutter schützen zu müssen, was einen Rollentausch bedeuten würde.

Selbstbild

Ihre Identität als Frau ist für Karin positiv besetzt: »Ich hab dann schon gemerkt, ... dass ich unwahrscheinlich gern Kinder – selbst Kinder haben möchte, und ähm – ja und dass es für mich halt schon 'ne Rolle gespielt hat, dass ich die dann selbst kriegen kann.« Darin sehe sie auf jeden Fall einen Vorteil, »auch wenn ich das jetzt nich' – nich' richtig genießen konnte«.

Karin schildert sich als einen grüblerischen Menschen, insbesondere im Vergleich zu ihrem Partner, den sie als eher oberflächlich beschreibt. Tiefe Beziehungen und offene Gespräche seien ihr sehr wichtig, weshalb ihre engsten Freundinnen und Freunde sie während der Zeit ihres Rückzugs auch nicht wiedererkannt hätten. Sie habe sich dann auch selbst eingestanden: »Das, was ich jetzt mache, is' eigentlich oberflächlicher, als ich bin.« Beim dritten Termin berichtet sie davon, dass die Pflege dieser tiefen Freundschaften wieder wichtig für sie geworden sei und dass sie einer Freundin ihr früheres Verhalten erklärt habe, was eine positive Erfahrung gewesen sei.

Im Zusammenhang mit ihren Problemen beim Milcheinschuss betont Karin: »Ich bin sonst eigentlich nich' schmerzempfindlich oder irgendwie jämmerlich«, was ich so verstehe, dass sie auf gar keinen Fall wehleidig sein oder wirken möchte. Sie beschreibt sich als Mensch, »der eigentlich gern allein zurechtkommen möchte und der ungern irgend jemandem zur Last fallen will«, daher bitte sie grundsätzlich ungern andere um Hilfe. Die Depression habe dazu beigetragen, dass sich diese Haltung ändert: »seitdem ich mir halt eingestehe, dass ich Hilfe brauche«.

Ihr größter Wunsch sei es, wieder gesund zu werden, die Gefühle zu Mira wiederzufinden, »und ähm – dass ich mich selbst auch wieder 'n Stück weit wiederfinde, also dass ich mit dem, was ich zur Zeit mache, ob ich zur Zeit bin dann auch selbst zufrieden bin«. Für die Zukunft sei es ihr wichtig, »mit mir selbst zufrieden zu sein, auch wieder selbstsicherer zu werden und ... auch wieder – in gewissem Sinne so selbstständiger zu werden«. Das zeugt von einem Mangel an Selbstwertgefühl, Selbstsicherheit und Zufriedenheit, wobei sie zum Ausdruck bringt, dass sie sich auch anders kennt: Sie möchte wieder selbstsicherer werden.

Aktuelle Lebenszufriedenheit

Seit ihrer Entlassung aus der psychiatrischen Klinik bewältigt Karin einen gut strukturierten Tagesablauf als Mutter; unterstützend steht ihr zweimal wöchentlich eine Einzelfallhelferin zur Seite. Ihr Partner kommt erst gegen 19 Uhr von der Arbeit nach Hause, so dass er die Tochter nur zur Mahlzeit kurz vor dem Zubettgehen übernehmen kann.

Über den Alltag berichtet Karin mit traurig klingender Stimme: »viel passiert da nich', klar«. Sie beschäftige sich meistens mit Mira und versuche nebenbei, den Haushalt zu bewältigen, was nicht leicht sei. Zweimal am Tag gehe sie mit ihrem Kind raus: Sie berichtet von Spaziergängen im Park; Treffen mit Freunden oder anderen Müttern werden zunächst nicht erwähnt. Bei der Alltagsschilderung wirkt Karin bedrückt, lediglich die Einzelfallhelferin wird als Lichtblick erwähnt, da sie auf das Kind aufpasse und ihr dadurch Freiräume verschaffe. In dieser Zeit versuche sie selbst, wichtige Dinge zu erledigen (z. B. zum Amt gehen), einmal in der Woche gehe sie auch zur Atemtherapie. Insgesamt sei sie jedoch sehr viel mehr zu Hause als früher. Im Vergleich zu ihrem Leben vor der Schwangerschaft bemerkt Karin, »dass 'ne ganze Menge Freiheiten jetzt verloren sind«. Mit Kind sei es nicht leicht, spontan zu sein, einfach mal wegzugehen oder, was für sie zur Zeit einen sehr hohen Stellenwert habe, auszuschlafen: »Also man kann vieles nicht mehr so genießen! Man is' so ständig alarmbereit, das isses eben.« Der Alltag werde als belastend erlebt, ständig sei sie in Sorge, was noch alles zu erledigen sei, auch Ängste spielen nach wie vor eine Rolle.

Karin schildert es als schwierig, auseinander zu halten, welche Veränderungen in ihrem Leben auf die Mutterschaft und welche auf die Depression zurückgehen. Der Mutterschaft schreibt sie eher »praktische Sachen« wie die Freizeitgestaltung und das viele Zuhausesein zu. Die Depression habe dazu geführt, dass ihr »viele Probleme dadurch auch aufgegangen« seien, wie zum Beispiel die Wesensunterschiede zwischen ihr und Martin. Durch die Erkrankung nehme sie sich alles schnell zu Herzen und habe kaum Kraft für Diskussionen. Den Zugang zu früheren Kraftquellen, wie zum Beispiel Spaziergängen am Meer, habe sie verloren.

Im Vergleich zu ihrer Zeit im Krankenhaus sei ihr Befinden zwar

schon viel besser geworden, dennoch sagt sie: »Das is' noch kein
Leben, also es is' für mich 'n Sich-durch-den-Tag-Kämpfen.« Danach betont sie, es sei natürlich klar, dass ein Leben mit Kind viel
anstrengender sei als ohne, was für mich wieder sehr nach einer
Rationalisierung klingt, mit der die vorhergehende Aussage wieder
abgeschwächt werden soll.

Als Zukunftsziele nennt Karin neben der Psychotherapie einen
Kita-Platz für Mira, die Beendigung ihres Studiums und die Suche
nach einem Arbeitsplatz.

Zusammenfassende Interpretation

Im Verlauf meiner Begegnungen mit Karin habe ich sie als eine zar-
te, verletzlich wirkende, sehr offene und natürliche Frau erlebt. Sie
hat in mir ausgesprochen mütterliche, fürsorgliche Gefühle geweckt, wobei eine Gefahr der Überidentifikation bestand.[22] Als
Stärken sehe ich ihre große Introspektionsfähigkeit und ihre Fähigkeit zur Selbstkritik an. Im Umgang mit sich selbst sind bei Karin
eine Neigung zur Selbstüberforderung und ein Hang zu Durchhalteparolen zu erkennen, die sie jedoch bei der Geburt im Stich lassen. Bis zum Beginn der Depression sucht sie kaum Hilfe von
außen und verlangt gleichzeitig zu viel von sich selbst, was sich eindrucksvoll an dem Wunsch zeigt, trotz Schwangerschaft und lang-
wieriger Erkrankungen noch möglichst viele Vorarbeiten für den
Abschluss des Studiums zu schaffen. Sie verbraucht während dieser
Zeit ihre Ressourcen vollständig, in der Hoffnung, nach der Geburt
des Kindes würde schon alles besser werden, was wenig realistisch
gedacht ist. Während der Geburt verharrt sie allzu duldsam im kal-
ten Wasser, obwohl sie es als wenig entspannend beschreibt, und
hält starr am Vorhaben der Wassergeburt fest; es entsteht der Eindruck, dass sie nicht gut mit sich selbst umgeht.

In der Schilderung ihres Geburtserlebens sehe ich entscheidende
Möglichkeiten zum Verständnis ihrer Erkrankung zum damaligen
Zeitpunkt: Nach einer anstrengenden Schwangerschaft, einer Zeit

---

[22] Eine Gefahr, die ich beim Erstellen der Diplomarbeit in meiner Auswertungsgruppe thematisieren konnte.

nicht bewältigter emotionaler Belastungen, erweist sich ihre »Augen zu und durch«-Strategie angesichts der als bedrohlich erlebten Geburt als unbrauchbar. Sie hat zum ersten Mal in ihrem Leben das Gefühl, etwas nicht durchstehen zu können, und leidet unter panischer Angst. Aus psychodynamischer Sicht wäre die Hypothese denkbar, dass diese Todesangst ihre Abwehrmechanismen mobilisiert hat, so dass nicht bewältigte Konflikte und Erlebnisse aktualisiert wurden. Sehr deutlich wird in ihrem Bericht die Sehnsucht nach liebevoller, mütterlicher Zuwendung während und nach der Geburt. Sie fühlt sich jedoch – insbesondere im Kreißsaal – verloren und verlassen. Dabei sehe ich es als bemerkenswert an, dass weder Ärger noch Enttäuschung über die Hebamme spürbar werden, sondern Karin die Schuld bei sich selbst sucht. Die Wendung aggressiver Impulse gegen sich selbst, die hinter diesem Verhalten vermutet werden kann, wird aus psychodynamischer Sicht als wichtiger Aspekt bei der Entstehung depressiver Störungen betrachtet. Ihre gefühlsmäßig neutrale Reaktion auf das geschilderte Problem bei der psychopharmakologischen Behandlung kann ebenfalls als Hinweis auf eine ausgeprägte Aggressionshemmung angesehen werden.

Weiterhin kommt der Beziehung zu ihrer selbst seit langer Zeit unter Depressionen leidenden Mutter große Bedeutung zu. Bei der Beschreibung der Mutter-Tochter-Beziehung wurde deutlich, dass es Karin eher schwer fällt, ihr Leiden an der mütterlichen Depression als solches zu schildern. Sie betont vielmehr ihr durch die eigene Erfahrung gewachsenes Verständnis für ihre Mutter und tendiert dazu, ihre früheren Schuldgefühle zu rationalisieren. Die Hilflosigkeit und die große Verunsicherung, von der sie berichtet, könnten die Entwicklung eines stabilen Selbstwertgefühls behindert haben.

Es wäre denkbar, dass Karin sich selbst als Kind und als Jugendliche zurückgenommen hat, um ihre Mutter zu schonen. Ein pflegeleichtes Kind zu sein kann bei einem längerfristig depressiven Elternteil zu einer Art Überlebensstrategie werden; auf die Gefahr eines Rollentauschs wurde bereits hingewiesen. Gleichzeitig wird dadurch möglicherweise der Zugang zu eigenen Gefühlen und Bedürfnissen erschwert. So könnten Karins eher schlechtes Sorgen für sich selbst, ihre Rückzugstendenzen und ihre Neigung, Ängste, wie

zum Beispiel ihre Angst vor der Geburt, zunächst einmal zu verharmlosen, verstanden werden.

Weiterhin liegt es nahe, dass Gefühle wie Wut oder Ablösungsbe-
strebungen in der Pubertät in der Beziehung zu einer depressiven
Mutter ein Problem darstellen können. Die große Bedeutung ihrer
Mutter, die wichtiger für sie ist als ihr Partner, spricht für einen un-
vollständigen Ablösungsprozess. Dadurch würde wiederum die
ausgeprägte Sehnsucht nach Bemutterung nachvollziehbar werden,
die es Karin schwer macht, ihr eigenes Kind zu bemuttern. Auf
Molinskis (1972) Hypothese von der »oralen Konkurrenz« wurde
bereits hingewiesen: Die Eifersucht der Interviewpartnerin auf ihr
Baby, wenn es vom Partner versorgt wird, kann als Hinweis darauf
gelten. Dabei sehe ich ihre Offenheit hinsichtlich zwiespältiger Gefühle ihrem Kind gegenüber als bemerkenswert an; ihr Bericht
zeugt von einem hohen Maß an Reflexion. So sei ihr deutlich geworden, dass sie zunächst einmal mit sich selbst klarkommen muss,
damit ihre Beziehung zu ihrer Tochter besser wird. Hier sind Karins hohe Anforderungen an sich selbst als Mutter zu berücksichtigen; ich selbst habe sie als liebevoll und zugewandt im Kontakt mit
Mira erlebt.

In Karins Umgang mit sich selbst sehe ich einen Lebensbereich,
der durch die Depression in Bewegung geraten ist. Sie erkennt
mehr als vorher die Notwendigkeit, gut für sich zu sorgen und Verantwortung für ihr Leben zu übernehmen. Eindrucksvoll zeigt sich
das in ihren Gedanken zur Entlassung aus der Klinik: »Irgendwann
hab ich dann den Schlussstrich gezogen, als ich merkte, die Klinik
bringt's mir nich' mehr, also da komm ich einfach nich' weiter
voran, und ich muss auch wieder mich dem Alltäglichen stellen, das
is' kein Leben, dort« – und sie sucht das Leben und ihre verlorenen
Gefühle wieder.

Eine weitere Änderung sehe ich in Karins Attributionsverhalten.
Zu Schwangerschaft und Geburt attribuiert sie Misserfolge eher intern, etwa, sie habe sich nicht ausreichend auf die Geburt vorbereitet, alles nicht ernst genug genommen und der Hebamme im
Kreißsaal ihr Bedürfnis nach Unterstützung nicht ausreichend signalisiert. Dagegen schafft sie es, die Gründe für den ihrer Meinung
nach geringen Erfolg der Psychotherapie in der Klinik nicht mehr
nur bei sich selbst zu suchen. Aus zwei Vertretungsstunden bei ei-

ner anderen Therapeutin habe sie mehr mitnehmen können als aus allen anderen Sitzungen. Daher hege sie den Verdacht, dass die Wirksamkeit der Therapie mit der Therapeutin zu tun haben könnte.

Nach der Entlassung aus der Klinik habe sie erst einmal wieder lernen müssen, den Alltag zu bewältigen, zur Zeit suche sie jedoch nach einer Therapeutin, da sie bisher vieles nur verdrängt habe: »Und ich denk es hat, ja es is' auch nich' nur irgendwie auf die Hormone zu schieben, ich glaub, es war auch schon viel, das vorher war – schon vor der Schwangerschaft, in der Schwangerschaft, Dinge, ja meine Person an sich.« Hier sehe ich eine große Bereitschaft, an sich selbst zu arbeiten und sich der Depression zu stellen. Ihr eigenes Erklärungsmodell für die Erkrankung ist sozusagen multifaktoriell und nicht biologisch orientiert.

In der Wiederaufnahme der Beziehungen zu den genannten drei wichtigsten Freundinnen und Freunden ist eine wichtige Änderung in Karins Leben seit dem Beginn der Depression zu sehen. Problematisch ist ihre Beziehung zum Partner; es ist offensichtlich, dass sie sich von ihm wenig verstanden und eher allein gelassen fühlt. Die Wesensunterschiede zwischen den beiden erweisen sich als Konfliktstoff. Dabei berichtete sie bei unserem zweiten Gespräch davon, dass gerade diese Wesensunterschiede zu Beginn der Beziehung auch einen Reiz dargestellt hätten. So habe sie Martins unbekümmertes Wesen als Ausgleich zu ihrem Hang zum Grübeln angesehen und geschätzt. Erst durch die Depression ist ihr wohl deutlich geworden, wie sehr sie jemanden braucht, mit dem sie reden kann. Da dies mit ihrem Partner nicht möglich sei, denke sie an eine Trennung, obwohl diese Vorstellung schmerzhaft sei. Bei dem Bericht über die Paarbeziehung ist Karins Angst vor Nähe, die im Rückzug von ihren drei besten Freunden in der Zeit vor der Schwangerschaft deutlich wird, sicherlich von Bedeutung. Sich einen Partner zu suchen, der Zugang zur »inneren Welt« hat, könnte mit einer ausgeprägten Angst vor Nähe kollidieren. Weiterhin ist zu berücksichtigen, dass das Paar erst während der Schwangerschaft zusammengezogen ist. Somit hatten sich beide in dieser Zeit auf zwei tief greifende Veränderungen einzustellen: auf das Zusammenleben zu zweit und auf das baldige Leben zu dritt.

Aus ihrem Bericht spricht eine komplexe Verwobenheit biographischer und situativer Belastungsfaktoren; dabei kommt der Sehnsucht nach Bemutterung große Bedeutung zu. Anlässlich der langjährigen Depression ihrer Mutter ist ein Rollentausch denkbar, um es mit Brisch zu sagen: eine Verwechslung von »Mutter sein statt Mutter haben« (Brisch 1999, S. 139), die sich auf dem Hintergrund der Erschütterung durch die Geburt wiederum umgekehrt haben könnte.

Inga

> »Wenn's jetzt darauf ankommt, dass ich jetzt etwas machen soll, also das Kind versorgen und kein anderer is' – ich bin die letzte Instanz sozusagen, dann komm' ich ins Flattern.«

Situativer Kontext

Das zwei Termine umfassende Interview fand in der Wohnung der Befragten statt. Inga begrüßte mich freundlich und fragte gleich sehr umsichtig nach den notwendigen Bedingungen für das Aufnahmegerät. Beim Kaffeetrinken erzählte ich ihr mehr über mein Interesse am Thema, wobei auch mein erster Beruf als Hebamme zur Sprache kam. Ich hatte den Eindruck, dass dies und mein nicht mehr ganz junges Alter möglicherweise vertrauensbildend wirkten; ich schätze sie als eher introvertiert ein, dennoch hat sie sich sehr offen mitgeteilt. Die Bedeutung meines Alters bestätigte sich insofern, als sie später davon erzählte, dass sie eine der betreuenden Kreißsaalhebammen als zu jung empfand.

Ihr ausgeglichener, eher ruhiger Sohn Erik war bei beiden Terminen dabei; beim ersten Treffen schlief er überwiegend auf dem Schoß seiner Mutter, da sich ein Infekt anbahnte. Beim zweiten Gespräch spielte er ganz vertieft und nahm nach einer Weile vorsichtig Kontakt zu mir auf. Die Atmosphäre war bei beiden Terminen entspannt.

Zur Vorgeschichte

Inga ist zum Zeitpunkt des Interviews 38 Jahre alt, ihr Sohn einein-
halb. Mit ihrem gleichaltrigen Mann Anton, einem selbstständigen
Architekten, ist sie seit sechzehn Jahren zusammen. Bis zu Eriks
Geburt war sie vollzeitlich berufstätig. Gut drei Monate nach der
Geburt habe sie ihre Arbeit mit sechs Wochenstunden wieder auf-
genommen, was ihr sehr gut bekommen sei.

Etwa acht Wochen nach der Geburt habe sie unter einer fieber-
haften, eitrigen Brustdrüsenentzündung gelitten und daraufhin abgestillt. Die Depression sei einige Wochen später diagnostiziert
worden. Neben der psychopharmakologischen Behandlung habe
sie neun Monate später mit einer Verhaltenstherapie begonnen.

Inga ist bei ihrer Mutter und ihrem Adoptivvater ohne Geschwister aufgewachsen.

Kurz nach der Geburt sei ihre Mutter mit ihr und ihrem leiblichen Vater nach Australien übergesiedelt. Eineinhalb Jahre später
sei sie mit Inga nach Deutschland zurückgekehrt; die erste Ehe sei
in die Brüche gegangen. Als sie fünf Jahre alt war, habe ihre Mutter
zum zweiten Mal geheiratet. Ihr Stiefvater habe sie adoptiert, wogegen ihr leiblicher Vater sich gewehrt habe.

Sie selbst hat keine größeren Erkrankungen in der Vorgeschichte.
In ihrer Familie sind keine Depressionen bekannt.

Lebenszufriedenheit vor der Schwangerschaft

Ingas Engagement habe, bevor sie schwanger wurde, voll und ganz
ihrem Beruf gegolten, den sie als sehr anstrengend beschreibt, da
sie viel stehen müsse. Nach Feierabend sei sie oft zu erschöpft gewesen, um noch etwas zu unternehmen, weshalb in der Woche »auch
früher nicht viel passiert« sei. An Hobbys habe sie kein Interesse
gehabt. Ihre freien Tagen habe sie unter anderem dem Haushalt gewidmet, da neben der Arbeit vieles liegen geblieben sei.

Die Schilderung des Berufsalltags fiel für mein Empfinden so
erdrückend aus, dass ich spontan fragte, ob sie mehr als vierzig
Stunden gearbeitet habe, was Inga verneinte. Der Leistungsdruck
an ihrem Arbeitsplatz, an dem sie seit etwa vierzehn Jahren tätig ist,

sei jedoch sehr groß: Sie bezweifelt, dass sie die körperliche Belastung noch lange hätte durchhalten können. Meine Frage, ob sie
schon mal an eine Reduzierung der Arbeitszeit gedacht habe, ver-
neint sie. Erst im Nachhinein habe sie sich darüber Gedanken gemacht, »dass es wahrscheinlich nich' mehr so lange so weitergegan-
gen wäre«. Ihr damaliges Leben erscheine ihr aus der heutigen
Sicht: »... sinnlos! Also, sinnlos insofern, dass ich denke: ›Mein Gott,
diese ganzen Jahre [da ist] eigentlich sehr viel gleichförmig gewesen.« Diese Worte sprechen für eine eher geringe Lebenszufriedenheit vor der Schwangerschaft. Der Ausruf »Mein Gott, diese ganzen
Jahre« klingt nach Bedauern über eine verlorene Zeit und einer
großen, unerfüllten Sehnsucht nach Leben. Etwas Wichtiges scheint
in der Gleichförmigkeit des Alltags auf der Strecke geblieben zu
sein.

Erleben der Schwangerschaft

Auf die geplante Schwangerschaft habe Inga »unheimlich euphorisch« reagiert und gleich drei Schwangerschaftstests hintereinan-
der gemacht, da sie ihr Glück nicht habe fassen können. Vorher
habe sie der Gedanke beschäftigt, dass die Zeit für sie langsam
knapp werden könne (zum Zeitpunkt der Geburt war sie 36 Jahre
alt). Zuerst habe sie ihrer Mutter von der Neuigkeit berichtet, »weil
sich das zeitlich so ergab ... und sie war also außer sich vor Freude«.
Am Abend habe ihr Partner ihr auf den Kopf zugesagt, dass sie
schwanger sei, da sie so ein »Strahlen« habe; er habe sich ebenfalls
sehr gefreut. Zwei Wochen später seien bei beiden jedoch die ersten
Sorgen aufgetaucht, wie das zukünftige Leben wohl werden würde;
sie seien beide »so Planer ... wir wollen immer alles planen, und
dann sind wir gut vorbereitet und dann denken wir, dann schaffen
wir auch immer alles, ne?« Hier zeigt sich ein großes Kontrollbedürfnis beider Partner. Im dritten Monat seien entferntere Bekannte und Verwandte informiert worden. Alle hätten positiv reagiert,
zumal viele mit diesem Ereignis nicht mehr gerechnet hätten. Da
das Paar schon seit langem zusammen ist, habe es häufig Anfragen
zum Thema Nachwuchs gegeben, was Inga zu belasten schien; sie
sei sehr erleichtert gewesen, als das Umfeld still geworden sei.

Während der Schwangerschaft sei es dann vorgekommen, dass Freunde, die selbst schon größere Kinder haben, vor den bevorstehenden Veränderungen »gewarnt« hätten. Daraufhin habe sie sich gedacht: »Ach, na sollen die mal erzählen! Das tangiert uns alles gar nicht und bei uns läuft das alles ganz prima und wir schaffen das und ja, sehr positiv war ich immer in der – weil ich dachte immer, ich bin also schnell im Arbeiten, bin effektiv, kann gut planen, also muss es ja gut gehen, also mich kann es nicht überraschen, dass ich jetzt mehr Wäsche hab oder 'n Kind ab und zu mal wickeln muss, des mach ich dann nach Schema F und dann is' gut, also 's wird schon klappen, so dacht ich mir des.« Es sieht so aus, als habe Inga diese »Warnungen« der Freunde von sich wegschieben müssen. Sie setzt sich nicht damit auseinander, sondern verschanzt sich hinter ihrer Stärke, effizient arbeiten zu können, ungeachtet dessen, ob diese Eigenschaft eine geeignete Stütze für das Leben mit einem Neugeborenen darstellt. Sie vertraut auf ihre Fähigkeit zu planen; die Anwesenheit eines Babys pflegt jedoch Pläne durcheinander zu werfen. Die von ihr antizipierten Veränderungen – mehr Wäsche, Wickeln – wirken wenig beziehungsorientiert, wenig lebendig. Wichtig scheint es für sie auch zu sein, dass sie und ihr Partner nicht nur »schaffen«, was da auf sie zukommt, sondern dass es auch gleich »prima läuft«. Das ist ein hoher Anspruch für eine völlig neue Lebenssituation; eine Zeit des Eingewöhnens für die Eltern und auch für das Kind wird gar nicht eingeplant; Erfolg muss sein. Das Verstecken hinter ihrer Effizienz beim Arbeiten mag in einer Angst vor tatsächlich Unplanbarem begründet sein.

Insgesamt sei die Schwangerschaft sowohl eine Zeit voller Glücksgefühle als auch eine Zeit großer Ängste gewesen, so habe sie sich um das Wohl ihres Kindes sehr große Sorgen gemacht. Wegen ihres Alters habe sie eine *Amniozentese* durchführen lassen. Von ihrer Frauenärztin habe sie dann erfahren, dass sich der Arzt, der die Untersuchung durchgeführt hat, das Leben genommen habe. Daraufhin habe sie die Angst überwältigt, dass dieses Ereignis in Zusammenhang mit ihrem Untersuchungsergebnis stehen könne. Sie habe jedoch versucht, diese Gefühle zu »verdrängen« und sich niemandem mitgeteilt. Der unauffällige Befund habe sie zunächst beruhigt, jedoch sei sie bei allen Untersuchungen, so etwa bei der Ableitung der kindlichen Herztöne, voller Sorgen gewesen. Sie berichtet rückblickend, dass sie große Angst hatte, etwas falsch zu machen. So habe sie sich Sorgen darüber gemacht, dass sie, bevor sie um ihre Schwangerschaft wusste, noch etwas Alkohol getrunken hat.

Der Gedanke an die Geburt habe sie ebenfalls mit Angst und Schrecken erfüllt, so dass ihr ein Kaiserschnitt am liebsten gewesen wäre:»... des war für mich auch immer ... so ein, ja 'n Riesenhindernis eigentlich, vielleicht im Unterbewusstsein, dass ich dachte: ›Das überlebt man doch gar nich'! Also wie soll man das schaffen?!« Sie habe einerseits Angst vor den Schmerzen gehabt, andererseits Angst zu verbluten. Es sei für sie nur eine Geburt im Krankenhaus in Frage gekommen, damit Blutkonserven,»Technik und alle Möglichkeiten« greifbar wären. Weiterhin hätten diese Sorgen sie dazu bewegt, mit ihrem Mann einen Geburtsvorbereitungskurs zu belegen, den sie als hilfreich erlebt habe. Ansonsten habe sie ihre Ängste »nie irgendwie großartig erzählt«; mit beinahe stolzem Unterton berichtet sie, dass niemand ihr etwas habe anmerken können. Körperlich habe sie sich ausgesprochen wohl und gutaussehend gefühlt; sie schwärmt von Veränderungen wie schönerer Haut und vollerem Haar.

Hinsichtlich der Beziehung zu ihrer Mutter berichtet sie, dass deren übergroße Freude über ihre Schwangerschaft zwiespältige Gefühle bei ihr ausgelöst habe:»Ja, es war wirklich schon extrem, so sehr freute 'se sich dann! Sie sagte zwar immer, für uns, aber ich glaub, so ein bisschen auch für sich.« Das hört sich so an, als mache sie die Freude der Mutter misstrauisch, etwa: Um wessen Bedürfnisse geht es hier wirklich? An anderer Stelle sagt sie dazu:»Ja, ... als ob ich da auch noch mal ... ihren Anforderungen entsprochen, also nicht unangenehm, also bösartig, sondern, also sie freut sich jetzt so sehr.« Als »Fügung ... vom Schicksal« bezeichnet sie es, dass ihre Mutter zur Zeit des Geburtstermins in Rente gegangen sei; das habe die Angst vor dem Alleinsein mit dem Baby gelindert. Darüber hinaus habe sie Ausschau nach Krabbelgruppen gehalten, um auf keinen Fall immer mit ihrem Kind allein zu Hause sitzen zu müssen.

Über die Vorstellungen von ihrem Baby erzählt Inga, dass sie sich ein Mädchen gewünscht habe, damit kenne sie sich einfach besser aus. Als klar war, dass ein Junge unterwegs sei, habe sie gedacht: »Was sollste denn damit bloß machen?« Ein Ultraschallbild, auf dem die Nase des Kindes recht groß erschien, habe sie ebenfalls erschreckt. Das Idealbild ihres Babys ist durch diese beiden Informationen wohl ins Wanken geraten.

Sie habe sich einerseits gefreut, wenn sie ihn gespürt habe, andererseits sei es ihr »unheimlich« gewesen: »... da wächst jetzt was, 's wird immer größer, du kannst es nich' mehr aufhalten, es kommt irgendwann raus.« Bezüglich der Geburt beschreibt sie ein Gefühl, als ob sie in einer Falle säße: »Aber dann kommt die Geburt: Also da kommste dann – gibt's kein Zurück mehr!« Weiterhin schildert sie eine Art Aberglauben, dass das »dicke Ende« doch noch kommen müsse: Sie habe bisher einfach zu viel Glück gehabt.

Geburtserlebnis

Gegen Ende der Schwangerschaft habe Inga das Bedürfnis gehabt, die Tage bis zum errechneten Termin gut zu planen: »... ja, [einen] Frisörtermin oder so, ... irgendwie: ›das is' dir sicher und danach kommt halt des komische Warten.‹« Dazu sei es nicht mehr gekommen; eine Woche vor dem Stichtag habe sich die Geburt durch einen Blasensprung angekündigt. An jenem Tag habe sie den dringenden Wunsch gehabt, mit ihrem Partner noch einmal frühstücken zu gehen und einen Spaziergang zu machen. Ihr Bericht hat an dieser Stelle einen fast »endzeitlichen« Beigeschmack.

Noch vor dem Abgang von Fruchtwasser habe sie eine ungewohnte Nervosität verspürt. Nach dem Blasensprung habe sie sich zügig mit ihrem Mann auf den Weg in den Kreißsaal gemacht. Zwei Stunden später hätten leichte Wehen eingesetzt. Von 7 Uhr früh bis um 15 Uhr habe sie sehr starke Wehen gehabt, auch Presswehen bei noch nicht eröffnetem Muttermund: »Also des ging halt – kam nich' raus das Kind. ... na ja so am Nachmittag hatte ich das Gefühl: ›Ich halt es jetzt nich' mehr aus: Es dauert zu lange!‹« Daher habe sie sich eine PDA legen lassen, die jedoch nicht richtig gewirkt habe, womit ihr »Rettungsanker« sozusagen ausfiel.

Ihr Mann habe in den Wehenpausen den Eindruck gehabt, dass sie »so ein bisschen wie weggetreten« sei. Inga habe das Gefühl gehabt, sich an die Wehen zu gewöhnen, jedoch ständig gehofft, dass es doch bald aufhören möge. Es sei überlegt worden, die Geburt wegen mütterlicher Erschöpfung durch einen Kaiserschnitt zu beenden, das Baby sei immer wohlauf gewesen. Eine Oberärztin habe den Entschluss zur Saugglockengeburt getroffen: »Also da war ich der Frau auch sehr dankbar im, also im Nachhinein.« Gegen 19 Uhr sei Erik geboren worden: »Ich merkte richtig, wie's so Plupp machte, irgendwie so und auf einmal war alles weg, der Schmerz war weg, und dann, ja, ham 'se, ich weiß nich' mehr, ob 'se 'n gleich mir auf den Körper gelegt haben oder ganz kurz danach, jedenfalls hab ich nur noch gefragt: ›Is' auch wirklich alles dran?‹ Oder so, war so mein erster Gedanke, ... da meinten se: ›Ja, is' wohlauf und alles in Ordnung.‹ Und dann war erst mal so 'ne richtige Last von mir genommen.« Hier wird noch einmal die große Angst um die Gesundheit ihres Kindes deutlich, die sie mit niemandem geteilt hat. Als sie ihr Baby auf den Bauch bekommen habe, habe sie ihn »gleich toll« und trotz der großen Nase »nich' mehr hässlich« gefunden.

Insgesamt sei ihr die Zeit gar nicht so lang vorgekommen. Nach der Geburt habe sie sich erstaunlich wohl gefühlt. »Aber was ich dann 'n bisschen als unangenehm empfand, war, dass ich dann auf einmal das Gefühl hab, dass ich schon für ihn zuständig bin.« Aus diesen Worten spricht Angst vor der Verantwortung für ihr Kind, »unangenehm« mag wohl etwas untertrieben sein.

Das Schönste an der Geburt sei für Inga die Begleitung ihres Mannes gewesen. Er habe ihr bei der Atmung geholfen und ihr das Gefühl gegeben, dass jemand in ihrem Sinne Entscheidungen treffen könne, falls sie selbst dazu nicht mehr in der Lage sei.

Kritisch beurteilt sie die Atmosphäre im Kreißsaal: Sie hätte es sich »doch 'n bisschen heimeliger« gewünscht. Die Betreuung durch die Hebammen sei zum einen durch den zweimaligen Schichtwechsel problematisch gewesen, zum anderen sei eine »lieblos« und eine andere, die sie am längsten versorgt habe, sehr jung und »'n bisschen hilflos« gewesen. Sie hätte sich eine reifere Frau gewünscht. Sicherheit habe ihr am ehesten die Anwesenheit ihres Mannes gegeben.

Rückblickend sagt sie über die Geburt: »Das Ergebnis war schön, aber die Geburt an sich war furchtbar, eigentlich, und war ja auch genau alles, was ich befürchtet habe, trat ja nun ein, also dass ich nun nich' schmerzfrei sein konnte durch die PDA.« Ein für sie wichtiger Plan, der »Rettungsanker PDA«, hatte versagt.

Die erste Nacht auf der Wochenstation sei »richtig schrecklich« gewesen; es habe ihr keiner beim Anlegen des Babys geholfen. Sie habe sich allerdings auch nicht getraut zu klingeln, um niemanden zu stören: »Ja vielleicht auch, weil ich auch dachte: ›Mein Gott, jetzt ham 'se die ganze Zeit schon geholfen, jetzt is' die Sache erledigt, jetzt musste selbst zurechtkommen!‹« Schön seien die folgenden Tage in der Klinik gewesen, als ihr der Stationsablauf bereits vertraut gewesen sei. Sie habe es genossen, ihr Baby abgeben und in Ruhe duschen und frühstücken zu können und sich ansonsten nur um ihn kümmern zu müssen. Das sei auch der »krasse Unterschied« zur ersten Zeit zu Hause gewesen, obwohl ihre Mutter vorgekocht habe. Große Sorgen habe ihr während der ersten Woche allerdings die Neugeborenengelbsucht gemacht.

Erleben der Depression

Eriks Gelbsucht und die Notwendigkeit der Behandlung mit Fototherapie beschreibt Inga als Erschütterung, die sie zum Weinen gebracht habe. Sie habe in den ersten Tagen jedoch generell »sehr nah am Wasser gebaut« und sei »unentwegt gerührt« gewesen. Sie stelle sich nun die Frage, ob diese Stimmungslage als frühes Anzeichen der Depression zu werten sei.

Zu Hause angekommen, habe sie ständig das Gefühl gehabt, »Ich schaff das hier alles gar nich', also: ›Wie soll ich das bloß alles hinkriegen?!‹« Ein sehr großes Problem sei das Stillen gewesen; sie habe »einen Milchstau nach'm andern« gehabt. Sie habe sich ständig Sorgen gemacht, ob ihr Kind genug trinke. Mehrmals täglich habe sie es gewogen und alles sorgfältig in ein Heftchen eingetragen: »Wenn ich mir das ankucke, wie ich mich da kontrolliert habe, also das is' auch schon unwahrscheinlich, um irgend 'ne Sicherheit zu haben, weil ich die vorher nich' hatte!« Aus ihrem großen Kontrollbedürfnis spricht eine tiefe Angst, der neuen Situation und ihrer Rolle als Mutter nicht gewachsen zu sein; ihre Selbstsicherheit als »Planerin« lässt sie im Stich. Ihre damalige Nervosität, ihr häufiges Sich Verzetteln und Überschlagen bei Hausarbeiten habe sie sich mit der Sorge um die Ernährung des Babys erklärt.

Als es acht oder neun Wochen nach der Geburt zu einer fieber-

haften, eitrigen Brustdrüsenentzündung gekommen sei, habe sie
die Klinik aufgesucht: »Na und dann rieten 'se mir halt abzustillen
und irgendwie war ich dafür richtig dankbar, ... also dann war ich ja
nich' schuld, sozusagen, weil ich wollte meinem Kind ja das Beste
geben und: ›Stillen, natürlich, auf jeden Fall, und das macht ja heut'
auch jeder!‹ Und 's muss man ja auch können, das muss 'ne Frau ja
können!« Der Druck hoher Ideale hat es ihr unmöglich gemacht,
ihren eigenen Wunsch früher zu erkennen; es bedurfte einer Legiti-
mation von außen, um das Stillen zu beenden. Sie habe dann um
ein möglichst zügiges, medikamentöses Abstillen gebeten, obwohl
eine Hebamme sie vor den Nebenwirkungen des Medikaments, zu
denen auch depressive Symptome gehören, gewarnt habe. Danach
habe sie zunächst eine ungeheure Erleichterung verspürt, sehen zu
können, wie viel ihr Baby trinkt, und die Mahlzeiten delegieren zu
können: »... irgendwie war ich dann nich' mehr so diese letzte Instanz! Zumindest nich', was die Nahrung angeht.« Ohne den Rat
der Ärzte hätte sie sich ihren Wunsch abzustillen nicht eingestanden, da ihr Partner Allergiker sei: Sie hätte nicht daran schuld sein
mögen, dass ihr Kind durch Kuhmilchprodukte eventuell ebenfalls
eine Allergie entwickelt.

Eine Woche später hätten die Medikamente sie »... richtig runter-
gehauen, dass ich dachte: ›Ach, is' das alles schrecklich! Irgendwie
schaff ich das alles nich'!‹«

Sie habe dann noch eine Weile »... den normalen Zustand nach
außen hin aufrechterhalten können«, sei jedoch im dritten Monat
nach der Geburt zusammengebrochen und auf einmal nicht mehr
handlungsfähig gewesen: »Der Auslöser war eigentlich, dass ich
praktisch das Kind wickelte und auf einmal nebenbei, er lag da
noch, noch nich' wieder die Windel um, und auf einmal fing ich da
nebenan an, die Söckchen zu sortieren, und denk: ›Was machste
jetzt? Du wolltest doch jetzt hier das Kind wickeln!‹ Ich hätte nich'
sagen können, war das jetzt fünf Minuten, 'ne Sekunde, 'ne Stunde,
also ich bin irgendwie durch sein Rufen wieder wach geworden,
sozusagen, ja?« Das zwanghaft anmutende Sortieren der Söckchen
wirkt wie ein Versuch, den Zusammenbruch aufzuhalten, jedoch
lässt sich auf diesem Weg das verlorene Gefühl, ihr Leben kontrollieren zu können, nicht wiedergewinnen.

Sie habe dann ein »kurzes Notprogramm« gestartet, indem sie

ihre Mutter gebeten habe zu kommen und dann selbst zu einer Nachbarin gegangen sei, deren Mann Psychologe ist. Das Gespräch sei hilfreich gewesen, die Nachbarin habe ihr in Ruhe zugehört, was den Druck von ihr genommen habe. In diesem Gespräch sei der Begriff »Wochenbettdepression« zum ersten Mal gefallen. Am nächsten Tag sei sie auf Anraten ihrer Hebamme zur Gynäkologin gegangen, welche sie wiederum an die Psychiaterin verwiesen habe.

Die Behandlung habe eine große Last von ihr genommen; sie habe das Gefühl gehabt, dass sich jemand um sie kümmert. In den folgenden vierzehn Tagen sei sie nie allein gewesen, entweder war ihr Mann zu Hause oder ihre Mutter. Dieses hohe Maß an familiärer Unterstützung hat sicherlich dazu beigetragen, dass sie ambulant behandelt werden konnte.

Durch die Medikamente habe sie sich beruhigen und wieder schlafen können. Die Möglichkeit, Arbeiten zu delegieren, beschreibt sie als Wohltat. Sie habe jedoch nur deshalb Hilfe annehmen können, weil deutlich gewesen sei, dass es keinen anderen Ausweg gegeben habe, und es sei ihr auch nicht leicht gefallen. Sie habe ein schlechtes Gewissen gehabt und sich gefragt, wie lang sie wohl ihren Mann und ihre Mutter würde bemühen können. Die Gefühle der anderen scheinen ihr wichtiger zu sein als die eigenen; Hilfe zu benötigen lässt sich wohl schlecht in ihr Selbstbild integrieren.

Vor dem Zusammenbruch sei sie in ihren Aktivitäten nicht zu bremsen gewesen, ihr Mann habe sie schon ganz entsetzt gefragt, ob sie etwa jeden Tag Staub saugen würde. Ihre Mutter habe versucht, sich dagegen zu wehren, dass Inga sie ständig bediene.

Sie habe immer das Gefühl gehabt, die Zeit, in der ihr Kind schlief, nutzen zu müssen: »Jetzt schläft er, jetzt machste schnell das!‹ Aber, ja, man wusste ja nie, wie lange er schläft ... das hat mich auch immer so irritiert; ... es gibt ja keinen festen Zeitplan!« Sie sei mit sich selbst nur dann zufrieden gewesen, wenn sie das, was sie sich vorgenommen habe, auch geschafft habe. Wieder wird deutlich, wie sehr ihr das Gefühl, ihr Leben nicht kontrollieren zu können, zu schaffen macht.

Als Glück bezeichnet sie das Temperament ihres Babys; es sei »sehr pflegeleicht« und »kein Schreibaby« gewesen. »Also ich wusste, wenn ich ihn anhebe, bekomm ich 'n auf jeden Fall sofort ruhig.«

Rückblickend habe sie jedoch mit dem Säuglingsalter »nich' so-
viel anfangen« können. Seit Erik ein Jahr alt sei, gehe es ihr besser
mit ihm, da mehr an Reaktionen zurückkomme:»Da kann ich viel
mehr mit anfangen als mit diesem so sehr hilflosen Wesen, wo man
immer ahnen muss, was es will und – das is' mir sehr schwer gefallen!« Aus ihrem Bericht spricht große Unsicherheit beim Ent-
schlüsseln der kindlichen Signale, vor allem auch in Bezug auf die
Frage, ob das Baby satt ist oder nicht. Die Verantwortung als Mutter
habe sie extrem belastet; in diesem Kontext fällt mehrmals der Begriff der letzten Instanz.

Als großes Problem bezeichnet sie die Alltagsgestaltung; sie habe
das Gefühl gehabt, dass ein Tag ewig lang sei, und sich gefragt, wie
sie ihn wohl überstehen werde. Ihr Umfeld habe sich komplett ver-
lagert, da ihre Freunde tagsüber keine Zeit hätten. Sie habe sich
neue Kreise suchen müssen, vor allem die Gemeinschaft mit anderen Müttern. Dabei habe sie früher Vorurteile gegen »dieses Haus-
frauengewäsch« gehabt, während sie zur Zeit denke:»Ach tut des
gut!« Ihre Einstellungen habe sie ganz neu überdenken müssen. Sie
sei froh darüber, sich nicht eingeigelt, sondern Kontakte gesucht zu
haben, obwohl es ihr schwer gefallen sei, sich zu irgend etwas auf-
zuraffen.

In dieser Haltung habe sie auch ihr Mann unterstützt, den sie als
große Hilfe schildert:»Also mein Mann konnte erstaunlicherweise
sehr gut damit umgehen und hat mich irgendwie auch sofort verstanden, also 's fand ich erstaunlich.« Er habe für Ablenkung gesorgt, was ihr sehr gut getan habe. Als sie zweimal beim Reduzieren
des Medikaments wieder eine schlimmere Zeit erlebt habe, habe er
unterstützende Gespräche mit der Ärztin gesucht.

Als wichtiges Thema schildert Inga ihre Berufstätigkeit: Nach
der Geburt nicht mehr arbeiten zu gehen habe sie »… als totalen
Verlust empfunden, jetzt empfind ich's fast eher als Bereicherung,
dass ich noch mal überdenken kann, ob das wirklich sinnvoll is', was
ich vorher die ganze Zeit gemacht hab!« Ihre damalige Haltung, nur
die Arbeit zu sehen, bewerte sie nun kritisch. Allerdings habe es ihr
sehr geholfen, vom dritten Lebensmonat des Kindes an sechs Wochenstunden wieder zu arbeiten. Inzwischen sei sie bei zehn
Stunden angelangt, was ihr gut bekomme. In dieser Zeit werde Erik
von seinem Vater oder von ihrer Mutter betreut, die auch dann ein-

springe, wenn sie zur Ärztin oder zum Psychotherapeuten gehe. Durch die Unterstützung bei Eriks Betreuung sei der Kontakt zur Mutter sehr eng, für Ingas Empfinden zu eng geworden.

Als ungeheure Belastung beschreibt sie die Angst, dass ihr Kind etwas von der Depression mitbekommen könne: »›Ich möchte auf keinen Fall, dass der so 'ne Psychotante zur Mutter hat!‹ ... ich hab ja auch so 'n Bild von Mutter, dass die halt immer fürs Kind da sein soll.« Angesichts eines so überhöhten Mutterideals stand sie unter allzu großem Druck; zumal es ihr schwer zu fallen scheint, Aufgaben nicht perfekt zu erledigen, wie am Beispiel des ständigen Staubsaugens deutlich wurde. Die Angst um ihr Kind erfasste sie auch nach dem Zusammenbruch sofort wieder: »... wie's ganz akut war, da konnt ich ja gar nichts mehr denken, zwei Tage, aber sowie das vorbei war, war mein erster Gedanke: ›Hoffentlich merkt der nichts!‹« Inzwischen habe sich diese Sorge gelegt, da sie ihn als fröhliches Kind erlebe.

Weiterhin habe sie Angst gehabt, ihre Angehörigen und ihre Ärztin könnten befürchten, dass sie sich selbst oder dem Baby etwas antun wolle; sie habe immer wieder versichert, dass das nicht der Fall sei. Die möglichen Gedanken anderer stellt sie hier als größere Bedrohung dar als die eigenen Gedanken.

Inga berichtet von tief greifenden Veränderungen in ihrem Leben seit der Schwangerschaft; so habe sie sich mehr denn je für ihre Wurzeln interessiert. Es sei ihr sogar der Gedanke gekommen, nach Australien zu reisen, um ihren leiblichen Vater kennen zu lernen. Sie schildert große Sorgen, ihren Adoptivvater verletzen zu können, da er ja nicht der leibliche Großvater sei: »Und denn sagt man irgendwie was: ›Na kuck mal, das hat er aber von dir!‹ oder so, und irgendwo wissen alle, dass es nich' so is'.« Auch als Adoptivtochter möchte sie perfekt sein: Alles, was ihr Bild von einer Familienharmonie stören könnte, muss zugedeckt werden, und wenn es durch eine offensichtliche Lüge ist. Die Depression sieht sie in Zusammenhang mit den vielfältigen Veränderungen in ihrem Leben: »Na ich denk auch, dass vielleicht irgendwie das alles so die Sache ins Rollen gebracht hat, irgendwie ... der Depression da Vorschub geleistet hat, also dass es nich' nur die biologischen Veränderungen sind, aber, ja dass so viel irgendwie in Bewegung geraten is'.« Eine wichtige Rolle spiele auch das Umfeld, das nach der Geburt »zu-

sammengebrochen« sei, da sie zunächst nicht gearbeitet habe. Der
Verlust der Arbeit habe sie »in so 'ne Leere fallen lassen«.

Beziehung zum Kind

Während sie in der Schwangerschaft noch keine Bedenken hinsichtlich der zukünftigen Mutterrolle gehabt habe, kommen in ihrer Schilderung der ersten Zeit nach der Geburt Gefühle zum Ausdruck, die von einem inneren Zwiespalt oder zumindest von einem
ungläubigen Staunen angesichts ihrer Mutterschaft zeugen: »Auf
einmal war ich jetzt Mama ... ich hab mich auch immer vor'n Spiegel gestellt und hab zu ihm gesagt: ›Du bist mein Sohn und ich bin
deine Mutter!‹ Weil irgendwie, dieses Muttersein, das konnt ich mir
gar nich' vorstellen, also ich merkte zwar, da is' irgendwie 'n ganz
tiefes Gefühl für das Kind da, aber: ›Ja, jetzt bin ich deine Mama!‹
Sozusagen ... da hab ich mich dann so hingestellt, und er lachte so
sein Babylächeln, was ja noch nichts zu sagen hat, was ja noch so
unkontrolliert kommt, und dachte: ›Des, ja, das is' es nun!‹« Bei
dem letzten Satz wird ihre Stimme leiser; sie klingt fast ein wenig
enttäuscht, so als ob sie das Bild im Spiegel nicht mit ihren Vorstellungen in Übereinstimmung bringen kann. Freude am Lächeln des
Kindes kommt nicht so recht auf; denn das Neugeborenenlächeln
hat ja »noch nichts zu sagen«, es ist unkontrolliert und damit für
Inga nicht bedeutsam genug. Das tiefe Gefühl für ihr Kind ist da;
dennoch ist das Muttersein offenbar zunächst auch mit einem Gefühl der Fremdheit verbunden.

Im Verlauf der Schwangerschaft spielen neben der Vorfreude
Ängste um die Gesundheit ihres Kindes eine große Rolle und auch
Wunschvorstellungen über sein Wesen. Letztere wurden zum ersten Mal durch das Geschlecht des Babys enttäuscht, das sich bei der
Fruchtwasseruntersuchung als männlich herausstellte. Darüber hinaus habe sie bei der Ultraschall-Feindiagnostik ein Bild vom Ge-
sicht ihres Kindes bekommen: »Und mein erster Gedanke war:
›... Gott, hat der eine riesige Nase! ... Und das jetzt schon! Wie soll
denn dieses in den Kopf passen ... wie wird der wohl aussehen!‹« Es
hat den Anschein, dass ein gewisser Hang zum Perfektionismus
auch vor ihrem Kind nicht Halt gemacht hat. Durch die verfeiner-

ten Möglichkeiten der pränatalen Diagnostik kommt allerdings auch früher als ehedem die Aufgabe auf die werdenden Eltern zu, das Idealbild ihres Babys zugunsten des realen zu ändern oder teilweise aufzugeben.

Die erste Begegnung mit Erik nach der Geburt schildert Inga sehr liebevoll; sie habe ihn »gleich toll« gefunden, mit seinen dunklen langen Haaren habe er wie ein südländisches Kind ausgesehen. Die Beschreibung der Glücksgefühle erscheint mir bemerkenswert: »Also, wenn man das Kind dann so auf'm Körper liegen hat, also tut auch nichts weh und nur noch Glück, wahrscheinlich so vom Hirn befohlen: ›Glücklich sein!‹« Man könnte nach diesen Worten fast von einem Imperativ des Glücks mit einem Beigeschmack von Fremdbestimmung sprechen.

Bei der Versorgung des Neugeborenen habe sie große Unsicherheit geplagt, vor allem das Stillen sei ein Problem gewesen, sie habe sich dadurch »doch gefesselt« gefühlt.

Ihre Formulierungen wirken auf mich teilweise etwas distanziert, etwa: »Wirste mit diesem kleinen Kind überhaupt rausgehen können«, oder: »Wenn ich nur mit dem, so 'm Säugling, zusammen bin«, und: »Na aber ich hab ja jetzt diese Verantwortung für dieses Kind und für des Leben.«

Die für Inga drückende Last der Verantwortung, die sich in der Metapher der »letzten Instanz« niederschlägt, kann einerseits in der bereits geschilderten Unsicherheit bei der Deutung kindlicher Signale begründet sein, andererseits habe die Depression zur Frage geführt: »›Wie wird des bloß?! Wirst dich überhaupt um ihn kümmern können?‹ Und das hat mich eigentlich sehr beunruhigt!« Hier tut sich ein Circulus vitiosus auf: Die Überforderung angesichts der Mutterschaft leistet einen Beitrag zur depressiven Symptomatik, die es wiederum unmöglich macht, das Ideal der »guten, geduldigen Mutter« zu erreichen: »Also immer die Gute zu sein, geduldig zu sein« und »vor allen Dingen so in dieser gleich bleibenden Stimmung«, was bedeuten würde, dass sie versuche, ihrem Kind nie zu zeigen, wenn sie »genervt« sei, sondern es mehr oder weniger fast nur anzulächeln. Sie scheint dieses Ideal jedoch langsam in Frage zu stellen. Inzwischen sei sie in ihre Aufgabe als Mutter hineingewachsen und fühle sich sicherer, da sie ihr Kind auch als weniger zerbrechlich ansehe. Große Freude bereite ihr seine Entwicklung; es bestehe keine Gefahr, dass sie sich nach der ersten Zeit mit ihm zurücksehne. Besonders sein selbstständiges Äußern von Wünschen beschreibt sie als Erleichterung. Darüber hinaus habe sie ihn inzwischen besser kennen gelernt.

Schwer sei für Inga nach wie vor ihre dauernde Zuständigkeit. Sie würde sich freuen, wenn ihr Sohn frühzeitig in den Kindergarten gehen könnte, wobei sie betont, dass es ihm ja auch gut bekommen würde, zumal er gern mit anderen Kindern zusammen sei. Letzteres erscheint mir wichtig: Nur zu sagen, sie wünscht den Kindergartenplatz, damit sie selbst eine Entlastung erfährt, wäre vermutlich schwierig für sie; es widerspricht dem Ideal der »guten, geduldigen Mutter«.

Vom Wesen her erlebe sie ihn als sehr fröhlich und ausgeglichen, was sie ihrem Engagement und dem ihres Mannes zuschreibe. Sie würden viel für ihn tun und ihn »artgerecht halten«. Weiterhin schildert sie ihn als kontaktfreudig, womit er auch ihren Erwartungen entspreche. Sie würde sich selbst dafür verantwortlich fühlen, wenn er schüchtern wäre. Sein kontaktfreudiges Wesen führe sie auf ihr Verhalten zurück. Im Anschluss äußert sie jedoch den Verdacht, dass die Entwicklung doch mehr von der Anlage abhängt, ein Thema, das sie an anderer Stelle noch einmal genauer ausführt. Es hat den Anschein, als ob mögliche oder auch fantasierte Konsequenzen ihres Verhaltens dem Kind gegenüber schnell ein Gefühl der Überforderung auslösen oder zu Leistungsdruck führen würden. Um Leistungsdruck und Perfektionismus geht es wohl auch bei ihren Sorgen wegen der Betreuung des Kindes durch andere, sie denke dann nicht in erster Linie an Erik, sondern daran, ob es für den Babysitter irgendwie schwierig werden könnte und er oder sie sich »belästigt fühlt«. Ansonsten habe sie keine Probleme damit, ihr Kind auch einmal abzugeben. Sie freue sich nach einer Trennung sehr intensiv auf ihn.

Durch Erinnerungen an ihre eigene Kindheit sei bei Inga der Wunsch aufgekommen, ihr Kind vor Kummer, zum Beispiel Ärger mit anderen Kindern im Kindergarten, zu schützen. Andererseits sei es ihr wichtig, nicht überängstlich zu sein: »Also die anderen bestätigen mir immer, dass ich ihn eigentlich ziemlich viel halt machen lasse und nich' gleich hinrenne, wenn er hinfällt oder so was, sondern eher 'n bisschen, also aus Sicht der anderen sogar 'n bisschen grob im Umgang mit ihm bin, also nich' grob, sondern, ja, wie soll ich sagen? Äh nich' so fürsorglich.« Später beschreibt sie ihr Verhalten als nicht überängstlich, obwohl sie es vom Gefühl her eigentlich sei. Es sei wichtig für sie, ihn auch loslassen zu können, was sie bei ihrer eigenen Mutter vermisse.

Während der beiden Termine habe ich Inga in der Interaktion mit ihrem Kind als liebevoll und zugewandt erlebt; beim ersten Treffen schlief er auf ihrem Schoß, beim zweiten spielte er ausgeglichen und fröhlich.

Partnerschaft

Inga und Anton waren schon vierzehn Jahre lang ein Paar, bevor sie schwanger wurde. Sie hätten immer alles zusammen unternommen und auch einen gemeinsamen Bekanntenkreis gehabt: »Da is' man natürlich so total aufeinander eingespielt, also 's funktioniert alles ... und man kennt sich.« Die Schwangerschaft war geplant; das freudige Ereignis habe sie zuerst ihrer Mutter mitgeteilt. Ihr Partner habe die Neuigkeit am Abend erraten und sich sehr gefreut. Die ersten Sorgen, die sich bald darauf bei beiden geregt hätten, habe sie auf den bei beiden ausgeprägten Wunsch, alles immer gut zu planen, zurückgeführt. Bei der Schilderung der Schwangerschaft fällt auf, dass sie ihre großen Ängste wegen der Gesundheit des Kindes und der bevorstehenden Geburt für sich behalten hat. Sie habe ihren Mann »schützen« wollen, da er ein Mensch sei, der sich schnell Sorgen mache. Hinzu komme, dass die Schwangerschaft »nich' so unbedingt seine Welt« gewesen sei. »Da war auch mein Mann nich' so sehr der, der so gerne auf'm Bauch lag und da fühlte oder so, wie ich das bei andern hörte.« Es bleibt offen, ob das eine Enttäuschung für sie war; ich nehme jedoch an, dass sie dies nur schwer äußern könnte angesichts ihres großen Bedürfnisses nach Harmonie, danach, niemandem wehzutun.

Die Begleitung und Unterstützung ihres Partners sei das Schönste an der Geburt gewesen, ihn habe sie gefragt, ob ihr Baby gesund sei, und er sei es gewesen, der ihr ein Gefühl von Sicherheit vermittelt habe. Sie spricht von sich und ihm »so im Team« bei der Geburt. Vorher hätten sie vereinbart, dass er versuchen würde, dabei zu bleiben, jedoch hinausgehen würde, wenn er etwas nicht verkraften könne. Es sei ihm in der Situation aber gar nicht möglich gewesen, seine Frau allein zu lassen.

Nach der Entlassung aus der Klinik habe er nur drei Tage Urlaub nehmen können, was Inga bedaure; seine Anwesenheit zu Hause habe sie als Unterstützung empfunden.

Für ihre Erkrankung zeige er großes Verständnis; er habe sich Urlaub genommen und »ganz instinktiv« für Abwechslung gesorgt, was Inga wohl getan habe. Allerdings spricht sie auch von der Sorge: »Also wie lange werden die alle bei der Stange bleiben?« Bei der Beschreibung des Erlebens der Depression wurde bereits Ingas Erstaunen über das Verständnis ihres Mannes erwähnt: Das kann entweder heißen, dass sie es generell für schwierig hält, Menschen, die unter Depressionen leiden, zu verstehen oder aber dass sie es ihrem Mann nicht zugetraut hat.

Durch seine selbstständige Berufstätigkeit sei ihr Mann sehr eingespannt und könne in der Woche nur wenig Zeit mit dem Kind verbringen, worunter er leide. Er lasse sich alle Begebenheiten des Tages möglichst genau erzählen, um Anteil an der Entwicklung des Sohnes zu haben. Aus dem Bericht spricht ein wenig Eifersucht auf die enge Gemeinschaft zwischen Mutter und Kind. Seitdem sie wieder stundenweise arbeite, habe er jedoch seine eigene Zeit mit Erik, den Samstagvormittag. Anfangs habe sie dabei Bedenken gehabt. Für die nächtliche Versorgung sei Anton ebenfalls zuständig, zumal er schneller wach werde als sie, was sie der Wirkung ihres Medikaments zuschreibe.

Eine große Bedeutung habe die gemeinsame Zeit als Paar gewonnen: »Also dass das Kind, also in der ersten Zeit is' es natürlich der Mittelpunkt, ... aber dass man da wieder versucht, auch so als Paar und als Einzelmensch wieder so seinen Weg zu gehen!«

Aus der Schilderung gemeinsamer Zeiten zu dritt und genauer Absprachen in Erziehungsfragen spricht ein großes Maß an Übereinstimmung der beiden Partner. Es sei wichtig für Inga, aufkommende Fragen und Probleme mit ihm zu regeln, und nicht etwa mit ihrer Mutter. Ihre Familie spiele eine große Rolle für sie: »Also ich würd auch alles dafür tun, dass mein Mann und ich zusammenbleiben.«

Beziehung zur Mutter

Ihre Mutter, die als erste von der Schwangerschaft erfuhr, habe derart euphorisch darauf reagiert, dass Inga sich Gedanken gemacht habe: »Und da hatt ich aber auch schon so 'n bisschen das Gefühl: ›Aha, also fehlte ihr doch was, also ... als ob ich jetzt doch als Tochter noch was erfüllt habe für sie, ..., jetzt is' es komplett ... ihr Leben!‹« Lange Zeit habe ihre Mutter wegen eines Enkelkindes »fast gequengelt«; dann sei für eine Weile Ruhe eingekehrt.

Im Verlauf der Schwangerschaft habe ihre Mutter immer wieder betont, wie gut sie es finde, dass Inga und ihr Mann so bewusst ans Elternwerden herangingen. Eine mögliche Bedeutung dieser Bemerkung wird klarer, wenn man berücksichtigt, dass die Schwangerschaft mit Inga nicht geplant und der Grund für die frühe Heirat ihrer damals etwa zwanzigjährigen Mutter gewesen war. Angesichts dieser Vorgeschichte erscheint mir ein allzu häufiger Hinweis auf das bewusste Herangehen ihrer Tochter an die Mutterschaft wenig feinfühlig. Ein Bedauern über ihre eigene damalige Situation, schwanger mit Inga, ist davon nicht mehr weit entfernt.

Hinsichtlich ihrer neuen Rolle sei ihre Mutter ein Vorbild für sie, sie habe sie als stets geduldig in Erinnerung, obwohl sie vollzeitlich gearbeitet habe. Sie habe ihrer Tochter alles ermöglicht, was in ihrer Macht stand. Immer wieder betont sie die »gleich bleibende Stimmung« ihrer Mutter, die immer ein offenes Ohr für sie gehabt habe. Mit gleich bleibend sei gleich bleibend freundlich gemeint. Ihre Mutter habe zwar »auch relativ dicht am Wasser gebaut« und es habe auch Streit zwischen den Eltern gegeben, »aber mir gegenüber war 'se schon immer besonders freundlich«. Diese Formulierung macht mich stutzig; die Freundlichkeit der Mutter so zu betonen, hat beinahe etwas Aufgesetztes, so dass ich mir die Frage stelle, ob damit nicht etwas überdeckt werden muss. Insgesamt schildert Inga ihre Mutter als zufriedene Frau, der ihre Familie sehr am Herzen liege.

Sich selbst beschreibt sie als ängstliches Kind, ob es nun um Auseinandersetzungen im Kindergarten oder um die Angst vor Klausuren ging, sie sei schnell »ganz klein mit Hut« geworden. Ihren Eltern gegenüber habe sie nicht von diesen Ängsten gesprochen: »›Ach, na ja, sag denen mal nichts, können sowieso nich' viel ausrichten, so!‹« Mit der gerühmten Vorbildhaftigkeit ihrer Mutter geht dieser Gedanke schlecht zusammen. Immerhin ist Inga schon als Kind mit ihren Ängsten allein geblieben. Richtig wohl gefühlt habe sie sich »erst so mit Beginn des Berufslebens«.

Nach und nach im Verlauf des Interviews kamen kritischere Seiten der Mutter-Tochter-Beziehung zur Sprache. Besonders während der Pubertät habe Inga darunter gelitten, dass ihre Mutter sie schwer habe loslassen können, noch heute habe sie das Gefühl, sie sei der wichtigste Mensch in ihrem Leben, auch wichtiger als ihr Vater, was belastend sei. Eine Zeit lang hätten sie fast das »Verhältnis von Freundinnen« gehabt, bis Inga versucht habe, sich »mit eigenen Aktivitäten mal aus'm Staube zu machen, und sie saß immer noch da und ich hatte das Gefühl, sie wusste dann gar nich', was sie mit der Zeit machen soll, also das dauerte 'ne ganze Zeit, bis sie sich – ich wollt' mal sagen, so richtig gut abgenabelt hab ich mich eigentlich nicht, überhaupt nicht.«

Berichte von Unternehmungen mit Freundinnen riefen bei ihrer Mutter Eifersucht hervor: »... 'n bisschen eingeschnappt fast oder so: ›Was, mit der warste jetzt? Mit mir warste noch nie im Kino!‹ ... Oder wenn ich so erzähl: ›Ach, mit der war ich im Zoo, das war toll!‹ ›Na wir könn' doch auch mal in den Zoo geh'n !‹« Als Jugendliche habe sie es »furchtbar blöd« gefunden, so junge Eltern zu haben, obwohl einige Freundinnen sie darum beneidet hätten. Sie habe sich hingegen geärgert: »›Immer müssen die alles mit mir mitmachen!‹ Und fand ich gar nicht gut! Vielleicht wollt ich deshalb irgendwie auch später Mutter werden ...« Es habe für sie schon lange festgestanden, dass sie erst mit Mitte dreißig ein Kind bekommen wolle. Ihren Beruf hat sie mit zweiundzwanzig Jahren aufgenommen. Die Berufstätigkeit sei schon als Teenager für sie wichtiger gewesen als für ihre Mitschülerinnen, die eher an Partnerschaft und Familie gedacht hätten. Sie habe immer so wie ihre Mutter sein wollen, »also berufstätig«; dass sie ja auch Mutter ist, scheint Inga in diesem Moment zu übersehen, was ihrer Identifikation etwas merkwürdig Selektives verleiht.

An das junge Alter ihrer Mutter musste ich bei der Schilderung der als zu jung erlebten Hebamme denken, hinzu kommt ein Gedanke, der mir ganz zu Beginn des Kontakts mit Inga in den Sinn kam: Ich war froh, selbst nicht mehr ganz so jung zu sein, da ich den

Eindruck hatte, es würde Inga schwer fallen, sich einer jüngeren Frau zu öffnen.

Für die Zeit nach der Geburt habe ihre Mutter ihr Hilfe zugesagt, was beruhigend gewesen sei. Allerdings habe es zunächst so ausgesehen, dass Inga sie bedient und Kaffee gekocht habe, wogegen ihre Mutter sich vergeblich gewehrt habe.

Durch die Depression sei sie von ihrer Unterstützung abhängig gewesen, nun sei es an der Zeit, sich wieder »frei[zu]strampeln«. Dabei sei es ihr wichtig, ihre Mutter nicht zu enttäuschen. Dies sei um so schwieriger, da sie gekränkt reagiere, wenn jemand anders als Babysitter engagiert wird. Gerade darin sehe Inga jedoch eine Chance, sich aus dem allzu engen Kontakt zu lösen, worin sie auch von ihrem Partner unterstützt werde. Es scheint sehr schwer für sie zu sein, ihrer Mutter Grenzen zu setzen: »Ich sag dann nie: ›Ich will des aber nich‹, das wird mir zuviel!‹, sondern ich sag dann eher: ›Na, du machst ja schon so viel für uns! Äh das woll'n wir dir nich' zumuten‹ oder so.« Auch hier wird die Aufrichtigkeit dem Wunsch, nicht zu verletzen, geopfert.

Ihre Mutter sei sehr froh über den häufigen Kontakt: »... irgendwie so am liebsten hätte sie halt ... immer so 'n ständiges Paar Pantoffeln hier im Haushalt, so, hab ich das Gefühl.« Eine Äußerung sei ihr besonders »so im Gedächtnis geblieben jetzt, ähm: ›Ja, es is' ... ja furchtbar, dass es dir schlecht geht, aber andererseits is' es schön, dass ich gebraucht werde!‹ Und da dacht ich so: ›Uhhm! Das is' ja 'n ganz schöner Klopper!‹ So, also sie wünscht es mir nich', dass es mir schlecht geht, aber sie hat auch was davon, 'ne?!« Hier werden destruktive Seiten der Mutter-Tochter-Beziehung, fast möchte man sagen Verstrickung, deutlich.

In einem Kindergartenplatz sehe sie eine gute Möglichkeit, von der Hilfe ihrer Mutter unabhängiger zu werden. Außerdem sucht sie verstärkt den Kontakt zu ihren Nachbarinnen, die beide auch Kleinkinder hätten; so könne man sich gegenseitig in der Kinderbetreuung unterstützen.

Seit Eriks Geburt hat sie das Gefühl, durch die Verantwortung erwachsener und weniger Kind ihrer Mutter zu sein, deren Fürsorge sich jetzt auf ihr Enkelkind richte. Das sei ihr sehr angenehm. Allerdings empfinde sie es manchmal als störend, dass in Anwesenheit des Kindes kein richtiges Gespräch mehr möglich sei: »Also sie

is' so sehr immer nur: ›Ach kuck' mal, wie er jetzt kuckt!‹ Und also 's
is' eigentlich kaum noch 'n Gespräch möglich, wenn unser Sohn
dabei is'! Also weil sie immer nur sagt: ›Kuck mal, wie er jetzt läuft,
und jetzt stolpert er fast und wie er den Apfel jetzt im Mund hat.‹«
Es sei ihr und ihrem Mann deshalb lieber, ihr Kind einfach bei den
Großeltern abzugeben, »und dann ähm seh'n wir das Elend nich'
sozusagen, was 'se mit ihm veranstalten!« Das beschriebene
»Elend« wirkt auf mich nicht wirklich auf das Kind bezogen, sondern eher auf die Bedürfnisse und Sehnsüchte der Großmutter. Es
stellt sich die Frage, wie es wohl war, als Inga ein Kind war; ob es
Raum für ihre Bedürfnisse gab oder ob ihre Mutter eher mit sich
selbst beschäftigt war.

Selbstbild

Inga nennt sich selbst eine Planerin, die sich gern immer gut vorbe-
reite, um dann alles schaffen zu können. Neue Situationen scheinen
ihr eher unbehaglich zu sein: Ihren Wunsch nach einem Mädchen
begründet sie damit, dass sie sich dann besser auskenne. Bezüglich
der Mutterrolle sei sie während der Schwangerschaft zuversichtlich
gewesen; sie könne schnell und effektiv arbeiten und sei »warmherzig«, so dass sie sich gut habe vorstellen können, mit ihrem Kind zu
»kuscheln«. Weiterhin schildert sie sich als Frau, die ein ruhiges
Leben schätzt, so dass sie nicht damit gerechnet habe, dass ihr
durch das viele Zuhausesein etwas fehlen würde, was nach der Geburt jedoch der Fall gewesen sei.

Sie beschreibt das Gefühl, immer sehr viel Glück im Leben gehabt zu haben, was eine abergläubische Angst vor dem »dicke[n]
Ende« nach sich gezogen habe. Das Gefühl, im Leben viel Glück
gehabt zu haben, will nicht so recht zu ihrer Bemerkung passen, ihr
Leben vor der Schwangerschaft sei »gleichförmig« und »sinnlos«
gewesen. Was ihr Kind angeht, schildert sie eine Art Schwarzweiß-
Denken; auf der einen Seite habe sie unter großer Angst vor Erkrankungen gelitten, andererseits sei sie sicher gewesen, ein Mädchen zu bekommen: »Ich dachte ja auch wieder, weil ich ja immer
so viel Glück habe: ›Du bekommst auch das, was de dir wünschst!‹«
Dieses Wunschdenken wirkt wenig realitätsbezogen.

Bereits unmittelbar nach der Geburt sei sie »geschockt« gewesen, »so gleich zuständig zu sein«; entgegen ihren positiven Erwartungen habe sie sich »völlig überfordert« gefühlt, mit der Versorgung ihres Babys. Ihre generelle Scheu, um Hilfe zu bitten, habe sich auch auf der Wochenstation gezeigt, wieder hat sie ihre Ängste niemandem mitgeteilt. Hinsichtlich des Stillens berichtet Inga von massiven Unsicherheiten. Aus der Schilderung spricht der Wunsch nach Sicherheit und Kontrolle, einem Thema, das immer wieder zur Sprache kam. Die bereits beschriebene Unsicherheit in der Deutung kindlicher Signale scheint das Vertrauen in ihre Kompetenzen als Mutter untergraben zu haben: »Und ich dachte immer nur: ›Ich hab nich' diesen Mutterinstinkt, ich muss doch den Mutterinstinkt haben, jetzt unterscheiden zu können, ob er jetzt Hunger hat oder ob er nur quengelig is', ne?‹« Der Wunsch zu stillen scheint mit ihrem perfektionistischen Selbstbild als Frau verknüpft gewesen zu sein. Schon im Beruf habe sie immer »überperfekt« sein wollen, ihre Erwartungen an sich selbst als Mutter bezeichnet sie als einen »Berg«. An diesem Punkt arbeite sie an einer Veränderung, so gelinge es ihr inzwischen, sich auch in einer weniger aufgeräumten Wohnung wohl zu fühlen, und ihr Ziel, ihrem Kind gegenüber immer nur geduldig zu sein, stelle sie ebenfalls in Frage.

Als Kind sei sie ängstlich und unsicher gewesen, »eher mickrig so vom Seelenleben her, also schnell aus der Bahn zu bringen!« Erst in ihrem Beruf, dem sie »überengagiert« nachgegangen sei, habe sie Selbstbewusstsein entwickelt. Sie habe sich am Vorbild der berufstätigen Mutter orientiert.

Sie habe sich Gedanken über die Zeit der Trennung ihrer Eltern gemacht und sich überlegt, »ob daher auch so 'n bisschen das kommt, dass ich immer gerne ... 'n festen Kreis um mich habe, da ... mag ich's nich', das sich viel verändert«. Hier zeigen sich ein großes Sicherheitsbedürfnis und Angst vor Trennungen.

Unter einer Depression zu leiden scheint ihr verletzliches Selbstwertgefühl zu bedrohen, sehr abwertend nennt sie sich mehrmals »Psychotante«, jeweils in Zusammenhang mit der Sorge, dass ihr Kind unter der Erkrankung leiden könnte. Andererseits scheint sie auch in der Mutterrolle neues Selbstvertrauen zu gewinnen, sie berichtet davon, in diese Aufgabe hineingewachsen zu sein.

Der Zusammenbruch nach der Geburt habe zu einer Identitäts-

krise geführt:»›Was bin ich überhaupt oder was macht mich aus?!
Bin ich noch die Gleiche, wenn ich auch verlottert mit'm Schlabberpulli rumlaufe, obwohl ich sonst immer mit der gestärkten Bluse
rumlief so‹, sag ich mal?! Oder ja, was is' jetzt wichtig, ne?!«

Aktuelle Lebenszufriedenheit

Über ihre aktuelle Stimmungslage berichtet Inga:»... dass ich also
durchaus zufrieden wär, wenn's jetzt so mein Leben lang also von
meiner Stimmung her so weitergehen würde, also normale Höhen
und Tiefen.« Die Anpassung an die neuen Lebensumstände waren
für sie sicherlich dadurch erschwert, dass sie nicht mit großen Veränderungen gerechnet hat:»Ja, also ich hab eigentlich mit gar keiner Änderung gerechnet, es kommt nur was dazu, also: Keiner muss
was abgeben, alles läuft so weiter, es kommt nur noch 'ne Bereicherung dazu.« Es sei schwer für sie auseinander zu halten, welche Veränderungen in ihrem Leben durch die Mutterschaft und welche
durch die Depression gekommen seien. Ab und zu frage sie sich, ob
ihre Erschöpfung »jetzt noch normal« sei und ob es anderen Müttern ähnlich gehe oder ob sie darin noch Anzeichen der Erkrankung, die noch »relativ dicht« für sie sei, sehen sollte. Sie fühle sich
jedoch seit langem sehr stabil, was sie unter anderem der Wirkung
des Medikaments zuschreibe. Sie habe allerdings auch »alles, was
man tun kann, dazu beigetragen«, damit die Depression nicht
wieder auftrete, sei zur Ärztin und zum Psychotherapeuten gegangen und habe dort gute Fortschritte gemacht. Im Unterschied zur
Anfangszeit, in der ihr die Tage endlos vorgekommen seien, »ver-
fliegt jetzt so 'n Tag«. Sie habe sich einen neuen Bekanntenkreis aufgebaut, so dass sie weniger allein sei. Durch ihre Wiederaufnahme
der Berufstätigkeit (Teilzeit) habe sie »Zeit vom Kopf her ohne
Kind«, was sie als wohltuend beschreibt. Sie würde gern noch mehr
arbeiten und mehr von der Verantwortung für ihr Kind abgeben,
weshalb sie sich intensiv um einen Kindergartenplatz bemühe. Sie
sei gern Mutter, jedoch ungern Hausfrau, am liebsten wäre es ihr,
mehr zu arbeiten, um sich für das Geld eine Haushaltshilfe leisten
zu können. Inga berichtet von großer Vorfreude auf die Zeit, in der
sie und ihr Mann noch mehr mit Erik unternehmen können, wie

zum Beispiel Kindertheater oder Kinderkino. Es hätte ihr gut getan, früher zu wissen, dass es auch »noch 'n kulturelles Leben mit dem Kind« geben könne. Für die Zukunft wünsche sie sich in erster Linie Gesundheit und die Möglichkeit, ihr Kind »so lange wie möglich begleiten« zu können, wobei sie auf ihr nicht mehr ganz junges Alter verweist. Sie würde alles dafür tun, damit Erik glücklich werden könne. Rückblickend sei es für sie zunächst sehr schwer gewesen, dass sich eigentlich ihr ganzes Leben verändert habe, »aber ich hab eigentlich ziemlich schnell gemerkt, also ... mir gedacht, dass es irgendwie, ja, auch 'ne Chance is', alles noch mal zu überdenken«.

Zusammenfassende Interpretation

Bereits bei meiner ersten Begegnung mit Inga habe ich sie als eine sehr zuvorkommende und umsichtige Frau erlebt. Sie schildert sich selbst als sehr pflichtbewusst und zuverlässig, als jemanden, der anderen auf gar keinen Fall Mühe bereiten möchte; darin erinnert sie an Tellenbachs »Typus melancholicus«. Die so beschriebenen Menschen neigen zum sogenannten internalen Attributionsstil, das heißt sie schreiben sich insbesondere Misserfolge überwiegend selbst zu. Aus Ingas Bericht klingt eine solche Haltung bezüglich des Wesens ihres Sohnes durch; sie würde sich selbst dafür die Schuld geben, wenn er ein scheues Kind geworden wäre. Andererseits führt sie sein kontaktfreudiges Wesen auch auf ihren Einsatz zurück, was auf internale Attribution von Erfolg deuten könnte. Überlegungen, wie ihr Verhalten auf ihren Sohn wirken könnte, spielen eine große Rolle in Ingas Bericht, so dass der Eindruck entsteht, sie müsse eine Prüfung bestehen. Aus dem Wesen ihres Kindes möchte sie ablesen können, ob sie als Mutter ihren Ansprüchen, die sie selbst als einen »Berg« bezeichnet, genügt.

Auch bezüglich ihrer Berufstätigkeit schildert sie sich als perfektionistisch und »überengagiert«. Die Arbeit habe vor Eriks Geburt ihr Leben bestimmt und damit sicherlich zu einem sehr großen Anteil ihre Identität. Die Konzentration auf ihr Funktionieren im Berufsleben hat Inga jedoch nicht glücklich gemacht, wie ihre Bemerkung, ihr Leben vor der Schwangerschaft sei sinnlos gewesen, nahe legt. Eine große Sehnsucht nach Leben kommt hier zum Ausdruck, es ist möglich, dass sie unbewusst die Hoffnung hegte, ein

Kind werde zur Erfüllung dieser Sehnsucht beitragen. Der vorübergehende Abschied von der Berufstätigkeit stellt sicher einen wichtigen Belastungsfaktor dar, der die Entwicklung der Depression begünstigt hat. Dem Beruf kommt offenbar eine selbstwertstützende Funktion zu, auf die sie nicht ohne weiteres verzichten kann. Sie berichtet von der Hoffnung, die Mutterschaft genauso bewältigen zu können wie ihre Arbeit, und scheint irritiert zu sein, dass ihr dies nicht auf Anhieb gelingen wollte. Die durch den beruflichen Erfolg vorübergehend gebannte Unsicherheit und Ängstlichkeit, unter der sie schon als Kind gelitten habe, scheint sie wieder einzuholen.

Ihre Bemerkung, dass sie vor der Behandlung der Depression nur dann mit sich selbst zufrieden gewesen sei, wenn sie alles, was sie sich vorgenommen hatte, geschafft habe, spricht für ein verletzliches Selbstwertgefühl. Die hohen Ansprüche an sich selbst könnten als problematischer Bewältigungsversuch einer labilen *narzisstischen Homöostase* und auch als Ausdruck eines strengen und rigiden Über-Ich angesehen werden.

Aus ihrer Selbstbeschreibung als vor Aufnahme der Berufstätigkeit »eher mickrig so vom Seelenleben her, also schnell aus der Bahn zu bringen!« spricht ebenfalls eine Selbstwertproblematik; sich selbst als »Psychotante« zu bezeichnen, empfinde ich zumindest als selbstabwertend, wenn nicht gar als autoaggressiv. Andere Textpassagen zeigen jedoch, dass ihr Selbstbild nicht gänzlich negativ ist, etwa wenn sie sich als warmherzig oder als effektiv und planvoll in ihrer Arbeit bezeichnet.

Als weiteres zentrales Thema ist ein ausgeprägter Wunsch nach Kontrolle zu nennen, der im zweimal wiederholten Schwangerschaftstest, im Heftchen mit den genau notierten Trinkmengen ihres Babys oder auch im Bestreben, so viel wie möglich im Voraus zu planen, zum Ausdruck kommt. Dieser Wunsch spricht für eine eher geringe interne Kontrollüberzeugung und ein hohes Maß an Verunsicherung durch neue Situationen. Dazu passen auch der wiederholte Gebrauch des Wortes »Fügung« und ihre abergläubische Angst vor Unglück nach allzu viel Glück.

Die Geburt eines Kindes ist ein Erlebnis, das dem Wunsch nach Kontrolle gar nicht entgegenkommt; hier sollte der »Rettungsanker« PDA Abhilfe schaffen, von dem sie enttäuscht ist. Das Geburtserlebnis wird insgesamt negativ bewertet.

Die genauen Aufzeichnungen der Stillmahlzeiten haben einen zwanghaften Charakter, ebenso das akkurate Zusammenlegen der Babysöckchen inmitten ihrer Krise. Zwanghafte Handlungen können einen Versuch darstellen, die Depression abzuwehren.

In der Frage des Abstillens, die der Diagnose der Depression unmittelbar vorausgeht, war für Inga keine eigene Entscheidung möglich, wobei es mir wesentlich erscheint, dass zwei sehr wichtige Bestrebungen in gegensätzliche Richtungen geführt hätten: Ihr Perfektionismus verlangte danach, weiter zu stillen, um ihrem Kind das Beste zu geben, ihr Bedürfnis nach Kontrolle und ihre Angst, die kindlichen Signale nicht richtig deuten zu können, verlangten geradezu nach der Ernährung mit der Flasche. Die Verantwortung für ihr Kind wird angesichts ihrer perfektionistischen Ansprüche an sich selbst als Mutter zu einer erdrückenden Last: Die Ernährung des Babys nach dem Abstillen delegieren zu können erlebt sie daher als Befreiung. Sie habe es genossen, nicht mehr die »letzte Instanz« zu sein. In dieser Metapher kommen sowohl die Angst vor der Verantwortung als auch das Entsetzen darüber, sie allein zu tragen, deutlich zum Ausdruck.

Ängste spielen eine große Rolle in Ingas Bericht; sei es die Angst um die Gesundheit ihres Kindes, die Angst, bei der Geburt die Schmerzen nicht auszuhalten oder auch sterben zu können, oder sei es nach der Geburt die Angst, als Mutter etwas falsch zu machen. Durch die Depression seien weitere Ängste und Sorgen hinzugekommen, die den Verlauf der Erkrankung und die Toleranz ihres Umfelds beträfen. Als sehr bedrückend beschreibt sie die Angst davor, dass ihr Kind unter der Depression leiden könnte. Dabei erscheint mir das Verschweigen der Ängste mindestens bis zu Eriks Geburt ganz wesentlich; es fand somit keine Entlastung und Unterstützung durch Vertrauenspersonen statt. Die Haltung, ihren Partner und ihre Eltern nicht belasten zu wollen, zieht sich durch den ganzen Bericht. Die Gefühle der anderen scheinen für Inga wichtiger zu sein als ihre eigenen, die sie zunächst nicht sehr ernst nimmt: So berichtet sie mit stolzem Unterton davon, dass man ihr die großen Ängste, die sie während der Schwangerschaft geplagt haben, nicht habe anmerken können. Dieser Unterton lässt die Vermutung zu, dass es sich zumindest bisher nicht in ihr Selbstbild integrieren ließ, Angst zu haben und Hilfe zu brauchen. Einen guten Eindruck zu machen ist ihr sehr wichtig; die sich selbst gestellte Frage, ob sie im »Schlabberpulli« noch die Gleiche sei wie in der »gestärkten Bluse«, legt Zeugnis davon ab. Die Depression, die sie sozusagen »in den Schlabberpulli gesteckt hat«, erlebt sie als Identitätskrise, sie stellt sich die Frage, was sie überhaupt ausmacht. Auf keinen Fall möchte sie eine »Psychotante« sein; sie serviert in den ersten Wochen nach der Geburt ihrer Mutter Kaffee, saugt täglich Staub, wäscht sich täglich die Haare: Alles muss »stimmen«, das schöne Bild der funktionierenden Inga darf nicht getrübt werden. Sie war offenbar mehr als nur ungnädig mit sich selbst; ihre Vorstellungen davon, was sie schaffen sollte, sind unrealistisch, was dafür spricht, dass diese Vorstellungen nicht einfach nur für sich selbst stehen, sondern eine zentrale Funktion erfüllen: die Stabilisierung eines brüchigen Selbstwertgefühls.

Die Beziehung zu ihrer Mutter nimmt im Interview mehr Raum ein als die zu ihrem Mann. Hier sind Ambivalenz und Konflikthaftigkeit unübersehbar. Nachdem zunächst die »vorbildlichen« Seiten ihrer Mutter hervorgehoben werden, wie etwa ihre gleich bleibend freundliche Stimmung, die in ihrer Absolutheit wenig authentisch wirken mag, kommen später ihre besitzergreifenden Züge zum Ausdruck, so dass das Bild dieser Beziehung auf mich wenig kohärent wirkt. Ingas Wunsch nach mehr Distanz von ihrer Mutter scheint noch oft mit der Sorge zu kollidieren, sie verletzen zu können. Ein besonders drastisches Beispiel für die problematische Mutter-Tochter-Verstrickung ist die Freude der Mutter, aufgrund von Ingas Depression gebraucht zu werden; dieser Preis für die enge Verbindung ist der Tochter nun doch zu hoch und sie strebt nach Ablösung. Dabei ist zu bedenken, dass sie seit einigen Monaten in psychotherapeutischer Behandlung (kognitive Verhaltenstherapie) ist, was sicher dazu beiträgt, dass sie im Rahmen des Interviews belastende Themen detailliert zur Sprache bringen kann.

Das wohl sehr frühzeitige Bestreben ihrer Mutter, die Beziehung freundschaftlich zu gestalten, könnte neben dem Verwischen der Generationsgrenze eine Überforderung für Inga bedeutet haben. Mehrere Textpassagen zeugen von großem Ärger über ihre Mutter, den sie ihr jedoch nie gezeigt habe. In ihrem Verhalten sind jedoch Hinweise auf Aggressionen zu entdecken: Sie löst vermutlich

Schuldgefühle bei ihrer Mutter aus, die sich zum Beispiel vergeblich dagegen zu wehren versucht, dass ihre Tochter sie in der ersten Zeit nach der Geburt permanent mit Kaffee bedient. Inga berichtet, dass sie sich von ihrer Mutter noch nicht abgelöst hat. Einen Grund dafür sieht sie in deren mangelnder Fähigkeit loszulassen. Damit beschreibt sie etwas, das sie selbst anders machen will: Sie möchte eine Mutter sein, die ihrem Kind Freiheit zugesteht.

In der Beziehung zu ihrem Sohn Erik scheint es, vielleicht auch durch die Psychotherapie, eher möglich zu sein, eigenen Bedürfnissen Raum zu geben, zum Beispiel dem Wunsch, wieder zu arbeiten. Anfangs sind jedoch auch hier die Spuren des Perfektionismus unübersehbar, etwa in der Vorstellung, das Kind immer anlächeln zu müssen und keinen Ärger zu zeigen. Diese Vorstellung sagt jedoch auch etwas darüber aus, wie Inga Beziehungen gestaltet, nämlich nicht authentisch und in Angst vor Aggressionen. Ihr überaus großes Verantwortungsbewusstsein als Mutter kommt ihr insofern zugute, als sie sich, schon um Eriks willen, aktiv mit der Depression auseinander setzt.

Die Partnerbeziehung beschreibt Inga als positiv und unterstützend. Im Gegensatz zur Zeit der Schwangerschaft scheint es ihr inzwischen möglich zu sein, Unterstützung in Anspruch zu nehmen, wie zum Beispiel die nächtliche Betreuung des Kindes durch ihren Mann. Das Verschweigen ihrer Ängste während der Schwangerschaft und ihr Erstaunen über das Verständnis ihres Mannes für ihre Depression lassen sie einsam erscheinen; hier entsteht nicht der Eindruck großer Nähe beider Partner zueinander. Durch das Verständnis ihres Mannes mag in dieser Hinsicht eine Änderung im Gang sein, die dadurch unterstützt wird, dass Inga sich inzwischen eingestehen kann, Hilfe zu brauchen. Die familiäre Unterstützung zeigt sich in der vierzehntägigen Betreuung rund um die Uhr durch ihren Partner und ihre Mutter. Sie habe darüber hinaus schnell wieder Außenkontakte gesucht, auch wenn es ihr zunächst schwer gefallen sei. Damit hat sie eine hilfreiche Copingstrategie gewählt.

Als biographische Belastung ist die frühe Trennung der Eltern zu erwähnen. Inga überlegt, ob sie es deshalb nicht ertrage, wenn sich in ihrem privaten Umfeld etwas ändert. Die Depression habe die Trennung vom Vater wieder in ihr Blickfeld gerückt, was wenig verwunderlich ist, geht es doch um den Verlust einer wichtigen Bezugsperson. Die Überlegung beziehungsweise der Wunsch, ihren leiblichen Vater kennen zu lernen, zeigt, dass dieses Thema noch nicht bearbeitet ist.

Zu den körperlichen Belastungsfaktoren im Entstehungszusammenhang mit der postpartalen Depression zählen neben der nachgeburtlichen Übermüdung die Brustdrüsenentzündung und das sehr rasche Abstillen durch ein Medikament, zu dessen Nebenwirkungen depressive Verstimmungen gehören.

Im Verlauf der Erkrankung, die zum Zeitpunkt des Interviews teilweise schon überwunden war, konnte Inga auf zahlreiche Ressourcen zurückgreifen. Dazu gehören sicherlich die positiv bewertete Partnerbeziehung, die Unterstützung durch ihre Mutter, die Freude an der Wiederaufnahme der Arbeit und nicht zuletzt ihr verantwortungsbewusster Umgang mit der Situation, indem sie professionelle Hilfe annimmt und dabei, wie sie es ausdrückt, Fortschritte in der Psychotherapie macht.

Swantje

>»Ich hab mich wahnsinnig auf ihn gefreut, ja und dann kam er und dann war's doch irgendwie alles blöd. Also: Is' alles anders, als man sich das gedacht hat!«

Situativer Kontext

Das Interview fand in der Wohnung der Befragten statt. Sie begrüßte mich freundlich, ja beinahe fröhlich; ihre bedrückte Stimmung kam im Verlauf des Gesprächs dann schnell zum Vorschein. Ihr Baby war während der gesamten Zeit dabei. Auch während des Stillens wollte sie weitererzählen. Mein Angebot, das Interview zu unterbrechen, lehnte sie ab. Ich hatte den Eindruck, dass es ihr gut tat, sich mitteilen zu können. Die Atmosphäre war entspannt.

Zur Vorgeschichte

Die sechsunddreißigjährige Swantje und ihr ein Jahr älterer Partner
Walter sind seit 3 Jahren ein Paar. Ihr Sohn Björn ist vier Monate alt,
er wurde zehn Tage nach dem errechneten Termin geboren und
war bisher immer gesund. Etwa drei bis vier Wochen nach der Geburt sei Swantjes Depression diagnostiziert worden. Eine Behandlung mit Antidepressiva habe sie abgelehnt. Zur Zeit sei sie etwa alle
vierzehn Tage zum Gespräch bei der sie behandelnden Psychiaterin.

Die berufliche Laufbahn wird als wenig befriedigend geschildert; nach einem abgeschlossenen Studium habe sie zunächst drei
Jahre lang gearbeitet, um sich dann einem anderen Studiengang zu
widmen, den sie nicht abgeschlossen habe. Nach einer Fehlgeburt
habe sie eine zum ersten Studium passende Zusatzqualifikation er-
worben. Während der Suche nach einem Arbeitsplatz sei sie geplant
schwanger geworden. Im Verlauf der letzten zehn Jahre ist sie häufig umgezogen (drei verschiedene Bundesländer). Ihr Partner arbeitet vollzeitlich, was in seinem Beruf über sechzig Stunden bedeutet. Swantje ist seine zweite Ehefrau, die erste Ehe wurde im
gleichen Jahr geschieden, in dem Swantje und er ein Paar wurden.
Er hat eine vierzehnjährige Tochter. Seine Eltern sind ebenfalls geschieden.

Die Interviewpartnerin ist als einziges Kind bei beiden Eltern
aufgewachsen. Nach ihrer Geburt habe ihre Mutter fast sofort
wieder arbeiten müssen, da ihr Vater zu diesem Zeitpunkt noch studiert habe. Sie sei in den ersten drei Lebensjahren von mehreren
Bezugspersonen betreut worden. Vor zehn Jahren habe es in ihrer
Familie eine schwere Krise gegeben, eine weitere und tiefer greifende zur Zeit ihrer Schwangerschaft. Art und Ursachen der Krisen
sollen nicht genannt werden, jedoch ist Swantje persönlich mitbetroffen und somit familiär belastet: »Also is' kein normales Famili-
enleben mehr möglich!« Ihr Vater leide unter Magengeschwüren
und seit den erneuten familiären Erschütterungen unter Depressionen. Sie selbst habe noch nie unter ernsteren Erkrankungen gelitten.

Lebenszufriedenheit vor der Schwangerschaft

Ein paar Monate vor der Schwangerschaft mit Björn sei sie an ihren aktuellen Wohnort umgezogen. Vorher sei sie wegen ihrer Weiterbildung zwischen zwei Wohnorten gependelt. Sie beschreibt ihr damaliges Leben als aktiv und ausgefüllt, so habe sie sich häufig mit Freunden getroffen. Während der Jahre davor habe sie hin und her überlegt, ob sie ihren zweiten Studiengang beenden solle, und sei dann in eine andere Stadt umgezogen, um einen »Tapetenwechsel« zu haben, »um vielleicht doch noch das Studium fertig zu machen«. Umgezogen sei sie schon oft in ihrem Leben. Im Jahr 1997 habe sie ihren Mann kennen gelernt. »Das war eigentlich die beste Zeit!« Er habe damals in einem anderen Land gelebt, wo sie ihn oft besucht habe. Nach ihrer Fehlgeburt 1998 habe sie gemerkt, »Ich mach da was, was ich eigentlich überhaupt nich' will, und das schon seit zehn Jahren«; daraufhin habe sie ihr zweites Studium aufgegeben. »Und nach dieser Fehlgeburt hat mir dann jeder geraten, ich muss was tun und Blablabla, das übliche Geschwätz, und dann hab ich diese Weiterbildung ... gemacht ... und da hab ich dann den Abschluss gemacht. Dann wollt ich eigentlich mir nen Job suchen und dann wurd ich schwanger. Also eigentlich wollt ich sowieso schwanger [werden] – ich hab einen Kinderwunsch, also unglaublichen Kinderwunsch gehabt, also der kam jetzt auch nich' dazwischen oder so.« Rückblickend sagt sie über ihr damaliges Leben: »Ich wollte das Kind und beruflich, das hat mich einfach auch durch dieses lange Studium und das alles, ich hatte gar kein Konzept, das hatt ich schon vorher nich'! Und da hat sich nich' viel geändert.« Der Kinderwunsch kam nicht dazwischen; hier entsteht eher der Eindruck einer Frau, die in der Schwangerschaft Zuflucht vor dem Berufsalltag sucht. Die Ratschläge der Freunde und Bekannten als »Blablabla« und »Geschwätz« zu bezeichnen klingt recht geringschätzig; offenbar hatte sie sich eine andere Reaktion erhofft. Aus ihrer Bemerkung, dass sie auch schon vor der Schwangerschaft kein Konzept hatte, spricht eine gewisse Orientierungslosigkeit.

Erleben der Schwangerschaft

Als sie einen Schwangerschaftstest durchgeführt habe, habe sie gar
nicht gedacht, »dass es geklappt hat, aber ja, dieses Gefühl, ich weiß
nich', das war eigentlich nich' so, noch nicht an dem Tag die totale
Euphorie, eigentlich auch bei meinem Mann nich' – ham einfach
weitergelebt, wie bisher«. Erst nach der Bestätigung durch den
Frauenarzt habe sie realisieren können, dass sie schwanger ist,
allerdings seien gerade die ersten Monate mit Angst vor einer erneuten Fehlgeburt verbunden gewesen; diese Angst habe erst im
sechsten Monat nachgelassen: »Nee, ich war immer unruhig, ich
war immer so 'n bisschen: ›Mensch, und wenn jetzt wieder, dann –
dann gibstes auf, dann haste auch keine Lust mehr‹ oder so.« Körperlich habe sie sich hingegen ausgesprochen wohl gefühlt und sich
auch viel gegönnt: »Ich hab eigentlich des gemacht, was ich sonst
nich' so mir zu[gestehe] – ich hab viel geschlafen, viel gegessen.«
Hier zeigt sich eine große orale Bedürftigkeit, wobei die Schwangerschaft als Schutz vor einem schlechten Gewissen fungieren mag.
Ihre Familie, die sie nach dem dritten Monat informiert habe, habe
sich sehr mit ihr gefreut: »Die war'n alle erleichtert, weil durch diese
Fehlgeburt, das fanden die alles ganz schlimm und – ja das war
dann das Thema, ich hab ganz viel Kusinen, und ich krieg endlich
auch mein Kind.« Das klingt danach, als sehe sie sich in der Rolle
der Benachteiligten, die nun endlich zu ihrem Recht kommt.

Zwei Wochen nach der Amniozentese sei sie mit ihrem Mann
zum Urlaub auf eine Insel aufgebrochen, sie habe damals die Vorstellung gehabt »wenn ich dort auf so 'ner Insel, wenn es wieder so
weit kommt, dann – dann möchte ich auch nich' mehr in 'ne Klinik,
dann mach ich das da und begrab das Kind im Meer, also ich hatte
da so ganz komische Visionen, weil ... diese Fehlgeburt ... das war so
ein blödes Erlebnis, die waren so doof, bis zum Schluss ham 'se mir
nich' geglaubt, dass es jetzt was Schlimmes is'«. Die »Vision«, ihr
Kind im Fall einer Fehlgeburt im Meer zu begraben, hat etwas Un-
heimliches; sie äußert hier eine bemerkenswerte Fantasie, die als
Gipfel der Vermeidung angesehen werden kann – der Vermeidung
des Kontakts zu Menschen, die »doof« zu ihr sein könnten. Die Erfahrung der Fehlgeburt hat sie – zumindest zu diesem Zeitpunkt –
offenbar noch nicht verarbeitet. Andererseits habe sie während des

Urlaubs »keine so große Angst« gehabt und sei mit ihrem Mann auch Motorrad gefahren. Einmal während der Schwangerschaft habe sie »so'n Traueranfall« um ihr erstes Kind gehabt, »aber jetzt zum Beispiel is' alles weg«. Ich habe nicht den Eindruck, dass »weg« auch verarbeitet bedeutet.

Auf meine Frage nach Vorstellungen von ihrem Kind während der Schwangerschaft reagiert Swantje irritiert und erstaunt. Bezüglich des Aussehens habe sie sich an einem Säuglingsbild ihres Mannes orientiert. »Aber sonst, große Vorstellungen, hab ich mir nich' von seinem Aussehen gemacht, oder ... von seiner Art.« Über ihre Vorstellungen vom Leben als Mutter berichtet sie: »Ich wollt das alles ganz toll haben! Perfekt, ich wollte ... schön sein, ich wollte, dass er jeden Tag – ich hab so viele Anziehsachen, er könnte dreimal am Tag – ich hab aber keine Lust dazu! Ich wollte ihn überall rausführen, zeigen, ich wollt total aktiv sein, schlank werden, danach ... viele Freunde hier immer haben, zu Besuch.« Das klingt, als wolle sie sich mit ihrem Kind schmücken und aufwerten; es geht hier primär um sie.

Rückblickend sei sie »blauäugig« an die Mutterschaft herangegangen: »Ich hab auch keine Babybücher vorher gelesen, weil ich dachte: ›Mensch, das kriegste schon selber hin.‹« An Belastungen wie nächtliches Aufstehen habe sie nicht gedacht. Sie habe einen Geburtsvorbereitungskurs besucht und die Kursleiterin habe darauf hingewiesen, dass nach der Geburt der »Berg« für die Eltern erst beginnen werde. »Jetzt im Nachhinein scheint das alles zu stimmen«; offenbar hat sie diese Information nicht ernst genommen. Andererseits bemängelt sie, dass ihr niemand vorher gesagt habe: »Dass es so extrem schwierig is', mit Kind.« Mit ihrer Mutter habe sie wenig über das zukünftige Leben mit dem Baby gesprochen, was sie mit der Vermutung begründet: »Bei ihr war's sehr schwierig, deswegen hat 'se vielleicht auch nich' gerne drüber gesprochen.«

Gegen Ende der Schwangerschaft sei es körperlich für sie sehr beschwerlich geworden. »Der war ja übertragen, zehn Tage, und irgendwie, mir war's recht, ich wollt' eigentlich noch gar nich.« Offenbar wollte sie ihr Kind noch nicht hergeben und hatte auch Angst vor der Geburt: »Die Geburt hatt ich noch keine Lust, und ihm, ihm hat's wohl auch gefallen« – auch, denn vor allen Dingen

hat die Schwangerschaft wohl ihr selbst gefallen. Eine Auseinandersetzung mit der Entbindung und ihren Ängsten davor hat sie vermieden: »Na eigentlich hab ich mir auch nicht so richtige Gedanken gemacht ... Ich hab immer gehofft, mit der PDA, das – das wollt
ich mir unbedingt legen lassen, da wird's dann nich' so schlimm
und so, des hab ich mir gedacht. Aber wie des jetzt wird und ... wie's
genau abläuft, das hab ich mir – wollt ich mir auch gar nich' vorstellen, das war auch 'ne schlimme Geburt, dann!« Das klingt nach einer »self-fulfilling prophecy«.

Geburtserlebnis

Swantjes Bericht legt nahe, dass sie der Geburt gern ausgewichen
wäre: »Das war – ich hab' mir das auch sehr anstrengend vorgestellt!
Und weil es war – es war so richtig schön gemütlich mit uns, er war
bei mir, ich wusste, es geht ihm da gut und na ja und irgendwann
ging's dann doch los.« Die symbiotische Gemütlichkeit aufzugeben
entsprach nicht ihren Bedürfnissen. Die Anstrengungen einer Geburt wollte sie sich eher nicht zumuten.

Sie habe am Tag des Geburtsbeginns überhaupt kein Gefühl
dafür gehabt, dass es losging, und sei mit ihrem Mann, der noch ein
Festessen zubereitet habe, einkaufen gegangen. In der Nacht sei sie
durch den Blasensprung geweckt worden und habe sich zwei Stunden später mit ihrem Partner ins Krankenhaus begeben. Etwas
ungehalten berichtet sie von den Aufnahmeuntersuchungen. Sie
habe »zum Wohle des Kindes« nicht mehr umhergehen können, da
die kindlichen Herztöne ständig abgehört worden seien. Zudem
habe sich das Köpfchen nicht günstig im Becken eingestellt, so dass
sie sich alle zehn Minuten von einer Seite auf die andere habe drehen müssen. »Und das war dann 'ne ziemliche Tortur, die Schmerzen wurden immer schlimmer, und dann hab ich die PDA verlangt,
kam auch nach 'ner Stunde, dann wurd's etwas besser, aber des muss
halt immer wieder nachgespritzt werden, ständig und na ja und des
ging Stunden und Stunden, und irgendwann ließ diese PDA dann
nach, und dann fingen die an, zu sagen, dass ich jetzt auch mal pressen soll, und das war dann 'ne ewige Sache, mit dem Pressen und 's
ging nich' und Schmerzen hatt ich furchtbare.« Ihr Bericht ist eine

einzige Klage, die Geburt erlebt sie offenbar als eine regelrechte
Zumutung; so stört es sie, dass das schmerzstillende Medikament
nachgespritzt werden muss. Vieles wird ihr angeboten: Aber es hilft
ja doch alles nichts. Sie habe dann einfach keine Kraft mehr gehabt.
Die *Pudendusanästhesie*, die zusätzlich zur PDA injiziert worden
sei, habe nichts genützt, sondern »nur wehgetan«. Offensichtlich
wegen drohenden Sauerstoffmangels des Kindes sei die Geburt
dann mit Hilfe einer Saugglocke beendet worden. Der Mutterku-
chen habe sich nicht von allein gelöst, sondern sei, zumal sie viel
Blut verloren habe, »rausoperiert« worden: »Dann kamen noch die
Anästhesisten und dann ham die an mir rumgefummelt und ach ja!
Das war also wirklich scheußlich! Ich war fertig, mein Mann war
fertig und dieses Glücksgefühl, was man da angeblich haben soll,
wenn's Kind auf'm Bauch liegt, das hab ich auch so in der Art nich'
verspürt.« Nach der Geburt habe sie ihr Baby gleich bekommen,
während der OP sei es beim Vater gewesen. »Ich war fix und fertig,
und ja am liebsten hätt ich einfach nur ganz viele Schmerzmittel
gehabt und geschlafen, aber 's ging ja nich', man musste ja weiter,
man musste dann natürlich stillen, und dann kam er oben auf die
Station und ewige Untersuchungen, na ja.« Eine tiefe Sehnsucht,
ihrer Situation entfliehen zu können, ist hier unüberhörbar. Auch
das Stillen des Babys erlebt sie, wie die Geburt, als Zumutung.
Insgesamt habe die Geburt fünfzehn Stunden gedauert.

Über die Betreuung im Kreißsaal berichtet Swantje, dass die Ärzte »o. k.« gewesen seien; insbesondere die Anästhesisten beschreibt
sie als »total nett«. Mit den Hebammen sei es schwieriger gewesen;
nachdem sie zunächst von einer »wahnsinnig netten« Frau um-
sorgt worden sei, sei dann »so 'n Besen« zur Ablösung erschienen:
»Ha, sie konnt mich halt nich' leiden und ich sie nich'!« Sie beschreibt es als unangenehm, dass ausgerechnet die als unfreundlich
erlebte Hebamme bei der Geburt dabei war und sie danach zum
Waschen habe »hochhieven« müssen, sie habe Angst gehabt, dass
sie zu schwer sein könnte. Über die Begleitung ihres Mannes äußert
sie sich neutral; es bleibt offen, ob und inwieweit er als Unterstützung erlebt wurde. Nach der Geburt habe sie ihn gebeten, bis zur
Verlegung auf die Wochenstation bei ihr zu bleiben. Sie bringt in
diesem Zusammenhang eine negative Erwartungshaltung zum
Ausdruck: »Weil wer weiß, was da wieder für Leute sind.«

Rückblickend habe sie kaum Vorstellungen, was man schwangeren Frauen als Tip für die Geburt mitgeben könnte. Einerseits sollten sich die Frauen ruhig auch in Geburtshäusern umsehen
(Swantje selbst habe vor einer Hausgeburt viel zu große Angst gehabt), andererseits würde sie dringend die PDA empfehlen, die dort
in der Regel nicht angeboten wird. Einer Freundin würde sie zum
Thema Geburt sagen, »dass se sich nich' so viel Tolles vorstellen soll,
von der Geburt und was danach kommt, also das alles etwas realis-
tischer angeh'n«. Das klingt bitter enttäuscht. Die Realität ist nicht
»toll«; sie ist offenbar ganz anders, als Swantje sie sich vorgestellt
hat.

Erleben der Depression

Nach der Geburt sei Swantje noch sieben bis acht Tage im Krankenhaus geblieben. Am zweiten Tag habe sie bereits unter einer
»furchtbare[n] Depression« gelitten. Zu diesem Zeitpunkt habe sie
jedoch gehofft, dass es sich um den sogenannten Babyblues handle,
den viele Frauen etwa drei Tage nach der Geburt erleben. Der Aufenthalt auf der Wochenstation habe sich nicht unproblematisch gestaltet: »Aber ich hab dann das Zimmer gewechselt, weil ich mit der
Nachbarin auch nicht auskam, mitten in der Nacht mal, und bin in
ein neues Zimmer, das ich – ich mochte dieses alte Zimmer so
gerne, im neuen Zimmer war ich dann so unglücklich – das lag
natürlich nich' am Zimmer, aber [ein Wort unverständlich] war
scheußlich, und diese eine Frau, die hatte so viel Blumensträuße, ...
also wenn Sie sich vorstellen, der ganze Tisch war voller – ich kam
mir vor, wie eigentlich in 'nem Grab, so [ein Wort unverständlich]
Grabhöhle, scheußlich! – Na ja – Und da hab ich auch gemerkt, dass
ich fix und fertig bin und hoffnungslos überfordert, mit allem: mit
Wickeln, mit Stillen und mit Schmerzen ... die einzigen Highlights
war 'n dann immer, wenn mein Mann kam, ab und zu. Aber – und
ich hab mich überhaupt nich' auf zu Hause gefreut, aber ich wollte
trotzdem unbedingt da raus.« Letzteres begründet sie mit ihrem
Ärger über »dies Personal«; so habe man ihr zum Beispiel ein
schlechtes Gewissen gemacht, wenn sie das Baby im Kinderzimmer
habe abgeben wollen, was sie dann trotzdem für eine Nacht getan

habe (zusätzlich zur ersten, nach der Geburt, da sei er sowieso bei
den Schwestern gewesen, was sie sehr begrüßt habe). Der Streit mit
der Zimmernachbarin, das »Geschwätz« der Freunde, »dies Personal« auf der Wochenstation: Hier zeigen sich viele Beziehungsprob-
leme, wobei sie die Ursachen wohl eher bei den als unzureichend
beschriebenen anderen sucht. Swantje kann eigene Bedürfnisse
durchsetzen: Sie fordert ein anderes Zimmer ein. Dies ist jedoch
nicht so schön wie das alte, das sie so mochte. Eine tief sitzende
Unzufriedenheit wird hier sichtbar.

Die Umstellung auf das Leben zu Hause sei dadurch erschwert
worden, dass ihr Partner sich um nichts kümmere. Da sie damit
schon gerechnet habe, habe sie sich ursprünglich vorgenommen,
zehn Tage oder länger[23] in der Klinik zu bleiben. Zu Hause angekommen habe sie mit ihrem Mann erst mal einkaufen müssen. Die
Wohnung sei ihr ganz fremd vorgekommen: »Ich hab gedacht: ›Ich
war noch nie hier!‹ ... und dann war man da, allein mit dem Baby
und – keine Ahnung von nix.«

Bei einem Telefonat am Tag nach dem Interview fügte Swantje
hinzu, dass sie in der ersten Zeit nach der Geburt unter »schreckli-
chen Verlustängsten« (auf ihren Partner und ihr Kind bezogen) gelitten habe. Als ihr Mann etwa drei Wochen nach der Geburt ins
Ausland gereist sei, um einen Kongress zu besuchen, habe sie gemerkt: »Ich bin in einem so tiefen Loch, ich bin so unglücklich, dass
ich aus'm Fenster mich stürzen will, ich muss mir fremde Hilfe ho-
len!« Aus dieser Zeit gebe es Bilder von ihr: »Schlimm! Sieht aus, als
wär einer gestorben!« Ihre Mutter sei dann zur Unterstützung
angereist. Ihre nachbetreuende Hebamme – die sie beinahe zu erwähnen vergaß – habe sich um eine auf Wochenbettdepressionen
spezialisierte Ärztin gekümmert und sei beim ersten Gespräch
dabei gewesen. Das Verständnis der Ärztin habe ihr sehr geholfen.
Auch die Aussicht, für einige Zeit mit ihrem Kind in eine Klinik
gehen zu können, wenn sie es brauche, habe sie beruhigt. Eine
Behandlung mit Antidepressiva habe sie abgelehnt. Ihre Ärztin
habe sie zunächst etwa wöchentlich zum Gespräch aufgesucht,

---

[23] Einen so ausgedehnten Aufenthalt auf der Wochenstation übernehmen
die Krankenkassen nicht ohne medizinischen Grund; dies wusste sie
vermutlich nicht.

inzwischen sei sie der Meinung, es nicht mehr so zu brauchen, und habe die Abstände auf alle zwei bis drei Wochen vergrößert. Ihr Partner zeige wenig Verständnis für sie und ihre Situation. So habe er noch während der Zeit, in der es ihr sehr schlecht ging, seine Tochter aus erster Ehe eingeladen, was zwar schon seit längerem abgesprochen gewesen sei, jedoch dann eine Überforderung für sie bedeutet habe. Auch die Familie und ihre Freundinnen schildert sie als verständnislos, sie höre sogar Vorwürfe: »Und alle ham auch immer gesagt, sei mal nich' undankbar!'« Vermutlich ist sie dadurch in eine Art Rechtfertigungszwang für ihre Befindlichkeit geraten: »Ich mein, ich war natürlich glücklich, über das Kind und dass es gesund is' und dass er da is', und aber ich war so in meiner Rolle oder in meinem Leben nich' glücklich.« Als ein guter Freund von ihr gefragt habe, ob sie denn nicht glücklich sei, habe sie geantwortet: »Ich kann ja auch nich' äh jetzt mein Leben lang nur glücklich sein! Das gibt's ja gar nich', jeden Tag, bloß weil ich 'n Kind hab.« Diese Antwort hat einen deutlich trotzigen Unterton. Es sei ihr sogar gesagt worden: »›Stell dir vor, es passiert dem Kind was, und dann – ... dann weißte, was Unglück bedeutet!‹«; eine Bemerkung, die in der Tat an Lieblosigkeit und Verständnislosigkeit kaum zu überbieten ist. Dabei komme sie sich sowieso schon undankbar vor und leide unter Schuldgefühlen. Nachdem sie zunächst allen im Familien- und Bekanntenkreis von der Depression erzählt habe, ziehe sie sich nun zurück: »'S kommt nich' gut an! Zu viel Ehrlichkeit!« Das fehlende Verständnis ihres Umfelds habe den Wunsch aufkommen lassen, andere Frauen, die unter Depressionen nach der Geburt leiden, kennen zu lernen; jedoch habe sie keinen Elan, neue Kontakte zu knüpfen. Sie leide unter Antriebsschwäche und Lustlosigkeit. Zu den verständnislosen Menschen zählt sie auch den Kinderarzt und ihren Gynäkologen wie auch seine ihn vertretende Frau: »Der hab ich das erzählt, aber das wusst ich schon vorher, dass das nichts bringt, der das zu erzählen, da meinte sie: ›Ja, das kann passieren und Hormonumstellung und‹ – ja ja, klar, da – aber: Das war mir klar, dass da keine Hilfe kommt!« Auch diese Bemerkung spricht von einer Negativerwartung.

Swantje äußert die Vermutung, dass es nichtdepressiven Müttern von Neugeborenen ganz anders gehe als depressiven: »Die kommen mit dem ganzen Tagesablauf, mit den Überforderungen und

so zurecht! Und die depressiven nich', die fallen in ein Loch!« Hier
zeigt sie eine dichotomisierende Sichtweise, wie auch in der folgenden Bemerkung:»Und die stecken des auch weg, die andern Mütter,
glaub ich, wenn 'se eben nachts nich' durchschlafen können, für die
is' es kein Drama! ... Die sind auch gelassen, also so komm' 'se mir
irgendwie vor, ... oder sie sehen einfach anders aus.« Für sie hingegen sei, angefangen vom Einkaufen mit Kinderwagen, alles sehr
kompliziert. Ein Kinderarztbesuch bringe sie unter Stress:»dass ich
'n guten Eindruck mach, er perfekt aussieht und so irgendwie«. Damit zeigt sie sich als sehr abhängig von der Zustimmung durch andere.

Als große Belastung schildert sie es,»nur alleine zu sein, mit dem
Kind und die ganze Verantwortung den ganzen Tag und auch noch
abends, ich mein, so viel machen 'se ja dann doch nich', wenn 'se
heim kommen, die Männer«. Besonders schlimm sei »diese totale
Abhängigkeit vom Kind, dass man keine freie Minute mehr für sich
hat! ... also er is' ja immer da! ... Ja dieses Gefangensein, manchmal
sogar«; offenbar hat sie sich unter einem Leben mit Kind etwas
ganz anderes vorgestellt. Ihr Erschrecken darüber, dass ihr Kind
immer da ist, zeigt, dass es ihr nicht leicht fällt, sich auf ein abhängi-
ges Wesen einzustellen, sie scheint dies als Zumutung zu empfinden. Die Nähe des Kindes im Bauch war schön und gemütlich, als
sichtbares Gegenüber ist es eine Last. Mit Halberstadt-Freud (1993)
könnte man sagen: die »Illusion der Symbiose« bricht zusammen
(vgl. S. 61).

Swantje schildert es als ausgesprochen schwer, einfach abzu-
schalten. Sie habe sich immer große Sorgen gemacht, als Mutter etwas falsch zu machen, außerdem sei es ihr sehr wichtig, »dass er
auch nichts spürt, von all dem«. Auf meine Frage, was ihr dabei helfen könnte, ihre Stimmungslage zu verbessern, antwortete sie:»Ja,
das überleg ich auch schon die ganze Zeit, das is' ja des, wenn ich
das wüsste, da hätt ich ja keine Probleme mehr! – Die Zeit vielleicht,
vielleicht meine Einstellung, zum Leben, ich mein, es is' ja auch besser geworden, vielleicht muss ich einfach Geduld haben. – Ich weiß
es wirklich nich'. – Vielleicht wenn ich in einer Stadt leben würde,
wo Freunde und Familie wohnen. Da würd's mir bestimmt gleich
anders geh'n. – Aber es is' halt nich' so.« Unter ihrer Isolation leide
sie mit am meisten. Dabei kommt deutlich eine externe Kontroll-

überzeugung zum Ausdruck; sie glaubt, an ihrer Einsamkeit nichts
ändern zu können, und wirkt resigniert. Sie äußert hier primär ein
Wunschdenken.

Inzwischen mache sie sich Gedanken: »ob ... das ein Auslöser gewesen is', die Geburt, oder ob ich vorher schon depressiv war ... das
muss ich mir noch überlegen, vielleicht war ja mein Leben vorher
schon so sinnentleert!« Psychotherapeutische Hilfe habe sie früher
noch nicht in Anspruch genommen: »Des – ich hatte nich' des Gefühl, dass ich's bräuchte, aber wahrscheinlich wär's gut gewesen!
Das wär gut gewesen nach der Fehlgeburt, es wär gut gewesen, um
mal 'ne Richtung in meinem Beruf oder Nicht-Beruf zu finden, –
aber das hab ich halt verpasst!« Diese Bemerkung wirkt resigniert.
Aber auch jetzt macht sie keine Schritte hin zu einer Psychotherapie, im Gegenteil: Nachdem sie von ihren – auf eigenen Wunsch hin
– selteneren Besuchen bei ihrer Ärztin berichtet, fügt sie hinzu, wie
wichtig es sei, die Depression als eine Krankheit anzusehen, von der
man eben nicht wissen könne, wann sie aufhört. Auch die anderen
sollten sie als Krankheit akzeptieren, womit sie von ihrer eigenen
Verantwortung ablenkt. Sie sieht gute Gründe für eine Psychotherapie, was jedoch nur Bedauern zur Folge hat, etwas Wichtiges verpasst zu haben. Das hört sich fast schicksalsergeben an; sie selbst
kann eben nichts tun.

Beziehung zum Kind

Swantjes aktueller Tagesablauf sei komplett vom Baby bestimmt.
Das Stillen, das anfangs »ganz schlimm« für sie gewesen sei, und
das Wickeln beanspruchten sehr viel Zeit. Am Abend werde ihr vier
Monate alter Sohn mit der Flasche gefüttert, damit er länger schläft,
»weil das war mir zu stressig«, seitdem schlafe er durch. Die Abend-
mahlzeit bekomme er von seinem Vater; sie sei froh, ihn am Abend
mal abgeben zu können. Es sei eine große Last für sie, die Verantwortung den ganzen Tag allein tragen zu müssen und immer mit
ihrem Kind allein zu sein: »Ja so 'n Tagesablauf is' unheimlich – 's is'
eigentlich sehr eintönig und langweilig! Also 's is' immer des gleiche, ich ... beschäftige mich nur mit ihm, den ganzen Tag, ich mach
nich' viel anderes! Und wenn er mir mal 'n bisschen Zeit lässt, dann

mach ich den Haushalt nebenher ...« Diese Schilderung hat etwas Freudloses. Das Kind wirkt beinahe wie ein Störenfried, der seiner Mutter kaum Zeit lässt. Das sei auch die Hauptveränderung zu ihrem Leben vorher: »Dass ich eben nichts mehr ohne ihn machen kann! Gar keine freie Minute mehr für mich habe. Außer wenn er schläft, aber da muss man ja auch immer – drauf aufpassen, dass er gleich aufwacht ... man kann überhaupt nicht mehr abschalten oder so den Tag für sich planen, was man halt, wozu man Lust hat, auch Nichtstun, das geht auch alles nich'! – Das is' die Hauptveränderung – dass immer jemand bei einem is', fast immer – ja auch das braucht.« So angenehm die Zeit mit dem Kind im Bauch war, so schwierig ist es jetzt; sogar auf den Schlaf muss sie aufpassen, durch Pläne kann sie ihr Leben auch nicht mehr kontrollieren, ein Leben, mit dem sie zutiefst unzufrieden ist: »Wenn er nich' da wär' – dann würd ich anders leben.« Eine bemerkenswerte Äußerung, die sich wie eine Schuldzuweisung anhört. Zu ihrer momentanen Stimmungslage trage »diese totale Abhängigkeit vom Kind« am meisten bei. Hinzu komme die Angst, etwas mit ihm falsch machen zu können oder ihn durch die Depression zu belasten: »Und ich hab immer noch große Angst, dass ihm was passiert, dass ich was falsch mache mit ihm, dass ich, ja ich hab sogar Angst, wenn er größer wird, wo kauf' ich jetzt die neuen Kleider und ... solche Geschichten.« Die zuletzt genannte Angst wirkt wenig realitätsbezogen, so dass sich die Frage stellt, was sich dahinter verbirgt.

Sie habe sich eine Tochter gewünscht: »... mit Töchtern, da weiß ich ... was denen gefällt, mit was 'se gerne spielen und so«, das spricht für den Wunsch, sich mit dem Kind identifizieren, sich in ihm wiederfinden zu können ... oder sich überhaupt erst zu finden? Zudem mag hier ein Hang zum Vertrauten und die Angst vor dem Neuen, Unbekannten mitschwingen.

Während der Geburt habe sie »gar keine Angst, eigentlich um mein Kind« empfunden, sie habe sich auf die Schmerzen konzentriert. Häufig spricht sie zum Beispiel davon, dass »das Kind« noch nicht tief genug im Becken gewesen sei oder dass »das Kind« sich noch habe drehen müssen, eine Formulierung, die etwas distanziert anmutet. Nach der Geburt habe sie kein Glücksgefühl empfunden: »Der wurde mir äh sofort auf'n Bauch gelegt, und dann hab ich ihn so geseh'n – dacht ich erst: ›Der sieht aus wie mein Vater!‹« Die Beziehung zu ihrem Vater kam nicht direkt zur Sprache, jedoch Familienprobleme, die darauf hindeuten, dass diese Beziehung belastet ist.

In der ersten Zeit habe sie Stillprobleme gehabt; es sei ihr schwer gefallen, zu erkennen, ob ihr Kind Hunger habe oder nicht. In diesem Zusammenhang schildert sie Ärger über Ratschläge ihres Umfelds: »Man muss es dann doch selber rauskriegen, wie's am besten läuft, und am schlimmsten sind ja die Ratgeber, meine Mutter oder ... dann die anderen: ›Ha ja, er hat Hunger, er hat Hunger!‹ Immer wenn er schreit, hat er angeblich Hunger, ich find des furchtbar!« An anderer Stelle berichtet sie: »Am Anfang hat er viel geschrien, da hatte er Hunger, und das wussten wir nich'!« Auf meine Frage, wie sie ihr Baby erlebe, reagierte Swantje sehr irritiert: »Wie meinen Sie des jetzt?« Dann schildert sie ihn als freundliches Kind, das jedoch auch wütend werden könne: »Er is' jetzt halt gewohnt, absolut von mir die totale Aufmerksamkeit zu bekommen. Is' vielleicht auch nich' gut! Weil ich eben auch ganz alleine bin! ... Und auch wenn er schreit, immer bin ich gleich da! – Ah' ich find ihn total süß! Echt also ganz schön und alles, also bin richtig stolz auf ihn. – Ja, ich will, dass es ihm gut geht.« Während dieser Schilderungen scheint die Stimmung umzuschlagen: zuerst dieser große Ärger darüber, ihrem vier Monate alten Kind so viel Aufmerksamkeit geben zu müssen, dann eine Pause [von acht Sekunden], der ein harmonisierendes »süß« folgt, das womöglich Ärger und Aggressionen, die am Klang ihrer Stimme spürbar wurden, schnell wieder zudecken soll.

Zu ihren therapeutischen Gesprächen nehme sie ihn immer mit. Von ihrer Ärztin berichtet sie: »Also zum Glück behauptet sie, dass er, dass er sich wohl fühlt und dass ich das geschafft habe, ihn so weit wie möglich rauszuhalten, aus dem allen! Da bin ich sehr stolz drauf!« Sie sei sehr froh, dass Björn nie ein ausgesprochenes Schreikind gewesen sei: »Also des wär schlimm! Des noch in meiner Situation, also ...«

Über ihren Kontakt zum Kinderarzt berichtet sie: »Also demnach auch wieder einer, der null Verständnis hat, und das is' schließlich der Kinderarzt, den ich jetzt oft sehen werde! – Deswegen geh ich auch gar nich' so gern hin! Ich hab eigentlich gehofft, dass ich so 'n Kinderarzt hab, mit dem ich auch mal reden kann ...

Ich glaub, der fand das irgendwie unglaublich, dass ich – ja der
denkt wohl an das Kind, dass das Kind furchtbar darunter leidet,
oder so deswegen, ich weiß es nich.« Hier wird für mein Empfinden eine intensiv erlebte Konkurrenz zwischen mütterlichen und
kindlichen Bedürfnissen deutlich. Sie erzählt weiter über diesen
Kontakt: »Also ich kam mir so richtig anrüchig vor, als ob ich was
ganz Schlimmes mit meinem Kind getan hätte!« Vor einem Besuch
beim Kinderarzt sei sie »so gestresst … Dass ich auch will, dass ich 'n
guten Eindruck mach, er perfekt aussieht und so irgendwie, …« Sie
sieht ein großes Problem in Anforderungen, die von der Gesellschaft an Mütter gerichtet werden: »Na ja, man darf halt den Anspruch nich' haben, dass es die glückliche Mutter gibt, auch die Gesellschaft nich.« Womit sie wieder von sich selbst wegweist.

In der Interaktion mit ihrem Sohn habe ich Swantje als zugewandt und fürsorglich erlebt. Während der gemeinsamen Zeit hat
sie ihn einmal gestillt. Dabei hat das Baby, wie es viele Babys tun,
sein Händchen auf die Brust der Mutter legen wollen. Sie schob die
Hand sofort weg und tat dies, sooft er sie wieder berühren wollte,
immer wieder bis zum Ende der Stillmahlzeit. Als Björn in der
Wippe lag und mit den Händen in alterstypischer Weise spielte, indem er sie bewegte und betrachtete, nahm sie seine Hände, um sie
beinahe symmetrisch auf seinen Bauch zu legen. Dies wiederholte
sie in stereotyper Weise; sooft er die Hände hob, um sie zu bewegen,
legte Swantje sie nebeneinander auf seinem Bauch oberhalb eines
sorgfältig zusammengelegten Moltontuchs ab. Im Mund hatte er
einen Schnuller, der, sooft er hinauszurutschen drohte, betont in
den Mund zurückgeschoben wurde. Vermutlich zum gleichen
Zweck hing der Schnuller an einer ihn beschwerenden Stoffwindel.
Mein Eindruck war, dass das gesamte Arrangement jede Lebensäu-
ßerung des Kindes (Bewegungen, Lautäußerungen) zumindest
stark kontrolliert und zum Teil auch unterbunden hat. Er wirkte auf
mich sehr ruhig und in seiner Mimik beinahe zurückgenommen.
Die geschilderten Beobachtungen erscheinen mir erwähnenswert,
insbesondere da Swantje berichtet, »nie so 'n Näheverhältnis, auch
'n körperliches Näheverhältnis« zu ihren Eltern gehabt zu haben,
was sie sich für die Beziehung zu ihrem Kind anders wünsche:
»Und ich wollte das bei meinem Kind eben nich', dass er nich' zu
mir – mit mir schmust und ich nich' mit ihm.«

Partnerschaft

Die Zeit, in der sie ihren Mann kennen gelernt hat, bezeichnet Swantje als die beste ihres Lebens. Sie habe ihn häufig an seinem damals weit entfernten Wohnort besucht, was immer sehr schön gewesen sei. Für ihn war es das Jahr der Scheidung seiner ersten Ehe. Ins darauf folgende Jahr fällt Swantjes Fehlgeburt und ihre Feststellung, seit zehn Jahren Dinge zu tun, die sie »eigentlich überhaupt nich' will«. Bevor sie nach ihrer Weiterbildung hätte arbeiten können, sei sie geplant schwanger geworden. Sie berichtet: »Ja eigentlich war das immer mein Wunsch, Hausfrau und Kind und – es scheint ja doch nich' so zu klappen.« Die Partnerschaft baut sie also in einer Zeit großer Unzufriedenheit und beruflicher Orientierungslosigkeit auf, in der ein Leben als Hausfrau und Mutter wie eine Rettung erscheinen kann; ihre Bemerkung, dieser Weg sei schon immer ihr Wunsch gewesen, wirkt auf mich nicht wirklich überzeugend.

In der Anfangsphase hätten weder sie noch ihr Mann euphorisch auf die Schwangerschaft reagiert, sondern weitergelebt wie bisher. Hinsichtlich ihrer Vorstellungen vom Baby habe sie sich an Säuglingsbildern ihres Partners orientiert: Er scheint hier sehr positiv besetzt zu sein. Es stellt sich die Frage, warum sie sich nicht auch an eigene Säuglingsbilder gehalten hat.

Die Besuche ihres Mannes auf der Wochenstation seien die einzigen »Highlights« während der Tage im Krankenhaus gewesen. Sehr enttäuscht schildert sie bei ihm einen Mangel an Fürsorge und Umsicht bei ihrer Entlassung aus dem Krankenhaus: »Und ich dachte, es is' besser, ich lass mich da betreuen, ... als dass ich nach Hause komme. Ich wusste, was mich hier erwartet: das Chaos, weil mein Mann leider da nicht für Ordnung sorgt, und ich wollt mir das noch so 'n bisschen ersparen!« Als er etwa drei Wochen nach Björns Geburt für zwei Wochen zu einem Kongress ins Ausland verreist sei, habe sie bemerkt, dass sie Hilfe brauche, da sie sich wie in einem »tiefen Loch« gefühlt habe. Ihren auf Partner und Kind bezogenen Verlustängsten kommt dabei neben den alltäglichen Belastungen des Lebens mit einem Neugeborenen sicherlich große Bedeutung zu. Um die Reise ihres Mannes habe es »viel Streit« gegeben. Etwaige Absprachen im Vorfeld werden nicht erwähnt. Sie

habe dann ihre Mutter trotz »große[r] Bedenken« um Unterstützung gebeten: »Ich hab gemerkt, es geht gar nich', also entweder, es
kommt jemand und hilft mir, oder ich weis' mich selber in die Klinik ein! Oder aber, ich mach so viel Terror, dass mein Mann doch
dableibt. Aber da hab ich mir gedacht, das werd ich dann ein Leben
lang auch von ihm vorgehalten bekommen, das wollt ich dann
nich'! – Da fing ja, der Stress ging ja dann weiter, dann hat er noch
seine Tochter aus erster Ehe an Ostern [d. h. ca. fünf Wochen nach
der Geburt] hergeholt, zwei Wochen, und ich war aber schon mit
ihm überfordert, mit dem Haushalt, und dann dacht ich: ›Nee, jetzt
auch noch sie zwei Wochen!‹ Und sie is' zwölf und sie hat auch ihre
Ansprüche und ... es war das schlimmste Ostern, was ich je erlebt
habe; mein Mann fand's toll, das is' irgendwie so absurd! – Der wollte das gar nich' seh'n, dass es schrecklich war.« Hier tut sich eine
tiefe Kluft zwischen Swantje und ihrem Mann auf; sie erleben die
geschilderte Situation geradezu entgegengesetzt und wirken dabei
nicht wirklich aufeinander bezogen. Sie fühlt sich offenbar von ihm
verraten und in einer tiefen Krise allein gelassen. Sie habe ihrem
Partner den Besuch seiner Tochter nicht abschlagen wollen, da er
schon seit einem Jahr geplant worden sei, die Tochter relativ weit
entfernt wohne und beide sich sehr darauf gefreut hätten. Die Beziehung ihres Mannes zu seiner Tochter ist möglicherweise für sie
nicht ganz unproblematisch; es mag Eifersucht durchklingen, wenn
sie berichtet, dass sie mit ihren Eltern nicht so ein »Näheverhältnis«
habe und sich nicht so trösten lassen könne: »... ja wie andere das
wohl machen, also ich mein, mein Mann und seine Tochter zum
Beispiel.« Auch in der Beziehung zum Kinderarzt kommt das Thema Konkurrenz und Eifersucht auf: »Der hat sich hauptsächlich für
meinen Mann ... interessiert ... der hat sich eigentlich weniger – na
ja, also 's war auch wieder ein Flop, ich hab immer solche Reinfälle!«
    Für die Zeit nach der Geburt solle man werdende Eltern darauf
vorbereiten, »dass auch die Partnerschaft sich total verändert. Dass
nichts so mehr is', wie's war, und dass man nie wieder alleine is' und
dass man sich darüber klar werden muss, dass Konflikte, die man
davor hatte, noch extremer werden«. Es gab also schon vor der Geburt Eheprobleme. Swantje betont, dass »die Männer« sich sehr viel
mehr an der Pflege und Erziehung ihrer Kinder beteiligen müssten.
Sie sollten sich mehr Zeit für die Familie nehmen und sich nicht

hinter ihrer Berufstätigkeit verstecken. »Weil das is' für 'ne Mutter wirklich extrem, nur alleine zu sein, mit dem Kind und die ganze Verantwortung den ganzen Tag.« Ihre Isolation stelle ein großes Problem für sie dar. An anderer Stelle äußert sie Unmut darüber, dass ihr Partner gern öfter Besuch hätte. Seit der Geburt ihres Kindes sei die Ehe sehr schwierig; hinsichtlich ihrer Erkrankung zeige ihr Mann weder Verständnis noch Rücksichtnahme.

Meine Anfrage, ob ihr Partner schon einmal an den Gesprächen mit ihrer Ärztin teilgenommen habe, bejaht sie lachend. Als ich mich nach dem Grund für ihr Lachen erkundige, erläutert sie: »Ja, weil's irgendwie nichts bringt, ich meine, es is' schon toll, dass er die Bereitschaft hat, und wir wollten eigentlich auch 'ne Paartherapie machen – und sie hat uns auch dazu geraten, denn – des is' wohl, also die Ehe is' nich' so gut.«. Zur Paartherapie sei es aber noch nicht gekommen; »Wir sind beide zu faul, da irgendwas zu tun, das is' es.« Ihre Situation würde sich schon entscheidend verbessern, »... wenn mein Mann mehr Zeit für mich hätte! Aber das is' auch Utopie, also der arbeitet, also der wird Karriere machen und irgendwie ärgert mich des, ich meine, er macht Karriere, und was mach' ich?! – Und noch dazu is' des ja gar nich', ich hab manchmal das Gefühl, er erkennt das ja gar nicht so an, was ich hier tue, sondern meint auch noch, ich sollte nebenher arbeiten – als ob ich Zeit hätte, nebenher arbeiten.« Sie erzählt über ihre Partnerschaft: »Wir reden da zwar immer, was mer alles verbessern können, aber letztendlich findet davon so gut wie nichts statt.« Hier zeigen sich beide Partner als wenig beweglich und als wenig an Veränderungen interessiert: dass die »Faulheit« dabei das Problem ist, erscheint mir schwer vorstellbar.

Beziehung zur Mutter

»Ich bespreche sowieso so psychologische Sachen mit meiner Mutter nich'!« So begründet Swantje, dass sie sich während der Schwangerschaft nicht mit Fragen an sie gewandt habe. Zudem berichtet sie, dass ihre Mutter »auch wenig zu erzählen« habe; das Thema sei wohl »zu weit weg für sie« gewesen: »Nee, also wir ham jetzt nich' über wie's bei ihr war, also sie, bei ihr war's sehr schwierig, deswegen

hat 'se vielleicht auch nich' gerne drüber gesprochen. ... Die Geburt
war schwierig und die Zeit danach, sie musste dann sofort wieder
arbeiten, weil mein Vater hat noch studiert.« Während der ersten
drei Lebensjahre sei sie von mehreren Bezugspersonen betreut
worden. Ihre Gefühle dieser Zeit gegenüber haben sich durch die
Mutterschaft offenbar verändert: »Ich kann mir jetzt irgendwie
vorstellen, wie das war, als ich als Kleinkind nicht von meiner Mutter die ersten drei Jahre großgezogen werden konnte tagsüber, und
ich glaube, dass das auch der Grund is', warum wir jetzt zwar 'n gutes Verhältnis, aber nie so 'n Näheverhältnis, auch 'n körperliches
Näheverhältnis gekriegt haben. Und dass ich im Nachhinein –
mich das sehr aufregt, dass ich so viele Bezugspersonen hatte.«
Hinzu komme, das sie als Neugeborenes wochenlang im Krankenhaus gelegen habe: »Das stell ich mir auch schlimm vor, als Säugling, aber ich weiß es ja selber nich' mehr, nur ich kann mir jetzt
denken, dass es scheußlich war.« Da es noch kein Rooming-in gegeben habe, seien die Bezugspersonen wieder Fremde gewesen. Sie
hat klare Vorsätze, was die Beziehung zu ihrem Kind angeht: »Ich
möchte nich' so, wie ich's mit meinen Eltern – ich hab' zwar 'n tolles
Verhältnis gehabt, oder hab's auch immer noch, 'n tiefes, inniges,
aber so mit Zärtlichkeiten zwischen Eltern und Kind, das hat bei
uns eigentlich nie stattgefunden.« Dabei betont sie: »Es is' auch
nich' unherzlich zwischen meinen Eltern, da kann man – darf man
sich so nich' vorstell'n, aber dass ich jetzt ankomme oder angekommen wär und – mich in ihre Arme gelegt hätte oder so, daran kann
ich mich eigentlich nich' erinnern!« Der Beschreibung dieser Beziehung als tief und innig stehen ihre großen Bedenken gegenüber,
nach der Geburt ihre Mutter um Unterstützung zu bitten, und die
Bemerkung, dass sie »psychologische« Themen mit ihr nicht be-
spricht; insofern wirkt ihre Schilderung der Mutter-Tochter-Beziehung nicht kohärent. Auf meine Nachfrage zu ihren Bedenken, ihre
Mutter um Hilfe zu bitten, antwortet sie eher ausweichend: »Weil
ich nicht glücklich war und auch so, ich konnt mir das irgendwie
nich' vorstellen, wie wir jetzt mit'm Kleinkind, wir beide, ob die mir
dauernd reinredet oder nich.« An anderer Stelle zählt Swantje sie zu
den schlimmsten Ratgebern. Sie räumt jedoch ein, dass sie die tiefe
Krise drei Wochen nach der Geburt ohne die Unterstützung ihrer
Mutter nicht hätte bewältigen können.

Es sei schwer für sie zu beurteilen, ob sich die Beziehung zu ihrer Mutter durch ihre eigene Mutterschaft verändert habe. Die familiären Krisen hätten bereits eine Veränderung bewirkt (die nicht näher beschrieben wird). »Meine Mutter und ich, ich denk – ja verändert? Ich weiß es nich', sie is' halt überglücklich, über ihren Enkel! ... Und des find ich schön für sie, – Aber ich kann's gar nich' sagen, sie hat sich nich' verschlechtert und auch nich' verbessert, so.« »Schön für sie« empfinde ich als sehr distanziert; von einem gemeinsamen Erleben wird hier nicht berichtet.

Selbstbild

Swantje beschreibt sich als Frau mit einem großen Bedürfnis nach Sicherheit und klaren Strukturen: »Wichtig is' für mich, dass ich irgendwie ... ein geregeltes Leben hab, das find ich das Wichtigste, ich ertrag es nich', wenn irgendwas ungeplant is', oder – eben dieses Chaosgefühl, dass die Wohnung zum Beispiel total schmutzig is' oder ich nich' weiß, was am nächsten Tag abläuft und so, das is' für mich unerträglich. ... das war immer schon so, dass ich gern geplant hab, ... ich bin kein spontaner Mensch zum Beispiel!« Beim Frühstück schreibe sie sich auf, was im Lauf des Tages zu erledigen sei. Ungewissheiten beunruhigten sie »absolut«, so würde sie niemals spontan verreisen: »Das bräucht eine Vorbereitungszeit von Wochen!«

Im Moment sei sie sich unsicher, ob sie nicht doch schon vor der Schwangerschaft depressiv gewesen sei und die Geburt nur ein »Auslöser« für die Erkrankung war. Sie habe zwar nie das Gefühl gehabt, therapeutische Hilfe zu benötigen, »aber wahrscheinlich wär's gut gewesen!« Die Depression scheint von ihr als tiefe Beschämung erlebt zu werden. So würde sie sich wünschen, dass mehr Aufklärungsarbeit in der Öffentlichkeit geleistet werden würde. »Dass man nich' mehr so dasteht, als würde man ... was ganz Schlimmes sein!« Im Gespräch mit dem Kinderarzt sei sie sich deswegen sogar »richtig anrüchig« vorgekommen. Mit ihren Gedanken fühle sie sich allein: Sie komme sich »so blöd« vor. Andere postpartal depressive Frauen bezeichnet sie oft als »diese Frauen« – als wolle sie sich von »diesen Frauen« abgrenzen.

Aus ihrem Bericht spricht ein Mangel an Selbstannahme und Selbstwertgefühl: »Ja, wenn ich morgens aufstehe und dann: ›Gott, wie siehst du aus!‹ ... nich' so toll! Und dadurch, dass mich niemand hier kennt, stört es mich nich' so krass.« Die Äußerung fällt im Zusammenhang mit ihrem Wunsch abzunehmen. Sie habe in der Schwangerschaft sehr viel gegessen und gehofft, nach der Geburt schön zu sein und schlank zu werden. Hier stellt sie sich als wenig realistisch dar und zeigt die Tendenz, unangenehme Dinge auf die Zukunft zu verschieben.

Sie sieht sich offenbar als eine Frau an, der wenig Zuwendung entgegengebracht wird; bezüglich ihrer möglichen Tipps für die Geburt einer Freundin vermutet sie: »Es würde auch keinen so interessieren, also ich würde alles erzählen, wenn 'se mich fragen würde!« Ihre Selbstbeschreibung legt weiterhin nahe, dass sie sich schnell in der Opferrolle sieht, etwa wenn sie »immer solche Reinfälle« wie die enttäuschende Begegnung mit dem Kinderarzt beklagt. Immer wieder kommt ihre Einstellung durch, an ihren Lebensumständen selbst nichts ändern zu können.

Ihre weibliche Identität scheint zunächst positiv bewertet zu sein: »Also ich wollte nie ein Junge sein!« Zur Zeit fühle sie sich jedoch »als Frau nich' wohl und – so generell«, eine Bemerkung, die sie nicht weiter ausführt.

Im Zusammenhang mit ihren Schwierigkeiten, beruflich ihren Weg zu finden, sieht sie sich als jemanden, der »gar kein Konzept« hat. An anderer Stelle äußert sie den Wunsch, eine perfekte Hausfrau zu sein. Als das nicht so glücken will wie geplant, bezeichnet sie es als wichtig, dass »auch Männer« einsehen, »dass Frauen einfach auch jetzt nich' mehr so perfekt sind«. Der Verweis auf die anderen erfolgt sehr häufig, womit sie sich als recht abhängig und unselbstständig darstellt.

Die sehnlichst angestrebte Mutterrolle scheint wenig fassbar und reflektiert zu sein: Auf meine Frage nach ihren Erwartungen an sich selbst als Mutter, antwortet sie: »Erwartungen? ... Ja ich will halt nichts falsch machen.« Angesichts dieser Antwort erscheint ihre Identität als Mutter wenig belebt.

Aktuelle Lebenszufriedenheit

Die als Motto gewählte Äußerung fasst Swantjes Befinden gut zusammen: »Ich hab mich wahnsinnig auf ihn gefreut, ja und dann
kam er und dann war's doch irgendwie alles blöd. Also: Is' alles
anders, als man sich das gedacht hat!« Über ihr Leben als Mutter
äußert sie sich sehr enttäuscht. Ihr Alltag sei von Monotonie und
Langeweile geprägt. Sie leide darunter, in einer Stadt ohne Freunde
zu leben. Sie habe sich zwar schon lange mit einer Frau aus der
Nachbarschaft treffen wollen, die auch gerade ein Kind bekommen
habe, finde jedoch keine Zeit dazu. Die Isolation sei so mit das »Ex-
tremste«, »gleichzeitig diese Unlust, äh diese Anstrengung zu unternehmen, jemanden kennen zu lernen, hab ich gar keine Lust, bin
ich gar nich' so scharf drauf!« Hier zeigt sich wieder deutlich ein
Vermeidungsverhalten. Ihr Mann füttere zwar abends das Baby,
widme sich danach jedoch dem Computer. Das Einkaufen bezeichnet sie als ihre »einzige Abwechslung«. Dem Haushalt könne sie
sich nur »oberflächlich« widmen. Früher habe sie viel gelesen, jetzt
habe sie weder Ruhe noch Lust dazu. Sie sei viel weniger aktiv, als
sie es sich vorgenommen habe. Wenn ihr Kind schlafe, lege sie sich
vor Erschöpfung ebenfalls hin. Da die Zeiten seines Mittagsschlafs
unterschiedlich seien, fehle ihr ein klarer Rhythmus. Durch das
Baby fühle sie sich gefangen.

Zu ihren Vorstellungen vom Leben nach der Geburt sagt sie: »Ich
bin da auch ziemlich blauäugig rein«. Ratgeber von außen lehne sie
eher ab: »Man muss es dann doch selber rauskriegen.«

Im Vergleich zu den ersten Wochen nach der Geburt habe sie »...
so 'n bisschen Routine gekriegt, also ich fühl mich nich' mehr ... im
Chaos versunken.« Sie sei zwar gelangweilt, jedoch »immer nur
froh, wenn ... nichts Schlimmes passiert, also er is' ja gesund und
alles, dafür bin ich sehr dankbar.« Sie habe das Gefühl, zur Zeit alles
ganz gut im Griff zu haben. »Was halt sehr mühsam is', is' dieses
Einkaufen mit Kind.« »Sehr unangenehm« sei es, »dass man nich'
zum Arzt kann, ohne Kind«, es sei denn, ihr Mann könne sich um
seinen Sohn kümmern.

Auf meine Frage, was sie gern ändern würde, antwortet Swantje:
»Ja, ich wär gerne glücklich! ... Ich wär' halt gerne glücklich, nich'
immer deprimiert und hätte gerne keine Angst mehr!« Das klingt

sehr nach einem Wunschdenken ohne Eigeninitiative, für die ihr
auch die Kontrollüberzeugung fehlt: »Keine Zukunftsangst, aber
das sind halt Sachen – weiß ich auch nich', wie man das steuern
kann. Dass es anders is'.«

Zusammenfassende Interpretation

Von der telefonischen Kontaktaufnahme an habe ich Swantje als
freundliche und aufgeschlossene Frau erlebt. Ihre Vorgeschichte
legt es nahe, die Depression dem Beispiel Brischs (1999) folgend
unter bindungstheoretischen Aspekten zu betrachten. Sie wurde
quasi von Geburt an während der ersten drei Lebensjahre, die für
den Aufbau und die Bewährung einer sicheren Bindung zentral
sind, tagsüber von verschiedenen Personen betreut. Ihre Gefühle
dazu scheinen sich durch die Mutterschaft geändert zu haben; ihr
Bericht lässt vermuten, dass sich durch die Identifikation mit ihrem
Baby überhaupt zum ersten Mal Gefühle des Verlusts und der Trauer über die allzu frühe Trennung von ihrer Mutter eingestellt haben.
Dafür spricht die nach der Geburt ihres Kindes erlebte Verlustangst. Auch ihr wochenlanger Klinikaufenthalt als Neugeborenes
kann, zumal unter den damaligen Bedingungen (kein Rooming-
in), als Deprivationserfahrung angesehen werden. Es ist nicht
auszuschließen, dass sie unter diesen Umständen keine sichere
Bindung aufgebaut hat, sondern entweder ein Kind mit vermei-
dend-unsicherer oder mit ambivalent-unsicherer Bindung war.
Brisch legt den möglichen Einfluss der Bindungsqualität auf die
Entwicklung innerer Bindungrepräsentationen eindrucksvoll dar;
das Bild, das sich ein Kind von der Natur naher Beziehungen gemacht hat, beeinflusst auch die Gestaltung späterer Bindungen.

In Swantjes Bericht finden sich viele Beispiele von Beziehungs-
problemen, die sowohl kurzfristige, flüchtige (z. B. Zimmernachbarin in der Klinik) als auch dauerhafte Beziehungen wie die zu ihrer
Mutter und ihrem Partner betreffen. In diesem Zusammenhang erscheint es mir wichtig, dass sie die Zeit, in der ihr Mann noch im
Ausland gewohnt hat, als ihre beste Zeit bezeichnet; bei einer Beziehung auf Distanz kommen viele Konflikte erst gar nicht auf. Trotz
ihrer bedrückenden Isolation spricht sie von Unlust, Beziehungen

an ihrem neuen Wohnort (der Umzug fand etwa eineinhalb Jahre vor dem Interviews statt) aufzubauen, ein weiteres Beispiel für vermeidendes Verhalten, das nicht erst mit der postpartalen Depression beginnt. Bereits während der Schwangerschaft wurden offenbar keine Kontakte geknüpft, was angesichts ihres an anderer Stelle geäußerten Wunsches, nach der Geburt viel Besuch zu haben, wenig realitätsbezogen wirkt. Auch ihre häufigen Umzüge sind unter bindungstheoretischen Aspekten bedeutsam. Eine dauerhafte Nähe von Bezugspersonen könnte von ihr als bedrohlich empfunden werden. In ihrem Erleben und Gestalten von Beziehungen wirkt sie auf mich bitter und enttäuscht: Es finden sich häufig abwertende Bemerkungen, etwa über »das übliche Geschwätz« ihrer Freunde und Bekannten. Dabei scheint sie eigene Bedürfnisse zum Teil recht gut durchsetzen zu können, etwa wenn sie wegen eines Streits mit der Zimmernachbarin auf der Wochenstation ein anderes Zimmer einfordert oder von vornherein einen ungewöhnlich langen Aufenthalt in der Klinik einplant.

Vermeidung kann auch als das Problem ihrer beruflichen Entwicklung angesehen werden. Ihre beiden Schwangerschaften und ihre Sehnsucht nach dem Leben als Hausfrau könnten ein (möglicherweise unbewusster) Versuch sein, dem Berufsleben zu entkommen. In Ermangelung eines Konzepts mag sie ihrem Kind unbewusst fast eine Art Erlöserrolle zugeschrieben haben; eine Strategie, die an der Realität scheitern muss. Man könnte dann vom Verlust einer Illusion sprechen, der die Funktion zugekommen sein mag, von einer tief verwurzelten Lebens- und Selbstunzufriedenheit abzulenken; sozusagen: »Wenn ich ein Kind habe, dann werde ich glücklich und zufrieden sein.« Das wäre ein sehr problematischer Bewältigungsversuch.

Der unglückliche Ausgang ihrer ersten Schwangerschaft stellt neben den geschilderten Erfahrungen in der frühen Kindheit eine weitere Verlusterfahrung dar, die sie im Verlauf der zweiten Schwangerschaft einholt und die zu großen Ängsten führt. Ihre Bemerkung, dass sie, falls es erneut zu einer Fehlgeburt kommen sollte, aufgeben und »auch keine Lust mehr« haben würde, macht auf mich einen beinahe trotzigen Eindruck. Die Formulierung, keine Lust zu haben, fällt auch im Zusammenhang mit der bevorstehenden Geburt und wirkt nicht altersgemäß. Auf Frustration folgt

Rückzug oder es wird von vornherein etwas vermieden; so schildert sie ein Ausweichen vor der Auseinandersetzung mit der Geburt und mit der Zeit danach. Bindungstheoretisch könnte man von einer zu unsicheren Basis für ein lebendiges Explorationsverhalten sprechen; wer sich nie wirklich sicher fühlte, der wagt sich auch nicht freudig »in die Welt hinaus«.

Ihr wenig ausgeprägtes Selbstvertrauen und eine externe Kontrollüberzeugung äußern sich immer wieder in Aussprüchen wie: »Aber es is' halt nich' so.« In mehreren vergleichbaren Redewendungen stellt sie sich als resigniert und beinahe schicksalsergeben dar. Auch ihre Abhängigkeit von ganz genauer Planung und Struktur kann auf einen Mangel interner Kontrollüberzeugung oder auch auf zwanghafte Züge hinweisen.

In ihrem Bericht finden sich reichlich Hinweise auf die »kognitive Triade« (vgl. Beck et al. 1992), also negative Erwartungen gegenüber der Umgebung, eine negative Sicht der eigenen Person und negative Zukunftserwartungen. Es stellt sich die Frage, ob diese kognitiven Muster Folgen der Depression sind oder ob sie ihr vorausgingen. Ihre Schilderungen legen Letzteres nahe, so habe sie um die Begleitung ihres Mannes auf die Wochenstation (zu diesem Zeitpunkt sei sie noch nicht depressiv gewesen) gebeten: »Weil wer weiß, was da wieder für Leute sind.« Auch ihre Flucht vor der Auseinandersetzung mit der Geburt spricht für negative Erwartungen, die dann auch erfüllt wurden. Das Erlebnis wird negativ bewertet, sie äußert sich enttäuscht über eine der Hebammen und vor allem über die Schmerzen, die sie trotz PDA und Pudendusanästhesie als Tortur bezeichnet. Ihr Wunsch, »einfach nur ganz viele Schmerzmittel« bekommen zu können, zeugt von der Hoffnung, der Situation irgendwie entfliehen zu können, sie nicht erleben zu müssen. Eine Assoziation zum Suizid durch Tabletten erscheint mir nicht ganz abwegig. Die Grenzerfahrung Geburt kann ohne das Selbstvertrauen, sie bewältigen zu können, schnell zu einem traumatischen Erlebnis werden; zumal laut Swantjes Bericht verschiedene Komplikationen aufgetreten sind. Wechselwirkungen zwischen Einstellungen, Ängsten und Betreuung der Gebärenden und dem Geburtsverlauf sind nicht unbekannt (vgl. Klaus et al. 1997). Sie verdienen unbedingt mehr Aufmerksamkeit, sprengen jedoch hier den Rahmen.

Aus ihrem Bericht geht eine tief verwurzelte narzisstische Problematik hervor, eine wesentliche Grundlage für Depressionen (vgl.
Mentzos 1984). Ihr im Erleben der Schwangerschaft geschilderter
Hang zum Essen weist auf eine große orale Bedürftigkeit hin, die
während dieser Zeit anscheinend weniger abgewehrt wurde. Zeug-
nisse dieser Bedürftigkeit ziehen sich durch den gesamten Bericht,
ebenso regressive Tendenzen. In diesem Zusammenhang erscheint
mir auch die beschriebene Konkurrenz zum Kind verständlich.
Ohne ein gesundes Maß an Eigenliebe, ohne die Sicherheit, für sich
selbst sorgen zu können, ist es schwer, sich einem anderen Menschen uneingeschränkt zuzuwenden. Dazu passt die für mein Empfinden wenig differenzierte Wahrnehmung ihres Sohnes. In der Interaktion zeigen sich bei Swantje Verhaltensweisen, die eher dem
Spiel mit einer leblosen Puppe gleichen (etwa die Arme auf dem
Bauch »ordentlich« zusammenzulegen). Bereits bei der Erzählung
über die Schwangerschaft musste ich an eine Puppe denken, als sie
das Ankleiden und Vorzeigen ihres Kindes so sehr betonte. Möglicherweise hat sie es unbewusst auch als einen Weg zur Selbstauf-
wertung ersehnt. Die Erfahrung, dass ein Neugeborenes eher
nimmt als gibt, muss bei ihrer ausgeprägten Bedürftigkeit ein
Schock sein, dem sie anscheinend durch ein innerlich kaum vorbe-
reitetes Herangehen an die Mutterschaft so lange wie möglich aus-
zuweichen versucht hat. Dieser Schock findet zum Beispiel in ihrer
entsetzten Feststellung Ausdruck, dass ihr Kind ja »immer da« sei.
In der Beziehung zu ihrem Sohn zeigen sich im Bericht mehrfach
zum Teil verdeckte Aggressionen und Ärger. Es bleibt unklar, ob sie
sich diese Gefühle eingestehen und sie dadurch auch bearbeiten
kann; mein Eindruck war eher der einer unterschwelligen, unbewussten Aggressivität. Während des Stillens verhindert sie konsequent, dass ihr Baby sie mit seinem Händchen berührt; die Parallele
zu ihrer Beziehung zur eigenen Mutter, die weder zärtlich noch
körperlich sei, drängt sich auf. Diese Beziehung erscheint kompliziert und sehr ambivalent, dafür sprechen die großen Bedenken
(und deren Begründung), sie nach der Geburt um Hilfe zu bitten,
oder auch die Bemerkung, dass sie psychologische Themen mit ihrer Mutter nicht bespreche. Das Verhältnis gleichzeitig als tief und
innig zu bezeichnen, zumal sich auch sehr distanzierte Äußerungen
finden, erweckt bei mir den Eindruck, als habe sie eine tiefere Aus-

einandersetzung mit ihr bislang gescheut. Dafür spricht auch ihre
erst durch die eigene Mutterschaft erlebte Trauer über ihre frühe
Fremdbetreuung.

Die Partnerschaft stellt Swantje als eines ihrer größten Probleme
dar; während des Interviews war ich mehr als nur versucht, in ihre
Klage und die einseitige Schuldzuweisung an ihren als rücksichts-
los und egoistisch geschilderten Ehemann einzustimmen. Sicherlich wäre ihr weitaus mehr Verständnis von Seiten des Partners wie
auch des übrigen Umfelds zu wünschen. Andererseits beeinflusst
sie auch selbst dieses Umfeld; ihre sehr pessimistische, klagsame
Grundhaltung mag nicht immer leicht für ihre Angehörigen sein.
Bereits bei der *Transkription* empfand ich ihre Haltung zunehmend
als abhängig und fordernd. Ihr Partner sollte sich unbedingt ändern, sie selbst geht jedoch einer sicherlich angezeigten Psychotherapie aus dem Weg. Aus psychoanalytischer Sicht kann man hier
von Abwehr sprechen, ebenso bei ihrer Bemerkung, sie und ihr
Mann seien zu faul, um eine Paartherapie anzugehen. Angesichts
dieser Vermeidung einer Psychotherapie erscheint mir ihr Aus-
spruch über die Depression: »Wenn sie halt wieder kommt, dann
kommt sie halt wieder!« bemerkenswert. Er klingt beinahe wie ein
freiwilliges und auch etwas trotziges Sich-Fügen in eine Opferrolle.
Sie sagt weiter über die Erkrankung: »Das, ich finde, man sollte
auch – die andern sollten es auch als Krankheit seh'n, so wenn ich
jetzt zum Beispiel Krebs hätte, würde auch keiner sagen: ›Ja, und
wann is' es denn vorbei?‹ Also – man kann nich' sagen, wann's
vorbei is'! Das is' ja auch's Schlimme, dass man vielleicht, man muss
halt wahrscheinlich sein Leben lang daran arbeiten, dass es nicht
mehr schlimmer wird oder – nie wieder kommt oder was weiß
ich.« Es bleibt unklar, wie sie sich dieses Arbeiten an der Krankheit
ohne Psychotherapie vorstellt. Zudem wirkt diese Bemerkung auf
mich, als sei sie dabei, die Depression beinahe zu ihrem Lebensinhalt zu machen. Der Vergleich mit einer Krebserkrankung erscheint mir ebenfalls bemerkenswert. Es ist vermutlich kein Zufall,
dass sie damit eine Krankheit gewählt hat, der sich viele Menschen
vollkommen hilflos ausgeliefert fühlen und die als unkontrollierbar
erlebt wird. Damit wird sie zu einer Person, die nun einmal nichts
machen kann und damit auch nichts machen muss. Versteht man
Krebs als Vorboten des Todes, muss ich an ihre Metapher der

»Grabhöhle« angesichts der vielen Blumensträuße ihrer Zimmernachbarin denken und an ihre Bemerkung, dass sie auf einem Foto aus der für sie schlimmsten Zeit ausgesehen habe, als ob jemand gestorben sei. Es scheint, als wäre in ihr selbst etwas Erstarrtes, Totes.

Auf die tief greifenden Veränderungen in ihrem Leben durch die Mutterschaft erscheint sie wenig vorbereitet und dementsprechend überfordert. Zur Desillusionierung, dass die erhoffte Wendung zum Guten in ihrem Leben nicht eingetreten ist, kommen die unerwarteten Belastungen des Alltags mit einem Säugling. Ihre Reaktion wirkt frustriert und resigniert, trotz Einsamkeit zieht sie sich mehr und mehr zurück. Ihre Passivität, die als Antriebsschwäche und damit als Teil der Erkrankung angesehen werden kann, und ihre Anklagen an den Partner, die Familie, die Freunde und die Öffentlichkeit weisen deutlich auf eine externe Kontrollüberzeugung und zum Teil auch auf eine Delegation der eigenen Verantwortung für ihr Leben hin. Diese Bewältigungsstrategien sind wenig hilfreich; sie bleibt in einer vermeidend-abhängigen Haltung.

Die Identifikation mit ihrem Baby hat offenbar tiefe und unbearbeitete Verletzungen zum Vorschein gebracht. Sich selbst eine Zeit der Aufarbeitung zuzugestehen könnte ihr dabei helfen, die Krise für sich fruchtbar zu machen und einer Chronifizierung der Erkrankung vorzubeugen.

Vergleichende Betrachtung der Berichte postpartal depressiver und nichtdepressiver Frauen

Auf dem Hintergrund der Einzelfalldarstellungen erfolgte im Rahmen meiner Untersuchung ein ausführlicher Vergleich innerhalb und zwischen den Gruppen der postpartal depressiven (im Folgenden thematische Gruppe) und nichtdepressiven Frauen (im Folgenden Kontrollgruppe). Eine genaue Schilderung des Verfahrens der Komparativen Kasuistik nach Jüttemann (1981) ist im Komparationsteil meiner Diplomarbeit samt Tabellen im Internet (s. Fußnote 24, S. 152) zu finden. Hier werden die wichtigsten Ergebnisse des Vergleichs dargestellt.

Zur Vorgeschichte der befragten Mütter ist zu sagen, dass es in beiden Gruppen sowohl Frauen mit erst seit kurzer Zeit bestehender Partnerschaft (z. B. knapp eineinhalb Jahre vor Eintreten der Schwangerschaft) als auch mit langjähriger Paarbeziehung (14 Jahre) gibt. In beiden Gruppen gibt es je eine ungeplante Schwangerschaft. Das mütterliche Alter lag zwischen 26 und 38 Jahren. Das Alter des Kindes zwischen vier und siebzehn Monaten zum Zeitpunkt des Interviews ist ebenfalls gleichmäßig verteilt. Der Beginn der Depression ist bei Karin in der ersten Woche nach der Geburt anzusiedeln, während Swantje die dritte bis vierte Woche und Inga den dritten Monat angibt. Der Schweregrad der Erkrankung ist unterschiedlich und spiegelt sich teilweise in der Behandlungsart wider: Karin musste fünf Monate stationär behandelt werden, Inga und Swantje wurden ambulant betreut. Hinsichtlich des Erlebens der Depression berichten alle Frauen von großen, zum Teil als existenziell bedrohlich verspürten Ängsten sowie von Gefühlen der Isolation. Swantje und Karin schildern frühere Suizidgedanken. Bei allen drei Frauen ist das Thema Kontrolle bedeutsam. Schuldgefühle werden ebenfalls übereinstimmend berichtet.

Mit Hilfe der detaillierten Verlaufsbeschreibungen konnte die Schwangerschaft als Vorbereitungszeit auf die Mutterschaft ausgewertet werden, die zum Teil mit tiefen Ängsten, zumindest aber mit Verunsicherung einhergeht. Dies gilt für postpartal depressive, aber

auch nichtdepressive Mütter.[24] Besonders eindrucksvoll schilderte
Anna, eine nichtdepressive Frau, ihre großen Ängste, die sie mit
Hilfe ihres Partners überwinden konnte. Es findet sich kein Anhalt
für Unterschiede zwischen den Gruppen im Ausmaß der während
der Schwangerschaft erlebten Ängste, es zeigt sich jedoch ein unter-
schiedlicher Umgang mit diesen Gefühlen: Postpartal depressive
Frauen haben sich entweder nicht mitgeteilt (Inga) oder Ängste
bagatellisiert oder verleugnet (Karin), während Frauen aus der
Kontrollgruppe Unterstützung gesucht haben.

Dem Geburtserlebnis kommt offensichtlich eine große Bedeutung zu. Teilnehmerinnen der Kontrollgruppe bewerteten die Entbindung durchweg positiv, wenn auch als sehr anstrengend und
schmerzhaft. Von den postpartal depressiven Frauen schildert
insbesondere Karin ihr Geburtserlebnis als traumatisch, wobei sich
die Vorannahme, dass sich das Erleben nicht allein durch die Geburtsform bestimmen lässt, bei ihr bestätigt: Karin erlebte eine
spontane, ambulante Geburt, die sie jedoch durch Gefühle der Einsamkeit, der Angst, der Hilflosigkeit und der Verlorenheit als tiefe
Erschütterung erfahren hat. Auch die beiden anderen Frauen aus
der thematischen Gruppe bewerten ihr Geburtserlebnis negativ:
Das Versagen der PDA, an die sie sich, möglicherweise auf dem
Hintergrund mangelnden Selbstvertrauens, wohl allzu sehr ge-
klammert hatten, aber auch Unzufriedenheit mit der Betreuung
und ein komplizierter Geburtsverlauf, spielen dabei eine wichtige
Rolle. Darüber hinaus gehen sowohl Inga als auch Swantje aus
ihrem Bericht als Frauen mit einem beachtlichen Kontrollbedürfnis beziehungsweise mit einer großen Angst vor Kontrollverlust
hervor, was bei einer Geburt als einem wenig kontrollierbaren Ereignis zu großen Ängsten führen muss. Zu erwähnen ist, dass es
eine depressive Gesprächspartnerin mit positivem Geburtserlebnis
gab, deren Bericht jedoch wegen Verletzung eines Homogenitäts-
kriteriums nicht in die Untersuchung einging.

Die Vorannahme, dass Erwartungen an das Leben mit einem
Kind von großer Bedeutung für die Anpassung an dieses neue Leben sind, kann als bestätigt angesehen werden. Insbesondere post-

---

[24] Zentrale Aussagen der nichtdepressiven Frauen (Kodenamen: Marie-
Luise, Anna, Claudia) können unter www.qualitative-forschung.de/
publikationen/postpartale-depressionen/ nachgelesen werden.

partal depressive Frauen berichten von unrealistischen Erwartungen, wie etwa Inga, die vermutet hatte, dass sich nach der Geburt nichts weiter im Leben ändern würde, sondern nur etwas Neues, Schönes hinzukomme, oder Karin, die gehofft hatte, dass nach der Geburt alles besser werde, oder auch Swantje, die der Warnung ihrer Geburtsvorbereiterin, dass den Eltern nach der Geburt der »Berg« erst bevorstehe, offensichtlich keinen Glauben geschenkt hat. Umso größer ist die aktuelle Enttäuschung und das Entsetzen darüber, dass Wunschvorstellungen nicht oder nicht in der erhofften Form erfüllt wurden. Auch Anna (Kontrollgruppe) beschreibt sich als eher ahnungslose Schwangere, kann darüber jedoch rückblickend lachen; allen ungeahnten Belastungen, wie einem anhaltend durchdringend schreienden Baby, zum Trotz erlebt sie die Mutterschaft als positiv.

Es wurden Anzeichen von Veränderungen in der Partnerschaft gefunden. Zunächst in der Kontrollgruppe: In Claudias Bericht wird deutlich, dass sie ihren Partner zurzeit überwiegend in seiner Vaterrolle wahrnimmt, Anna vermisst die »traute Zweisamkeit« und auch Marie-Luise erwähnt eine Veränderung: Nachdem vor der Schwangerschaft beide Partner sehr aufeinander fixiert gewesen seien, drehe sich nun alles um ihr Kind. Die Veränderungen innerhalb der Partnerschaft beschreiben die Frauen aus der thematischen Gruppe anders. So weist Swantje darauf hin, dass vor der Schwangerschaft bestehende Konflikte in einer Paarbeziehung postpartal noch ausgeprägter zum Vorschein kommen, Karin entdeckt im Zusammenhang mit der postpartalen Depression das Ausmaß von Wesensunterschieden zwischen sich und ihrem Freund, die sie aktuell als Trennungsgrund erlebe. Inga äußert sich als einzige Frau aus der thematischen Gruppe positiv über ihre Ehe; ihr Partner zeige großes Verständnis für die Depression, er wird als unterstützend beschrieben. Damit kommt der Zufriedenheit mit der Partnerschaft eine große Bedeutung im Zusammenhang mit der Entwicklung einer PPD zu, wobei verschiedene Richtungen der Kausalität denkbar sind, die einander nicht ausschließen:
- Die Entwicklung der Erkrankung wird durch die wenig positiv erlebte Partnerschaft begünstigt.
- Die Partnerschaft wird durch die Erfahrung der Depression ungünstiger bewertet.

– Andere relevante Variablen beeinflussen die Partnerschaft un-
  günstig und tragen gleichzeitig zur Entstehung der Depression
  bei (hier wären z. B. Rückzugstendenzen und ein niedriger
  Selbstwert bei der Frau als mögliche Variablen zu nennen).

Ein Zutreffen aller drei Hypothesen und eine sich verstärkende
Wechselwirkung ist ebenfalls denkbar.

Die Beziehung zur Mutter hat sich nicht bei allen Frauen verändert, so berichten weder Claudia (Kontrollgruppe) noch Swantje
(thematische Gruppe) von einem Wandel. Marie-Luise und Anna
(beide Kontrollgruppe) berichten von einer durch die eigene Mutterschaft gestiegenen Achtung vor den Leistungen ihrer Mütter; sie
beschreiben ihre Erfahrungen darum als förderlich für die Mutter-
Tochter-Beziehung.

Wichtiger als der Veränderungsaspekt innerhalb der Mutter-
Tochter-Beziehung ist die Art der Beziehungen. Bei Frauen aus der
Kontrollgruppe finden sich unproblematisch und problematisch
beschriebene Beziehungen, wobei bei Letzteren Probleme offenbar
aufgearbeitet wurden, so dass nicht der Eindruck andauernder
Konflikthaftigkeit oder Ambivalenz entstand. Darüber hinaus gehen die Frauen aus ihren Berichten als von den Müttern abgelöst
hervor, wofür zum Beispiel spricht, dass der Partner wichtiger ist als
die Mutter. Anders stellen die Frauen aus der thematischen Gruppe
ihre Beziehung zur Mutter dar. Swantjes Schilderung zeugt von
großer Ambivalenz. Verärgert spricht sie über das Problem der frühen Fremdbetreuung; es sieht nicht so aus, als habe sie diese Erfahrung bewältigt, die als Hinweis auf eine möglicherweise nicht sichere Bindung anzusehen ist. Es entsteht ein inkohärentes Bild der
Mutter-Tochter-Beziehung, die einen konfliktbeladenen Eindruck
macht. Auch Ingas Schilderungen sprechen für andauernde und
ungelöste Konflikte in der Beziehung zu ihrer Mutter, sie bezeichnet sich selbst als noch nicht »abgenabelt«, sie versuche jedoch zur
Zeit, ihrer als besitzergreifend erlebten Mutter Grenzen zu setzen.
In der widersprüchlichen Beschreibung ihrer Mutter sind Anzeichen von Ambivalenz zu erkennen; sie schildert ihre Mutter
zunächst uneingeschränkt als ihr Vorbild, um später zu betonen,
dass sie selbst als Mutter vieles anders machen will. Sie wolle eine
Mutter sein, die ihr Kind loslassen kann; es sei problematisch für

sie, sich als wichtigster Lebensinhalt ihrer Mutter zu erleben und
sich ihr dementsprechend verpflichtet zu fühlen. Karins Beziehung
zu ihrer selbst jahrelang depressiven Mutter wird von ihr positiv
bewertet. Sie könne sich über wichtige Themen mit ihr austau-
schen, durch die gemeinsame Krankheitserfahrung habe sich die
Beziehung intensiviert, so könne sie das frühere Verhalten ihrer
Mutter (wie z. B. häufiges, scheinbar grundloses Weinen) nun
besser verstehen. Ihre Probleme mit diesem Verhalten äußert sie
sehr vorsichtig, als wolle sie ihre Mutter schützen. Sie spricht von
Hilflosigkeit, von Schuldgefühlen und großer Angst, etwas falsch
zu machen. Von diesen Erfahrungen berichtet sie ohne Wut oder
Ärger. Es sieht nicht so aus, als habe sie diese Probleme aufgearbeitet.

Beim Vergleich der Unterstützungsmöglichkeiten gibt es keinen
grundlegenden Unterschied zwischen der thematischen und der
Kontrollgruppe, etwa dahingehend, dass depressiven Frauen weniger Hilfe entgegengebracht würde. Sowohl Karin als auch Inga erleben sehr umfangreiche familiäre Unterstützung, die als Reaktion
auf die Depression eingeordnet werden kann. Anders sieht es mit
der emotionalen Unterstützung durch den Partner aus; hier kommt
in Karins und Swantjes (beide thematische Gruppe) Bericht ein intensiv erlebter Mangel zum Ausdruck. Fast alle Frauen geben an,
Hilfe nur ungern anzunehmen, so dass hier kein Gruppenunterschied festzustellen ist.

Ihr Erleben des Babys als wichtiger Einflussfaktor für die Befindlichkeit der Frau wurde besonders von Anna (Kontrollgruppe)
thematisiert, deren Kind während der ersten drei Monate als
»Schreikind« gelten kann, was bedeutet, dass es täglich mehrere
Stunden geweint hat. Keine der postpartal depressiven Frauen
schildern ein vergleichbares kindliches Verhalten.

Die Vorannahme, dass durch die Mutterschaft eigene Kindheitserfahrungen wiederbelebt werden, trifft besonders für Swantje
(thematische Gruppe) zu, die sich nun vorstellen kann, was die frühe Fremdbetreuung für sie bedeutet hat. Inga (thematische Gruppe) denkt anlässlich der Veränderungen in ihrem Leben darüber
nach, Kontakt zu ihrem leiblichen Vater aufzunehmen, an den sie
sich nicht mehr erinnern kann. Claudia (Kontrollgruppe) erinnert
sich an die Zweiteilung ihrer Familie, wobei ihre Mutter und ihre

ältere Schwester eine Partei waren und sie und ihr Vater die andere, und an ihr Leiden unter der Bevorzugung der Schwester durch die Mutter. Durch die beschriebene Intensivierung der Mutter-Tochter-Beziehung in Zusammenhang mit der Krebserkrankung der Mutter entsteht der Eindruck einer verarbeiteten Erfahrung.

Abschließend werden nun die bei der Beantwortung der Vorannahmen noch nicht genannten wichtigsten Merkmale der thematischen Gruppe zusammengefasst: bei postpartal depressiven Frauen fanden sich vermehrt Hinweise auf unverarbeitete biographische Belastungsfaktoren, welche die nächsten Beziehungen (Mutter, Vater) betreffen. Dabei sind eine mögliche Bindungsproblematik (Swantje) und die Beziehung zu einer jahrelang depressiven Mutter (Karin) in einer transgenerationalen Betrachtungsweise besonders bemerkenswert; ohne die Verarbeitung dieser Belastungen ist die Gefahr der Wiederholung von Beziehungsmustern mit dem eigenen Kind gegeben.

Weiterhin ist das Selbstwertgefühl als relevantes Merkmal anzusehen, das aus den Berichten der depressiven Frauen als vergleichsweise geringer hervorgeht. Als wichtige Persönlichkeitsmerkmale werden ein Hang zum Grübeln, ein sehr ausgeprägtes Kontrollbedürfnis bei gleichzeitig eher externer Kontrollüberzeugung, Ängstlichkeit und ein großes Sicherheitsbedürfnis deutlich. Karin und Inga können als aggressionsgehemmt bezeichnet werden. Beide zeigen eine Neigung zur Selbstüberforderung. Im Umgang mit Beziehungen fallen Rückzugstendenzen ins Auge, wobei die Begründungen dafür unterschiedlich zu sein scheinen: Während Swantje eine misstrauische und zum Teil verbitterte Haltung ihren Mitmenschen gegenüber zum Ausdruck bringt, beschreibt Karin Angst vor Zurückweisung, die sie jedoch zu überwinden versucht. Inga betont vor allem ihren Wunsch, niemandem zur Last zu fallen oder wehzutun. Bei Inga und Karin sind im Umgang mit Beziehungen Veränderungen zu entdecken. Frauen aus der Kontrollgruppe brachten insgesamt mehr Vertrauen anderen Menschen gegenüber zum Ausdruck. So reagierte die nichtdepressive Anna auf eine enttäuschende Erfahrung mit einer Hebamme nicht mit Rückzug oder Verallgemeinerung, sie hat sich sozusagen mit ihr »zusammengerauft« – im Unterschied etwa zu Swantje, die sich verallgemeinernd negativ über »dies Personal« der Klinik äußert.

Weiterhin stellen sich die Frauen aus der Kontrollgruppe als emotional offener dar, indem sie zum Beispiel ihre Ängste mitteilen.

Bei den Bewältigungsstrategien fällt ein Überwiegen emotional-fokussierter Copingstrategien (vgl. S. 53f.) bei den depressiven Frauen auf, wobei eine Hinwendung zu problem-fokussierten Copingstrategien bei Karin und Inga deutlich wird.

Bei einem Vergleich der Metaphern, die zur Verdeutlichung der eigenen Befindlichkeit gebraucht werden, kommen qualitative Erlebensunterschiede zwischen der thematischen und der Kontrollgruppe zum Vorschein: Keine der nichtdepressiven Frauen thematisiert Gefühle der Leblosigkeit und der Trauer, der Haltlosigkeit, der Verlorenheit und der Angst in vergleichbarer Weise (oder überhaupt). So habe sich Anna (Kontrollgruppe) nach der Geburt Zuhause wie in einer »sicheren Höhle« gefühlt, Swantje dagegen auf der Wochenstation wie in einer »Grabhöhle«. Dieses Gefühl auf die Klinikatmosphäre zurückzuführen wäre vorschnell; auf Bildern aus Swantjes erster Zeit zu Hause sehe sie aus »als wär einer gestorben«.

Die Lebenszufriedenheit vor der Schwangerschaft wird von den Frauen aus der Kontrollgruppe als vergleichsweise deutlich größer beschrieben.

Die Mutter-Kind-Beziehung wird von den postpartal depressiven Frauen als eher kompliziert beschrieben, wobei Probleme bei der Deutung kindlicher Signale, fehlende Gefühle, Gefühle der Konkurrenz, Verlustängste, bewusste und unbewusste Schuldzuweisungen (in Bezug auf die Depression) an das Kind sowie Schuldgefühle angesichts der Befürchtung, die Depression könne ihm schaden, eine große Angst vor der eigenen Verantwortung und die Abhängigkeit des Kindes als überwältigende Last zur Sprache kommen. In der Interaktion habe ich zwei der Mütter als feinfühlig erlebt, eine jedoch als wenig feinfühlig und zum Teil abweisend empfunden. Zusammenfassend ist festzustellen, dass die dauerhafte Nähe des Kindes von dieser Gruppe in stärkerem Maß problematisiert wurde. Eine der Mütter kann sich inzwischen sehr viel mehr an ihrem Kind freuen, da die Deutung der Signale aktuell durch die größeren Ausdrucksmöglichkeiten des Kindes als leichter erlebt wird. Nichtdepressive Mütter stellten ihre Beziehungen zum Kind insgesamt als unkomplizierter dar und berichten über mehr Freude an der intensiven Bindung.

Sowohl in der thematischen als auch in der Kontrollgruppe finden sich Beispiele für eine interne Attribution von Misserfolg; hier kann kein Gruppenunterschied festgestellt werden. Die Verunsicherung in der neuen Rolle als Mutter, die sowohl depressive als auch nichtdepressive Frauen betrifft, kann als Ursache dafür angenommen werden.

Abschließend werden nun Überlegungen angeführt, warum die Frauen aus der Kontrollgruppe postpartal nicht depressiv geworden sind. Aus ihren Berichten lassen sich verschiedene, möglicherweise protektive Faktoren ableiten:

- eine weitgehende Verarbeitung biographisch belastender Ereignisse
- eine Beziehung zur eigenen Mutter, die entweder als unproblematisch bezeichnet werden kann (z. B. Marie-Luise) oder bei der problematische Aspekte verarbeitet wurden (z. B. Claudia)
- das Fehlen von Depressionen in der Familienanamnese
- ein stabiles Selbstwertgefühl
- eine Abwesenheit von Aggressionshemmungen, Ängstlichkeit und Rückzugstendenzen
- eine interne Kontrollüberzeugung
- ein Überwiegen von problem-fokussierten Copingstrategien
- ein hohe Lebenszufriedenheit vor der Schwangerschaft
- eine positiv bewertete, als emotional unterstützend erlebte Partnerschaft
- eine Auseinandersetzung mit den zukünftigen familiären Veränderungen
- ein offener Umgang mit Ängsten (Auseinandersetzung, Mitteilen)
- eine gute Wahrnehmung der eigenen Bedürfnisse und Grenzen
- ein positiv bewertetes Geburtserlebnis.

Die genannten Ergebnisse können einen Zugang zum Verständnis postpartaler Depressionen eröffnen, ohne dass deren Auftreten auch nur annähernd vollständig erklärt werden kann. Kommunikativ gewonnene Daten sind nicht in sich abgeschlossen, somit dürfen auch die Ergebnisse nicht als geschlossenes Erklärungsmodell verstanden werden.

Diskussion

Validität, Geltungsbereich und Reichweite
der Ergebnisse

Dem im Rahmen quantitativer Forschung zentralen Kriterium der *Validität* stellen Buston et al. für die Evaluation qualitativer Untersuchungen das Kriterium der Glaubwürdigkeit gegenüber: »In short, do the findings make sense?« (Buston et al. 1998, S. 199). Dabei darf dieser Sinn der Ergebnisse nicht etwa als erschöpfende oder endgültige Antwort auf die Fragestellung verstanden werden, sondern eher als ein Ansatz, der die Grundlage für neue Erhebungen darstellen kann. Die Ergebnisse meiner Untersuchung sind als nicht generalisierbar, jedoch bedingt auf andere Fälle übertragbar anzusehen. Qualitative Verfahrensweisen bieten vielfältige Möglichkeiten, verschiedene Aspekte eines Phänomens aus Sicht der Betroffenen zu erforschen. So wie die Geburt eine Geschichte darstellt, »die nie wirklich ganz erzählt wird« (Stern u. Bruschweiler-Stern 2000, S. 64), verhält es sich auch mit dem Erlebnis der Mutterschaft oder der Erfahrung einer Depression.

Hervorheben möchte ich hier noch einmal die Glaubwürdigkeit und Offenheit meiner Gesprächspartnerinnen, die mir einen tiefen Einblick in ihr Erleben gestattet und mir dadurch eine intensive Auseinandersetzung mit den Themen Mutterschaft und postpartale Depression ermöglicht haben. Jede der depressiven Frauen hat ansatzweise ein eigenes Erklärungsmodell für das Auftreten der PPD, wobei bemerkenswert ist, dass keine der Gesprächspartnerinnen sich mit biologischen Faktoren, etwa der hormonellen Umstellung, zufrieden gibt; es wurden stets verschiedene Einflussgrößen angesprochen, die unter anderem die Vorgeschichte, die Persönlichkeit sowie die momentane Lebenssituation umfassen. Dies ist um so bedeutsamer, als die Depression insbesondere von Inga und Swantje als große Beschämung erlebt wurde: Eine Bevorzugung hormonell orientierter Erklärungsansätze hätte als Zuflucht vor der psychiatrischen Diagnose dienen können. Es spricht

daher besonders für die Glaubwürdigkeit der Frauen, dass dieser
Weg nicht gewählt wurde.

Geltungsbereich und Reichweite der Untersuchung sind bereits
eingeschränkt durch die Wahl der Homogenitätskriterien, die entsprechend dem Vorgehen der Komparativen Kasuistik erfolgte. Daher werden sie hier noch einmal aufgeführt: Alter zwischen 25 und
38 Jahren, Leben in einer stabilen Partnerschaft, Geburt des ersten
Kindes, das gesund sein sollte, keine Zwillinge, Alter des Kindes
bis zu eineinhalb Jahren, keine der Schwangerschaft vorausgegangenen psychischen Erkrankungen, bei den depressiven Frauen:
Vorliegen einer ärztlichen Diagnose. Als besonders schwer zu erfül-
lendes Homogenitätskriterium stellte sich das Fehlen psychischer
Erkrankungen in der Vorgeschichte heraus, was deren Bedeutung
als Risikofaktor für postpartale Depressionen unterstreicht. Im Verlauf der Rekrutierung der depressiven Frauen stellte sich dreimal
während eines Interviews heraus, dass es schon Depressionen oder
andere psychische Erkrankungen in der Vorgeschichte gab, denen
jedoch von den Betroffenen wenig Bedeutung beigemessen wurde
und die von ihnen nicht mit der aktuellen Erkrankung in Verbindung gebracht wurden. So bezeichnete eine Frau die von einem
Arzt als Depression diagnostizierte Krise in der Vorgeschichte
selbst als »Burning-out-Syndrom«, eine andere Frau räumte ein,
dass ihr im Rahmen einer Psychotherapie schon einmal gesagt worden sei, dass sie unter einer Depression leide, dass diese Erfahrung
sich jedoch von ihrer aktuellen Befindlichkeit stark unterscheide,
so dass sie selbst die frühere Krise nicht als Depression bezeichnen
würde. Anschließend schilderte sie mir allerdings das während dieser Zeit erlebte Symptom des »Morgentiefs«.

Die Interviews, bei denen psychische Erkrankungen in der Vorgeschichte zur Sprache kamen, gingen nicht in die Untersuchung
ein. Wichtige Aspekte der Gespräche seien hier dennoch geschildert, da sie Anstöße für weitere Untersuchungen geben, zum Er-
kenntnisgewinn beitragen und einige meiner Ergebnisse bestätigen
können.

So gingen aus allen drei Gesprächen ein eher niedriges Selbst-
wertgefühl, eine problematische und dabei eher unaufgearbeitete
Mutter-Tochter-Beziehung und eine wenig fürsorgliche Art des
Umgangs der Interviewpartnerin mit sich selbst hervor, die zum

Beispiel an der Neigung sichtbar wurde, sich selbst zu überfordern. Die Partnerschaften dieser drei Frauen wurden insgesamt positiver bewertet als diejenigen der Interviewpartnerinnen aus der thematischen Gruppe. Es wurde interessanterweise auch von positiven Geburtserlebnissen berichtet. Hier zeigt sich, dass die zur depressiven Störungen beitragenden Variablen und deren wechselseitiger Einfluss sehr unterschiedlich gestaltet sein können, was anhand des interaktiven Entwicklungsmodells psychopathologischer Phänomene nach Resch (1996) gut zu erklären ist.

Bemerkenswert ist, dass die postpartal am schwersten depressive Gesprächspartnerin, bei der vermutlich eine weitere psychiatrische Diagnose vorliegt, in ihrer Frühkindheit (innerhalb der ersten drei Lebensjahre) geschlagen und wahrscheinlich auch missbraucht wurde. An diesem Beispiel wird deutlich, wie verfehlt es ist, depressive Störungen ausschließlich mit biogenetischen Ansätzen zu erklären, eine derartige Haltung kommt einer Weigerung gleich, näher hinzusehen.

Zur Erhöhung der Vergleichbarkeit der Fälle wurden Homogenitätskriterien festgelegt; für Frauen, auf die diese Kriterien nicht zutreffen, stellt sich die Situation nach der Geburt unter Umständen vollkommen anders dar. So ist eine Mehrgebärende postpartal größeren Anforderungen ausgesetzt als eine Erstgebärende, fühlt sich jedoch der Aufgabe, ein Neugeborenes zu versorgen, aufgrund ihrer Erfahrung vermutlich besser gewachsen. McGrath et al. (1993) zitieren Erhebungen (Brown, Brolchain u. Harris 1975; Perlin u. Johnson 1977, Radloff 1975), aus denen hervorgeht, dass das Risiko für depressive Symptome bei Frauen mit der Zahl der im Haushalt lebenden Kinder steigt, wobei sich diese Erhebungen nicht auf die Postpartalzeit beschränken. Es wäre denkbar, dass bei postpartal depressiven Mehrgebärenden situativen Belastungsfaktoren eine größere Bedeutung zukommt als bei Erstgebärenden. Weiterhin ist es möglich, dass mit der Zunahme an Alltagsstressoren bisherige Abwehrmechanismen zur Kompensation selbst erfahrener Defizite nicht mehr ausreichen, so dass es zur Ausbildung der depressiven Symptomatik kommt.

Fiona Shaw, die nach der Geburt ihres zweiten Kindes eine schwere Depression entwickelte, beschreibt eine Vorstellung, die sie hatte, als sie sich von ihrem ersten Kind verabschiedete, um zur

Geburt ihrer zweiten Tochter in die Klinik zu fahren: »Als ich sie
küsste, hatte ich die Vorstellung, dass ich ihr etwas fortnahm, etwas,
das sie nie wieder haben würde« (1998, S. 27). Aus diesen Worten
spricht eine tiefe Verlustangst; vermutlich geht es dabei nicht nur
darum, dass ihrer Tochter etwas weggenommen werden könnte,
sondern dass sie selbst die Exklusivität dieser Beziehung durch die
vorübergehende Trennung und die notwendige Einstellung auf ein
weiteres Kind bedroht sieht.

Es sind viele weitere Beispiele für Einflussfaktoren auf die Entwicklung einer postpartalen Depression bei Frauen denkbar, auf
die die Homogenitätskriterien meiner Untersuchung nicht zutreffen, woraus sich neue Fragestellungen ableiten lassen, die zur Erforschung des Phänomens PPD beitragen können. Durch eine
Ausweitung der Kriterien wären Erkenntnisse von größerer Verall-
gemeinerbarkeit möglich.

Implikationen für die psychiatrische, psycho-
therapeutische und geburtshilfliche Praxis

Aus den Ergebnissen lassen sich viele Anregungen sowie notwendige Konsequenzen für die psychiatrische, psychotherapeutische und
die geburtshilfliche Praxis ableiten. Dabei möchte ich zunächst auf
die dringende Notwendigkeit einer psychotherapeutischen Behandlung postpartaler Depressionen hinweisen. Aufgrund der großen Bedeutung der oft ambivalenten Mutter-Tochter-Beziehung
der depressiven Frauen und der offensichtlichen Aktualisierung
vielfältiger Konflikte im Zusammenhang mit der Geburt halte ich
in Übereinstimmung mit Riecher-Rössler eine tiefenpsychologisch
orientierte Psychotherapie für empfehlenswert.

Bei keiner meiner depressiven Gesprächspartnerinnen lässt sich
die Erkrankung lediglich mit einer Kumulation situativer Stressoren erklären, deren Bewältigung zum Verschwinden der Symptomatik führen könnte. Dies wurde anhand der detaillierten
Einzelfalldarstellungen deutlich. Die größte Lebenszufriedenheit
innerhalb der thematischen Gruppe wurde von derjenigen Interviewpartnerin beschrieben, die sich seit einigen Monaten in psy-

chotherapeutischer Behandlung befindet. Um die Tragweite der Entscheidung für oder gegen eine Psychotherapie zu verdeutlichen, wird hier noch einmal auf den erschütternden autobiographischen Bericht von Fiona Shaw (1998) Bezug genommen. Sie gesteht der Behandlung in der psychiatrischen Klinik (Psychopharmaka und Elektrokrampftherapie) zu, dass sie ihr vermutlich das Leben gerettet hat, betont aber, dass eine intensive Auseinandersetzung mit ihrer Vorgeschichte in einer Psychotherapie und das schriftliche Niederlegen ihrer Erfahrungen ihr geholfen haben, auch weiterhin zu überleben. Dabei ist erwähnenswert, dass man ihr von einer Psychotherapie abgeraten (!) hat. Auf dem Hintergrund der von Mentzos (1984) betonten, verhängnisvollen Chronifizierungstendenz depressiver Störungen kann man dies als sehr bedenklich bezeichnen. Auch eine meiner Interviewpartnerinnen berichtete davon, dass ihr bei der Entlassung aus der Klinik lediglich eine Liste von Psychiatern in ihrem Bezirk mit nach Hause gegeben wurde; auf die Notwendigkeit psychotherapeutischer Behandlung sei nicht hingewiesen worden. Geht es hier um den alten Streit zwischen »Somatogenetikern« und »Psychogenetikern« (vgl. Mentzos 1984), der einer multikausalen Sichtweise noch nicht Platz gemacht hat?

Die Konfrontation mit den Ängsten depressiver Patienten stellt eine große Herausforderung für Ärzte, Psychotherapeuten und Krankenschwestern dar. Eine Supervision des Teams ist unverzichtbare Bedingung für eine fruchtbare Auseinandersetzung mit dieser Aufgabe und sollte nicht an finanziellen oder organisatorischen Problemen scheitern. Ständig mit den Ängsten anderer in Kontakt zu kommen kann an eigene Ängste rühren. Die Angst stellt ein Phänomen existenzieller Bedeutung für alle Menschen dar, nicht nur für diejenigen, die zu einem bestimmten Zeitpunkt psychopathologische Symptome entwickeln.

Die Frage nach den Folgen der Depression für das Kind stellt betreuende Psychiater und Psychotherapeuten vor ein Dilemma: Einerseits leiden von postpartaler Depression betroffene Frauen zumeist ohnehin schon unter großen Ängsten und Schuldgefühlen, die um genau diese Frage kreisen (vgl. insbesondere die Einzelfalldarstellung von Inga). Andererseits ist nicht von der Hand zu weisen, dass das Kind von der mütterlichen Depression mitbetroffen ist. Unter Berücksichtigung der Erkenntnisse der Säuglingsfor-

schung und auch der intuitiven Überzeugung vieler Eltern (vgl.
Winnicott 1964, 1966, 1968) kann nicht davon ausgegangen werden, dass einem Säugling die Stimmungen seiner Bezugspersonen
verborgen bleiben, alles spricht für das Gegenteil. Es wäre also nicht
korrekt, aus dem verständlichen Wunsch heraus, eine betroffene
Mutter beruhigen zu wollen, zu beteuern, dass das Kind »schon
nichts mitbekommt«. Ich bin überzeugt, dass eine solche Beteue-
rung nicht wirklich hilft, da sie vermutlich gegen ein intuitives bes-
seres Wissen der Mutter geht. Darüber hinaus würde das Vertrau-
ensverhältnis zwischen Arzt/ Psychotherapeut und Klientin sicher
erheblich leiden, wenn die Mutter sich über die Kompetenzen eines
Säugling informierte, wozu es reichlich Gelegenheiten gibt. Dabei
sollte jedoch klar unterschieden werden zwischen dem Umstand,
dass das Kind die depressive Stimmung in irgendeiner Form wahrnimmt, was kaum zu bezweifeln ist, und der Schlussfolgerung, dass
es deshalb zwangsläufig Schaden nimmt, die ich für nicht zulässig
halte. Sollte jedoch die mütterliche Depression chronifizieren, so
leidet das Kind mit Sicherheit in einem entwicklungsbeeinträchti-
genden Maß und ist später selbst für depressive Störungen anfälli-
ger als Kinder psychisch gesunder Eltern (siehe hierzu Resch 1996,
S. 231–216). Auf diesen transgenerationalen Aspekt wurde bereits
im Rahmen der Einzelfalldarstellung von Karin hingewiesen.

Somit ist eine erfolgreiche Behandlung der mütterlichen Depression auch das Beste für das Kind, was den Müttern vermittelt werden kann: »Tun Sie etwas für sich, dann tun Sie auch etwas für Ihr
Kind.« Inga berichtet, dass sich ihre Angst, ihr Sohn könne unter
ihrer Depression leiden, legte, als sie sich mit der Erkrankung
auseinander setzte und Erfolge in der Psychotherapie erlebte. Auseinandersetzung hilft, Verleugnen sicher nicht. Schuldgefühle der
Mütter vermeiden zu wollen, indem man die wichtige Frage des
kindlichen Wohlergehens umschifft oder nicht wahrheitsgemäß
beantwortet, stellt keinen wirklichen Schutz vor diesen Gefühlen
dar, im Gegenteil: Ein solches Verhalten lässt die Frauen mit ihren
Schuldgefühlen allein.

Als praktische Unterstützungsmöglichkeit für die Mutter ist an
die Einbeziehung einer – neben dem Vater – dritten Bezugsperson
für das Kind zu denken. Eine solche »Patenschaft« könnte allen Be-
teiligten dienlich sein und dem Säugling eine zusätzliche Möglich-

keit eröffnen, mit einem responsiven Gegenüber in Interaktion zu treten und genau die Kompetenzen auszubauen, die die erkrankte Mutter unter Umständen eine Zeitlang weniger intensiv fördern kann, was selbstverständlich nicht als schuldhaft angesehen werden darf.

Als weiteres, für manche Mutter-Kind-Paare ausgesprochen hilfreiches Angebot ist eine Supervision der Interaktion zu erwägen oder auch eine Mutter-Kind-Therapie. Hier könnte nicht nur die Beziehung der beiden gefördert, sondern auch der Frau ein Zugang zu eigenen frühen Erfahrungen ermöglicht werden, die dadurch einer Bewältigung zugänglich werden. Die Situation der jungen Mutter als Reinszenierung eigener Erfahrungen zu betrachten ist ein hilfreicher Aspekt, der zum Verständnis postpartaler Depressionen und möglicherweise auch Psychosen beitragen kann. Auch Müttern, die unter einer postpartalen Psychose leiden, sollte eine Unterstützung (ggf. in Form einer Supervision) der Mutter-Kind-Interaktion angeboten werden können, sobald die Befindlichkeit der Frau dies zulässt. Nach meinem Kenntnisstand bleibt dieser wichtige Aspekt noch oft unberücksichtigt. Auch an eine weiterführende Mutter-Kind-Therapie ist zu denken, wobei eine Entlastung möglicherweise ambivalenter Gefühle dem Kind gegenüber und die Entwicklung eines Gefühls der Kompetenz als Mutter gefördert werden könnten. Bisher gibt es kaum Angebote für Mutter-Kind-Therapien und Interaktions-Supervision[25]; es ist wichtig, postpartal psychisch erkrankten Müttern, deren Beziehung zum Kind besonders belastet erscheint, an diesem Punkt Unterstützung anbieten zu können.[26]

Für in der Geburtshilfe Tätige (Ärzte, Hebammen und Krankenschwestern) halte ich beim Phänomen postpartale Depression folgende Aspekte für hilfreich:[27]

---

[25] Angebote und Adressen können z. T. im Internet unter www.gaimh.de gefunden werden (GAIMH: »German Speaking Association for Infant Mental Health«).

[26] Stern (1998) stellt wichtige Grundlagen für verschiedene Formen der Mutter-Kind-Psychotherapie dar.

[27] Zu diesem Thema siehe auch Stauber, Kentenich, Richter (1999), insbesondere die Kapitel 4.9., 5.4., 6.2. und 6.3., die sich mit psychoso-

Schwangerschaft / Prävention der PPD

Im Mutterpass werden psychische Erkrankungen in der Familie wie auch in der eigenen Vorgeschichte unter den zu erfragenden Risikofaktoren aufgeführt. Meine Vermutung ist, dass diese Frage oft umgangen wird; sehr selten wird etwas in der dafür vorgesehenen Zeile aufgeführt. Diese Frage zu stellen verlangt Fingerspitzengefühl. Eine bessere psychologische Ausbildung von Ärzten, Krankenschwestern und Hebammen könnte dabei helfen, mit dem Tabuthema »psychische Erkrankungen« feinfühlig umzugehen und es nicht zu meiden. Eine depressive Episode in der Vorgeschichte und eine familiäre Belastung gehören zu den wichtigsten Risikofaktoren für eine postpartale Depression. Dies sollte betroffenen Frauen mitgeteilt werden, ohne dass ihnen Angst eingejagt wird. Es ist durchaus möglich, in der größeren Belastung betroffener Frauen einen Anlass zu sehen, nach der Geburt besonders gut für sich zu sorgen beziehungsweise sich versorgen zu lassen (Urlaub des Partners, familiäre Unterstützung etc.) und gegebenenfalls Kontakt zu einer Psychotherapeutin wieder aufzunehmen.

Die Schwangerschaft als eine zuweilen beängstigende Zeit des Wandels anzusehen sollte dazu führen, den Frauen Möglichkeiten anzubieten, über ihre Ängste zu reden. Dies ist leider nicht selbstverständlich. Es sollte auch nicht gewartet werden, bis die Frauen von selbst Ängste ansprechen; eine Frau wie Inga würde das nie von sich aus tun und es doch dringend brauchen. Anhand ihres Berichts wird deutlich, wie belastend zum Beispiel die Zeit des Wartens auf den Amniozentesebefund sein kann. Ein solcher Eingriff setzt emotionale Unterstützung voraus, in der geburtshilflichen Routine geht dies allzu oft unter. Neben Ängsten belasten viele Schwangere auch ambivalente Gefühle hinsichtlich der zu erwartenden massiven Veränderungen im Leben. Auch diese sollten im Rahmen der Vorsorge durch die Hebamme und den Gynäkologen aufgefangen werden. Vielen Frauen mag es leichter fallen, sich ihrer Hebamme zu öffnen, die bereits während der Schwangerschaft zu Hausbesu-

---

matischen Forderungen an die Betreuung während Schwangerschaft, Geburt und Wochenbett und mit Anpassungsstörungen im Wochenbett befassen.

chen kommen kann und nicht erst nach der Geburt, was viele werdende Mütter nicht wissen. Der regelmäßige Kontakt zu einer kompetenten Vertrauensperson, die sich Zeit für eine emotionale Unterstützung nimmt, kann einen großen Rückhalt für Schwangere darstellen.

Ein Geburtsvorbereitungskurs kann einen guten Rahmen für den Austausch von Ängsten bezüglich der Geburt und des neuen Lebens mit dem Kind abgeben. Hier treffen sich »Schicksalsgefährtinnen«. Die Kursleiterin sollte über Kompetenzen hinsichtlich einer sensiblen Gestaltung eines Gruppenprozesses verfügen, der diesen Austausch fördert. Innerhalb des Kurses sollte realistisch über Geburt und Wochenbett gesprochen werden. Romantisierende Vorstellungen von einer mittels Atemtechnik schmerzfreien Geburt, die vor allem berauschend und beglückend sei, sind hier fehl am Platz. Ideologisierung ist in der Geburtshilfe unbedingt zu vermeiden. Hinsichtlich der Schmerzbekämpfung sollten Schwangere zu keiner Methode gedrängt, aber auch von keiner »weggedrängt«, vielmehr zu größtmöglicher Offenheit während der Geburtssituation ermutigt werden. Die diesbezügliche Kritik Azoulays (1998) an der »Hebammenzunft« sehe ich als bedenkenswert an (s. S. 33).

Hinsichtlich der Wahl des Geburtsortes sind ausgewogene und nicht ideologisch verzerrte Informationen über die verschiedenen Möglichkeiten ebenfalls wünschenswert.

Für viele Frauen kann es eine entscheidende Hilfe sein, ihre Hebamme bereits vor der Geburt kennen lernen zu können. Dies ist im Rahmen der Hausgeburtshilfe sowie durch das Engagement einer Beleghebamme möglich, die zur Geburt gerufen wird und mit der Frau in eine bestimmte Klinik fährt. Der Nachteil der Hausgeburtshilfe sowie ambulanter Geburten ist die sofortige, alleinige Zuständigkeit der Eltern nach der Geburt, ohne dass – wie auf einer Wochenstation – rund um die Uhr Personal ansprechbar ist. Von meiner Interviewpartnerin Karin wurde diese sofortige Zuständigkeit als ausgesprochen beängstigend erlebt, so dass eine zweite ambulante Geburt für sie nicht in Frage käme. Zudem wäre es für sie beruhigend, wenn nach einer zweiten Geburt ständig Personal da wäre, das hinsichtlich des Phänomens PPD geschult ist. Für Frauen, die eine schwere depressive Episode in ihrer Vorgeschichte haben, sehe ich – insbesondere auf dem Hintergrund des Interviews mit

Karin – eine stationäre Geburt mit einer vertrauten Beleghebamme
als eine günstige Wahl an. Wird eine ambulante Geburt gewünscht,
sollten alle angebotenen Unterstützungsmöglichkeiten ausge-
schöpft werden; so steht ambulant entbundenen Wöchnerinnen
zumindest während der ersten sechs Tage post partum eine Haushaltshilfe zu. Es sei an dieser Stelle noch einmal erwähnt, dass alle
drei in diesem Buch zu Wort kommenden depressiven Mütter sich
als zu ängstlich für eine ambulante Geburt beschreiben. Solche
Ängste sollten ernst genommen und den Frauen nicht etwa ausge-
redet werden. Sonst sind sie nachher mit ihrer Angst zu Hause allein.

Betreuung während der Geburt

Oberstes Gebot bei der Betreuung ist ein liebevoller Umgang mit
den Frauen. Dazu ist eine ausreichende personelle Besetzung des
Kreißsaals eine unbedingte Voraussetzung. Aus Karins Bericht geht
die Bedeutung der Anwesenheit der Hebamme als ein wesentlicher
Aspekt des Geburtserlebnisses hervor; muss (oder will) sie den
Kreißsaal häufig und für längere Zeit verlassen, so löst dies unter
Umständen panische Ängste bei der werdenden Mutter aus. Dies
muss unbedingt vermieden werden. Darüber hinaus, und das ist
sicherlich nicht immer leicht, ist es wichtig, dass die Hebamme erkennt, was die Gebärende braucht, auch wenn sie sich nicht selbst
äußern kann. Bei einer so panischen Angst, wie Karin sie offenbar
erlebt hat, kann neben (nicht etwa statt) einer ständigen Anwesenheit der Hebamme unter Umständen eine gut sitzende PDA ausgesprochen hilfreich sein. Als Hebamme halte ich nichts davon, Frau-
en diese Möglichkeit aus »ideologischen« Gründen vorzuenthalten,
obschon sie einen Eingriff mit Risiken darstellt, dessen Einsatz gut
überlegt sein will. Bei der Gestaltung des Geburtserlebnisses stehen
Möglichkeiten offen, die in positiver oder negativer Weise auf die
Befindlichkeit der Frau und damit auf den Geburtsverlauf einwir-
ken können; daher sollten Hebammen und Geburtshelfer ihre
Handlungspräferenzen immer wieder kritisch hinterfragen und
den individuellen Bedürfnissen der Gebärenden anpassen. Dass
sämtliche unter Umständen notwendig werdende Eingriffe mit der

Frau und ihrem Partner (bzw. einer anderen Begleitperson) ausführlich besprochen werden, sollte eine Selbstverständlichkeit sein, ebenso Bewegungsfreiheit und die freie Wahl der Gebärposition. Maßnahmen, die das Selbstvertrauen der Gebärenden stärken, sind unbedingt bei der Betreuung zu berücksichtigen und solche, die eine gegenteilige Wirkung haben, zu unterlassen. Dazu gehören Bemerkungen wie »Ach, das sind doch noch keine richtigen Wehen!« Solche Worte sind fehl am Platz, da sie das Vertrauen der Frau in ihr Körpergefühl untergraben. Wehen, die noch nicht muttermundswirksam sind, sind dennoch »richtig«; eine richtige Vorbereitung, die auch richtig wahrgenommen wird und deren Bedeutung positiv formuliert werden kann.

Eine Trennung von Mutter und Kind ist zu vermeiden: nach der Geburt sollte das Neugeborene längere Zeit auf dem Bauch oder der Brust der Mutter verweilen dürfen[28] (Förderung des Frühkontakts). Die Erhebung von Länge und Gewicht und die Erstuntersuchung können beim gesunden Reifgeborenen auch eine Stunde nach der Geburt erfolgen. Es ist wichtig, den Eltern nach der Entbindung eine Zeit einzuräumen, in der sie mit ihrem Kind unter sich sein können; dazu sollte sich das Team für eine Weile zurückziehen, sofern es der mütterliche und kindliche Zustand erlauben, was meist der Fall ist. Die Männer sollten nicht zu kurz kommen: Selbstverständlich brauchen auch sie in ihren Rollen als mitleidender Partner und als Vater Unterstützung.

Betreuung auf der Wochenstation oder zu Hause

Oberstes Gebot bei der Betreuung ist ein liebevoller Umgang mit den Frauen, auch hier ist die Frage der personellen Besetzung bedeutsam. Auf der Wochenstation sollte die Möglichkeit zum Rooming-in rund um die Uhr gegeben sein. Dabei sollte kein moralischer Druck auf erschöpfte Mütter ausgeübt werden, die ihr Baby für eine Nacht oder einige Stunden in die Obhut der Kinderschwestern geben wollen (vgl. den Bericht von Swantje).

---

[28] Vgl. hierzu die Ausführungen von Klaus, Kennell und Klaus (1997).

Die Stillbeziehung sollte durch einfühlsame Unterstützung gefördert werden. Sollte der Wunsch abzustillen geäußert werden, so ist dies zu akzeptieren und kein Druck auf die Frauen auszuüben, deren Belastungsgrenzen die gleiche Aufmerksamkeit verdienen wie das Wohl des Kindes. Ein medikamentöses Abstillen ist mit Rücksicht auf die möglichen Nebenwirkungen des zumeist eingesetzten Medikaments (depressive Symptome) zu vermeiden! Dies gilt für die gesamte Stillzeit. Das Abstillen sollte, wenn möglich, schleichend und nicht abrupt erfolgen, um einen allzu drastischen Umschwung im Hormonhaushalt zu vermeiden.

Der Wöchnerin sollte unbedingt Gelegenheit gegeben werden, über ihr Geburtserlebnis zu sprechen. Das könnte zum Beispiel die Hebamme anbieten, die sie im Kreißsaal, Geburtshaus oder zu Hause betreut hat, oder auch die nachsorgende Kollegin. Dabei ist es wichtig, enttäuschten Frauen zu vermitteln, dass sie keine Schuld an einem möglicherweise komplizierten Verlauf trifft. Ein Abweichen des realen Geburtserlebnisses vom zuvor fantasierten sollte besprochen und auch betrauert werden dürfen.

Die Kompetenz der Mutter ist zu betonen, nicht die des Fachpersonals. Dadurch wird sie in ihrem Selbstvertrauen gestärkt und verliert nach und nach die Angst vor ihrer neuen Aufgabe. Die Väter sollten ebenfalls unterstützt und in ihrem Selbstvertrauen in ihrer neuen Rolle gefördert werden; sie werden allzu oft vergessen und ziehen sich dann frustriert zurück. Den jungen Eltern sollte versichert werden, dass ihr Baby nicht gleich Schaden nimmt, wenn sie Fehler machen; Perfektionismus führt zu Anspannung und überflüssigem Stress. Winnicotts Konzept der »hinreichend fürsorglichen Mutter« kann hier entlastend wirken (vgl. Winnicott 1966). Die Wöchnerin sollte dazu ermutigt werden, über eventuell auftretende Ängste und Sorgen zu reden; die entlastende Wirkung unterstützender Gespräche wird oft unterschätzt. Bei Unsicherheit darüber, ob eine Frau an der postpartalen Dysphorie oder bereits an einer Depression leidet, sollte unverzüglich professioneller Rat eingeholt werden. Das Beispiel Karins zeigt, dass postpartale Depressionen bereits innerhalb der ersten vierzehn Tage nach der Geburt eintreten können; eine allzu strikte Trennung des »Babyblues« vom Phänomen PPD in der Literatur hat offensichtlich zur Annahme geführt, dass dies nicht der Fall sei.

Hier werden die hohen Anforderungen an das geburtshilfliche Personal deutlich; eine qualifizierte Supervision des Teams stellt eine gute Unterstützung dar. Im Rahmen der Ausbildung von Ärzten, Hebammen und Krankenschwestern wird der Vermittlung psychologischer Grundkenntnisse zu wenig Bedeutung beigemessen. Eine Änderung der entsprechenden Curricula ist wünschenswert. Darüber hinaus ist eine enge Kooperation von Gynäkologen, Hebammen, Krankenschwestern, Pädiatern und Psychiatern/ Psychologischen Psychotherapeuten für eine umfassende Betreuung postpartal depressiver Frauen notwendig.

Grundlage für die praktische Umsetzung der geschilderten Implikationen ist ein achtsamer Umgang mit dem Thema postpartale Depression (beziehungsweise psychische Erkrankungen im Allgemeinen). Das setzt ein Überwindung der mit diesem Thema verbundenen Ängste voraus, die sonst schnell zu Abwehrreaktionen führen, wie etwa zur Bagatellisierung, zur Verleugnung oder auch zur Diskriminierung Betroffener.

Es ist daher sowohl auf der individuellen als auch auf der gesellschaftlichen Ebene nötig, sich diesen Ängsten zu stellen.

Anhang

Empfehlungen[29] für Betroffene und ihre Angehörigen

→ Die Erfahrung, an einer psychischen Erkrankung zu leiden, ist schambesetzt. Das führt leider dazu, dass viele Menschen keine Hilfe suchen, was die Situation dramatisch verschlimmert! Suchen Sie also unbedingt so früh wie möglich professionelle Hilfe (Facharzt für Psychiatrie/ Psychotherapie, Psychologische/r Psychotherapeut/in). Bedenken Sie: Depressive Erkrankungen haben in der Gesamtbevölkerung eine *Punktprävalenz* von 15–30 Prozent (vgl. Berger 1999), Sie sind also keineswegs allein betroffen.

→ Suchen Sie keinen Schuldigen für die Erkrankung: Weder Sie, noch ihr Kind, noch ihr Partner, noch die Geburtshelfer oder die Gesellschaft insgesamt sind schuldig. Depressionen werden durch eine Vielzahl verwobener Einflüsse begünstigt, Schuldige zu suchen hilft nicht weiter. Gefühle der Wut und Aggression sollten Sie jedoch nicht »schlucken«, sondern in einer Psychotherapie zur Sprache bringen.

→ Überwinden Sie eventuelle Vorurteile gegen eine psychopharmakologische Behandlung: Sie kann Leben retten. Zudem ist eine Bewältigung des Alltags ohne medikamentöse Unterstützung bei schweren Depressionen nicht möglich. Ob bei dem jeweiligen Medikament abgestillt werden muss, kann Ihnen Ihr Facharzt / Ihre Fachärztin sagen. Abgestillt werden sollte nicht medikamentös, sondern »konservativ«; dabei wird Sie die nachbetreuende Hebamme begleiten, die Sie auch in einer psychiatrischen Abteilung besuchen kann.

→ Sollte eine stationäre Behandlung nötig sein, gibt es Möglichkeiten, Ihr Baby mit aufzunehmen. Informationen darüber erhalten

---

[29] Es handelt sich hier um Empfehlungen für Frauen, die an einer krankheitswertigen Depression und nicht etwa am Babyblues leiden (im Zweifelsfall: professionelle Abklärung).

Sie zum Beispiel bei der Selbsthilfegruppe »Schatten & Licht – Krise nach der Geburt e. V.« (Adresse im Anhang).

→ Suchen Sie sich einen Psychotherapeutin / einen Psychotherapeuten Ihres Vertrauens: Es ist wichtig, dass sie oder er kompetent
ist und dass die »Chemie« stimmt. Ob Sie sich bei einer Frau oder
bei einem Mann besser aufgehoben fühlen, wissen Sie selbst am
besten. Teilweise ist in der Literatur (vorwiegend von Autoren, die
dafür plädieren, die PPD als eigenständiges Störungsbild anzusehen) die Forderung zu finden, jemand der postpartal depressive
Frauen behandelt, sollte darauf spezialisiert sein. Das halte ich für
problematisch: zum einen weil Ihre Auswahl an Psychotherapeuten
dadurch beträchtlich schrumpft, zum andern weil möglicherweise
sozusagen unter der PPD noch eine weitere Erkrankung – etwa
eine Angststörung – zum Vorschein kommen kann; sollten Sie
dann einen weiteren Therapeuten suchen, der wiederum darauf
spezialisiert ist? Ein Arzt oder Psychologe, der Erfahrung in der
Behandlung von Depressionen hat, kann auch postpartale Depressionen behandeln.

→ Hinsichtlich der Psychotherapieschule ist festzustellen, dass
nicht alle Behandlungsarten von den Krankenkassen übernommen
werden; abgerechnet werden können (Kognitive) Verhaltenstherapien, Tiefenpsychologische Therapien und Psychoanalysen. Es
lohnt sich, Informationen über die Therapieschulen einzuholen,
bevor Sie sich entscheiden. In Kürze sei angemerkt: Kognitive
Verhaltenstherapien legen Wert auf das Aufspüren sogenannter
kognitiver Schemata, umgangssprachlich vielleicht übersetzbar in
»eingefahrene Denkgewohnheiten«, und ihren biographischen
Hintergrund. Reine Verhaltenstherapien untersuchen Verhaltens-
gewohnheiten unter anderem unter dem Aspekt: Wie verhalte ich
mich sinnvoller? oder auch: Welche Funktion hat ein bestimmtes
Verhalten? Tiefenpsychologische Psychotherapien wurzeln in Psychoanalytischen Theorien (die psychische Störungen mit einer ungünstigen Bewältigung von Konflikten erklären), fokussieren dabei
aber auf einen aktuellen, zentralen Konflikt, was eine im Vergleich
zur Psychoanalyse niedrigere Stundenzahl und kürzere Dauer erklärt. Die Psychoanalyse beschäftigt sich mit Konflikten, die einer
psychischen Erkrankung zugrunde liegen, wobei den ersten Bezugspersonen (in der Regel die Eltern) eine große Bedeutung zu-

kommt: Beziehungserfahrungen mit ihnen haben Einfluss auf das aktuelle Erleben von Beziehungen, auch auf die Beziehung zum Analytiker, sie werden sozusagen auf ihn übertragen. Diese Übertragungen aufzuspüren und zu bearbeiten ist ein wichtiges Ziel einer psychoanalytischen Behandlung. Sowohl Tiefenpsychologische Therapien als auch Psychoanalysen berücksichtigen Übertragungsphänomene. Bei der Psychoanalyse ist mehr Raum vorhanden, in der sie zur Entfaltung kommen können. Der Psychoanalyse wird ihre lange Dauer oftmals angekreidet. Wenn ich an die Berichte meiner (nicht nur der in diesem Buch genannten) Gesprächspartnerinnen denke, erscheint mir das zynisch: Wie kann ich erwarten, dass etwa eine Frau, die als Kind misshandelt wurde und die diese Erfahrung jahrzehntelang mit sich herumschleppt, möglichst schnell, in wenigen Monaten Heilung erfährt? Leider spielen bei Vergleichen von Therapieschulen ökonomische Aspekte oft eine zentrale Rolle. Das ist kurzsichtig. Die Dauer allein ist kein gutes Kriterium, um die passende Therapieform zu ermitteln. Es ist eher die Frage: Was erwarten Sie von einer Therapie?

→ Zur Person des Therapeuten ist Folgendes wichtig: Er sollte Ihnen von sich aus eine Zeit des Kennenlernens zugestehen, nach der Sie entscheiden können, ob sie sich eine Behandlung bei ihm vorstellen können. Jeder Therapeut sollte sich dessen bewusst sein, dass er nicht für jede Klientin der richtige ist. Ein Wechsel nach einer kurzen Beratungszeit (z. B. drei Stunden) ist von den Krankenkassen her in der Regel kein Problem.

→ Die Teilnahme an einer Selbsthilfegruppe kann eine große Unterstützung für Sie sein (Adresse im Anhang). Eine meiner Interviewpartnerinnen fühlte sich jedoch durch die Besuche »hinuntergezogen«. Finden Sie heraus, was Ihnen gut tut.

→ Eine Familien- oder Haushaltshilfe kann die Bewältigung des Alltags erleichtern; fragen Sie hierzu Ihre Hebamme oder Ärztin.

→ Nun zu den Partnern: Sie sind ebenfalls nicht schuld an der Erkrankung Ihrer Frau! Viele Männer fühlen sich ungenügend und elend. Es ist sicherlich so, dass kritische Themen oder Konflikte postpartal und angesichts der Depressionen besonders »hochkochen«; nutzen sie das als Chance für die Beziehung. Überdenken Sie einige Gewohnheiten. Sprechen Sie mit einem guten Freund – aber unbedingt auch mit der behandelnden Ärztin oder Psychotherapeutin. Nehmen Sie sich Zeit für Ihre Frau, so kann sich die Beziehung vertiefen. Machen Sie Ihrer Frau keine Vorwürfe – sie wäre sicherlich lieber nicht depressiv.

→ Freunde und Familienangehörige sollten die postpartal erkrankte Frau unterstützen und ihr keine Vorwürfe machen: Sie ist keine schlechte Mutter, sie leidet an einer häufigen psychischen Erkrankung. Andererseits werden auch Sie einmal an ihre Grenzen kommen – den Psychotherapeuten können Sie nicht ersetzen. Darum sollten Sie Bestrebungen, professionelle Hilfe in Anspruch zu nehmen, unterstützen. Seien Sie nicht gekränkt, wenn ihre Angehörige für eine Weile Abstand hält; vielleicht muss sie erst mal einiges für sich selbst klären. Versichern Sie, dass Sie auch weiterhin für Sie da sind und auch bereit wären, über die Depression zu sprechen, wenn die Betroffene es möchte.

→ Für Betroffene und Angehörige gilt: Rückblickend wird eine psychische Krise nicht selten als Chance erlebt, die eine Neuorientierung und langfristig positive Veränderungen im Leben nach sich zieht (vgl. Ingas Bericht).

Wichtige Adressen

Selbsthilfegruppe »Schatten & Licht – Krise nach der Geburt e. V.«
Vorsitzende: Sabine Surholt
Obere Weinbergstr. 3
86465 Welden
Tel. 08293 / 965864
Internet-Adresse: www.schatten-und-licht.de

Berufsverband Deutscher Psychologen (BDP)
Patienten-Informationsdienst
Heilsbachstr. 20–24
53123 Bonn
Tel. 0228 / 746699
Internet-Adresse: www.bdp-verband.org

GAIMH (German Speaking Association for Infant Mental Health):
Übersicht über Beratungsangebote für Eltern mit Säuglingen/ klei-
nen Kindern (z. B. »Schreisprechstunden«)
Geschäftsstelle: Univ.-Prof. Dr. Marguerite Dunitz-Scheer
Universitätsklinik für Kinder- und Jugendheilkunde
Auenbruggerplatz 30
A-8036 Graz
Tel. 0043 / 316 / 3853784
Internet-Adresse: www.gaimh.de

Marcé-Gesellschaft
c/o Dr. Christiane Hornstein
Postfach 1420
D-69155 Wiesloch
Internet-Adresse: www.marce-gesellschaft.de
(Fachleute, die sich für die Aufklärung über und die Behandlung
von postpartalen Depressionen einsetzen)

Glossar

Abwehrmechanismen: Zentraler Bestandteil psychoanalytischer
  Theorien. Leistungen des Ich (in Abgrenzung zu Es und Über-
  Ich), die unlustvolle Gefühle, Affekte und Wahrnehmungen vom
  Bewusstsein fernhalten sollen. Diese unbewussten Vorgänge haben wichtige Schutz- und Bewältigungsfunktionen. Krankheits-
  wertig werden Abwehrvorgänge, wenn sie die Ich-Funktionen
  sowie die freie Entfaltung der Persönlichkeit erheblich ein-
  schränken (Näheres in Mentzos 1984).
affektive Reagibilität: etwa: Fähigkeit sensibel zu reagieren, ge-
  fühlsmäßige Ansprechbarkeit.
Affektpsychosen: »Psychosen mit abnormer Gemüts- und Affekt-
  lage als vorwiegendem Krankheitsbild« (Dorsch 1994, S. 11).
Amniozentese: Fruchtwasserentnahme zu diagnostischen Zwe-
  cken – in der Frühschwangerschaft häufig zur genetischen Untersuchung.
Attributionsstil: engl. attribution – Zuschreibung. Überwiegende

Tendenz einer Person, Erfolg oder Misserfolg zuzuschreiben. Sucht sie die Gründe für erlebten Erfolg eher *nicht* bei sich selbst, spricht man von einer externalen Attribution von Erfolg. Sucht sie die Gründe für Misserfolg eher bei sich selbst, spricht man von einer internalen Attribution von Misserfolg. Beides sind depressionstypische Attributionsstile (vgl. Nairz 1991).

Austreibungsphase: Phase, in der zunächst durch die Kraft der Wehen allein, dann auch durch aktives Mitpressen der Frau das Kind im mütterlichen Becken tiefer tritt und dann geboren wird; Dauer bei Erstgebärenden: 2 bis 3 Stunden (vgl. Pschyrembel u. Dudenhausen 1986).

Deprivation: Beraubung, Mangel, Verlust: Vorenthalten von bedürfnisbefriedigenden Objekten oder Reizen. Oft ist das Fehlen mütterlicher Zuwendung gemeint, ein Phänomen, das auch als Hospitalismus bekannt ist (vgl. Dorsch 1994).

DSM-IV: Abkürzung für: Diagnostisches und Statistisches Manual Psychischer Störungen. Vierte Auflage. Pendant der American Psychiatric Association zur ICD (siehe ICD-10).

Doula: Eine in Geburten erfahrene Frau (vgl. Klaus et al. 1997).

Du-Objekt: Objekt meint in psychoanalytischem Sinn ein Triebziel: Das Objekt wird mit Liebe besetzt (oder auch mit Hass). Mit dem Begriff Du-Objekt versucht Helene Deutsch hier vermutlich das Liebesobjekt als Gegenüber und nicht etwa als symbiotisch verschmolzen herauszustellen (Näheres zum Objektbegriff in Laplanche. u. Pontalis 1972).

Dysphorie: »ängstlich-gedrückte, traurige Stimmungslage, dabei gereizt und reizbar« (Dorsch 1994, S. 175).

endogene Psychose: Die Psychose ist »wesentlich durch Anlagen und erbliche Belastung bedingt« (Dorsch 1994, S. 627). Im Unterschied dazu überwiegen bei exogenen Psychosen äußere Krankheitsursachen.

Eröffnungsperiode: Zeitraum, in dem sich der Muttermund durch regelmäßige Wehentätigkeit eröffnet; bei Erstgebärenden etwa 9 Stunden (vgl. Pschyrembel u. Dudenhausen 1986).

ICD-10: Abkürzung für: International Classification of Diseases – Internationale Klassifikation der WHO. Zehnte Revision. Dient der Vereinheitlichung / Übereinstimmung bei der Diagnose psychiatrischer Erkrankungen.

Ich-Organisation: meint in diesem Kontext (S. 27) die Entwicklung und Entfaltung des Ich (als einer psychischen Instanz) beim Säugling, die von einer unterstützenden Umgebung (insbesondere der Mutter) abhängig ist.

Infantizid: Kindestötung

Interne Kontrollüberzeugung: Überzeugung, dass eher im Individuum selbst liegende Ursachen im Leben eines Menschen bestimmend sind. Dagegen spricht man von *externer Kontrollüberzeugung,* wenn jemand davon ausgeht, dass eher die Umwelt / andere Menschen im eigenen Leben bestimmend wirken.

Irritabilität: lat. irritare – reizen. Reizbarkeit. Das Erregungsniveau irritabler Säuglinge steigt schnell an (z. B. durch ein Geräusch, das weniger irritable Säuglinge kaum beeinträchtigt), fällt jedoch nur langsam wieder ab.

katatoner Stupor: Zustand geistig-körperlicher Erstarrung, mit Gleichgültigkeit oder auch Halluzinationen verbunden. Reaktions- und / oder Bewegungseinschränkungen.

Körper-Selbst: In etwa: innere Vorstellungen / inneres Bild vom eigenen Körper und die damit verbundenen Affekte. In diesem Zusammenhang (S. 34) wichtig: den Körper als in sich geschlossene Einheit repräsentieren (zum Selbst siehe auch: *Mütterliches Selbst*).

kollektive Abwehr: Hier: bestimmte Vorstellungen und die damit verbundenen Affekte werden kollektiv (von einer Gruppe von Menschen) abgewehrt, also dem Bewusstsein unzugänglich gemacht.

Konstrukte: lat. construere – bauen. Hypothetische / theoretische Konstrukte beziehen sich auf nicht direkt beobachtbare Phänomene / Eigenschaften. Sie werden aus einem theoretischen Zusammenhang heraus und mit Hilfe von beobachtbaren Ereignissen erschlossen. Deskriptive Konstrukte etwa ordnen konkretes Verhalten in begrifflichen Klassen ein (Näheres in Dorsch 1994).

Kristellerhilfe: Kräftiger Druck eines Geburtshelfers auf den mütterlichen Bauch zur Beschleunigung der Austreibungsphase.

Label: engl. Etikett. Meint die Zuordnung eines Individuums zu einer Gruppe – etwa zur Gruppe derjenigen, die an einer bestimmten Erkrankung leiden. Soziologen / Sozialpsychologen weisen zu Recht auf die mit einem Label unter Umständen verbundene Diskriminierung hin.

multivariat: Die meisten Autoren meinen damit statistische Analyseverfahren, in denen die Zahl der berücksichtigten Variablen größer als zwei ist (vgl. Dorsch 1994, S. 497f.).

mütterliches Selbst: Das Selbst ist ein in verschiedenen psychologischen Theorien keineswegs übereinstimmend definierter Begriff! Es geht jedoch dabei meist nicht um eine psychische Instanz (vergleichbar mit Es, Ich und Über-Ich), sondern mehr um ein Bewusstsein über die eigene Person, indem sich ein Subjekt selbst zum Objekt macht. Grob vereinfacht geht es um Vorstellungen über die eigene Person (Selbstrepräsentanzen) und um damit verbundene Affekte. Das mütterliche Selbst würde danach in etwa die Gesamtheit der Vorstellungen einer Frau von sich selbst als Mutter und die damit verbundenen Affekte beinhalten.

narzisstische Homöostase: Regulation des Selbstwertgefühls; sie ist abhängig von der narzisstischen Zufuhr (durch Liebesobjekte). Das gilt für Gesunde, jedoch mehr noch für depressive Menschen, die durch eine labile narzisstische Homöostase in hohem Maß von äußeren Objekten abhängig sind (vgl. Mentzos 1984, S. 52ff., S. 182ff.).

Operationalisierungsprozess: Dient der empirischen Fassbarkeit einer nicht beobachtbaren Variable (z. B. Leistungsmotivation). Eine mit ihr verknüpfte, jedoch beobachtbare Variable fungiert dabei als »Indikator«. Die Operationalisierung ist Grundlage dafür, dass aus einer zu prüfenden Hypothese Aussagen über beobachtbare Sachverhalte abgeleitet werden können. Problem: Je komplexer die Variable/n, umso schwieriger der Operationalisierungsprozess.

PDA: Form der Leitungsanästhesie: die Weiterleitung des Schmerzes wird unterbrochen, hier durch Einführen eines Katheters in den sogenannten Periduralraum (der sich vor dem Rückenmark befindet) und Injektion eines Lokalanästhetikums.

postpartal: nach der Geburt

post partum: nach der Geburt

präpartal: vor der Geburt

Prävalenz: Häufigkeit des Vorkommens einer Krankheit / eines

Symptoms zu einem bestimmten Zeitpunkt (vgl. Dorsch 1994, S. 205).

Pudendusanästhesie: Lokale Ausschaltung des Nervus pudendus, wodurch der Schmerz durch das tiefer tretende Köpfchen oder auch einer vaginal operativen Entbindung gelindert werden soll.

Punktprävalenz: Gesamtzahl vorhandener Krankheiten zu einem bestimmten Zeitpunkt (nach Tölle 1985, S. 23).

randomisiert bzw. Randomisierung: zufällige Auswahl von Individuen bei der Erstellung einer Stichprobe. Jede subjektive Bevorzugung oder Vernachlässigung bestimmter Individuen soll ausgeschlossen werden.

Ratingskala: Beurteilungs- oder Schätzskala: häufiges Messinstrument in der Quantitativen Sozialforschung. Beispiel: die Befindlichkeit auf einer Skala von 0 (sehr schlecht) bis 10 (sehr gut) einstufen.

Realangst: Von Freud entwickelter Begriff: Angst vor einer äußeren Gefahr, die für das Subjekt eine reale Bedrohung darstellt.

Regression: Zurückgehen auf eine frühere Entwicklungsstufe (Näheres in Dorsch 1994 und Laplanche u. Pontalis 1972).

reliabel: Die Reliabilität gehört zu den Gütekriterien für psychologische Tests und meint die Zuverlässigkeit einer Messmethode. Sie gibt an, wie genau ein Test misst, was er messen soll und inwieweit er mit Messfehlern behaftet ist.

Residualsymptomatik: lat. Residuum – Rest, Rückstand. Nach Ablauf einer Krankheit weiter bestehende Symptomatik; als Dauerfolge zurückbleibende Schädigung.

Transkription: lautgerechte Übertragung – hier einer Bandaufnahme in die Schriftform.

Validität: Gehört zu den Gütekriterien psychologischer Tests; gibt an, ob und inwieweit ein Test oder eine Erhebung tatsächlich misst, was er/sie messen soll beziehungsweise zu messen vorgibt.

Literatur

Arieti, S.; Bemporad, J. (1983): Depression. Krankheitsbild, Entstehung, Dynamik und psychotherapeutische Behandlung. Stuttgart

Azoulay, I. (1998): Die Gewalt des Gebärens. Streitschrift wider den Mythos der glücklichen Geburt. München

Badinter, E. (1981): Die Mutterliebe. Geschichte eines Gefühls vom 17. Jahrhundert bis heute. München/Zürich.

Beck, A. T.; Rush, A. J.; Shaw, B. F.; Emery, G. (Hg.) (1992): Kognitive Therapie der Depression. 3. Auflage. Weinheim

Beck, C. T. (1995): The effects of postpartum depression on maternal-infant interaction: a meta-Analysis. Nursing Research Sept/ Oct 44, No. 5: 298-304

Beck, C. T. (1996) Postpartum depressed mothers' expieriences interacting with their children. Nursing Research, Mar/Apr 45, No. 2: 98-104

Bergant, A. M.; Lanczik, M. (1997): Die postpartale Dysphorie. Psycho, 23/7: 20-22

Berger, M. (1999): Psychiatrie und Psychotherapie. München/ Wien/ Baltimore

Brazelton, T. B.; Cramer, B. G. (1994): Die frühe Bindung. Die erste Beziehung zwischen dem Baby und seinen Eltern. Stuttgart

Brisch, K. H. (1999): Bindungsstörungen. Von der Bindungstheorie zur Therapie. Stuttgart

Brown, S.; Small, R.; Lumley, J. (1997): Being a ›good mother‹. Journal of Reproduktive and Infant Psychology, 15: 185-200

Buist, A. (1997): Postpartum Psychiatric Disorders. Guidelines for Management. CNS Drugs Aug; 8 (2): 113-123

Buston, K.; Parry-Jones, W.; Livingston, M.; Bogan, A.; Wood, S. (1998): Qualitative Research. British Journal of Psychiatry 172: 197-199

Campbell, S. B.; Cohn, J. F. (1991): Prevalence and correlates of postpartum depression in first-time mothers. Journal of Abnormal Psychology, 100, No. 4: 594-599

Cox, J. L. (1986): Postnatal Depression. A Guide for Health Professionals. New York

Dalton, K. (1980): Mütter nach der Geburt. Wege aus der Depression. Frankfurt a. M., 1992

Dech, H.; Sandermann, S. (1997): Transkulturelle Aspekte psychischer Störungen bei Schwangerschaft und Geburt. Curare, 20/2: 189-193

Deutsch, H. (1954): Psychologie der Frau. Band 2. Bern

Dorsch, F. (Hg.) (1994) Psychologisches Wörterbuch. 12. Auflage. Bern, Göttingen u. a.

DSM-IV (1996): Diagnostisches und Statistisches Manual Psychischer Störungen. Übersetzt n. d. 4. Auflage. Göttingen/ Bern/Toronto u. a.

Figes, K. (1999): Babyblues. Frankfurt a. M.

Filipp, S.-H. (1981): Kritische Lebensereignisse. München/ Wien/ Baltimore

Freud, S. (1917): Trauer und Melancholie. In: Freud, S. (1992) Das Ich und das ES. Metapsychologische Schriften. Frankfurt a. M.

Gloger-Tippelt, G. (1988): Schwangerschaft und erste Geburt. Psychologische Veränderungen der Eltern. Stuttgart/ Berlin/ Köln u. a.

Gotlib, I. H.; Whiffen, V. E.; Wallace, P. M.; Mount, J. H. (1991): Prospective investigation of postpartum depression: factors involved in onset and recovery. Journal of Abnormal Psychology 100, No. 2: 122-132

Halberstadt-Freud, H. C. (1993): Postpartale Depression und die Illusion der Symbiose. Psyche 47(11): 1041-1062

Hall, L. A.; Kotch, J. B.; Browne, D.; Rayens, M. K. (1996): Self-esteem as a mediator of the effects of stressors and social ressources on depressive symptoms in postpartum mothers. Nursing Research, July/ August 1996, 45, No. 4: 231-238

Harris, B.; Lovett, L.; Smith, J.; Read, G.; Walker, R.; Newcombe, R. (1996): Cardiff puerperal mood and hormone study. III. Postnatal Depression at 5 to 6 weeks postpartum, and its hormonal correlates across the peripartum period. British Journal of Psychiatry ,168: 739-744

Hartung, A. C.; Hartung, C. (1997): Postpartum Blues: psychosomatische Aspekte des frühen Wochenbetts. Dissertation an der Medizinischen Fakultät Charité, der Humboldt-Universität zu Berlin

Hays, S. (1998): Die Identität der Mütter. Zwischen Selbstlosigkeit und Eigennutz. Stuttgart.

Hertz, D. G.; Molinski, H. (1980): Psychosomatik der Frau. Berlin/ Heidelberg/ New York

Jack, D. C. (1999) Ways of listening to depressed women in qualitative research: interview techniques and analyses. Canadian Psychology, 40/2: 91-101

Jüttemann, G. (1981): Komparative Kasuistik als Strategie psychologischer Forschung. In: Jüttemann, G. (Hg.), Komparative Kasuistik. Heidelberg, 1990, S. 21-42

Jüttemann, G. (1984): Komparative Kasuistik und klinisch-psychologische Diagnostik. In: Jüttemann, G. (Hg.), Komparative Kasuistik. Heidelberg, 1990, S. 56-86

Jüttemann, G. (1990): Vorbemerkungen des Herausgebers. In: Jüttemann, G. (Hg.), Komparative Kasuistik. Heidelberg, 1990, S. 1-18

Klaus, M. H.; Kennell, J. H.; Klaus, P. H. (1997): Der erste Bund fürs Leben. Die gelungene Eltern-Kind-Bindung und was Mütter und Väter dazu beitragen können. Reinbek

Klein, M. (1962): Das Seelenleben des Kleinkindes. Einige theoretische Betrachtungen. In: Klein, M., Das Seelenleben des Kleinkindes. Stuttgart, S. 146-177

Landy, S.; Montgomery, J.; Walsh, S. (1989): Postpartum Depression: A Clinical View. Maternal-Child Nursing Journal, 18/ 1: 1-29

Laplanche, J.; Pontalis, J.B. (1972): Das Vokabular der Psychoanalyse. Frankfurt a. M.

Logsdon, M. C.; McBride, A. B.; Birkimer, J. C. (1994): Social support and postpartum depression. Research in Nursing & Health, 17: 449-457

Lott, T. (1997): The Scent of Dried Roses. London

Mauthner, N. S. (1999): „Feeling low and feeling really bad about feeling low": Women's experiences of motherhood and postpartum depression. Canadian Psychology, 40/2: 143-161

McGrath, E.; Keita, G.-P.; Strickland, B.-R.; Russo, N.-F. (1993) Frauen und Depressionen. Risikofaktoren und Behandlungsfragen. Bergheim

Mentzos, S. (1984): Neurotische Konfliktverarbeitung. Frankfurt a. M.

Mentzos, S. (1996): Depression und Manie. Psychodynamik und Therapie affektiver Störungen. Göttingen

Molinski, H. (1972): Die unbewusste Angst vor dem Kind als Ursache von Schwangerschaftsbeschwerden und Depressionen nach der Geburt. München

Murray, L.; Cooper, P. J. (1996): The impact of postpartum depression on child development. International Review of Psychiatry, 8: 55-63

Murray, L.; Stanley, C.; Hooper, R.; King, F.; Fiori-Cowley, A. (1996): The Role of infant factors in postnatal depression and mother-infant interactions. Developmental Medicine and Child Neurology, 38: 109-119

Nairz, C. (1991): Depressive Tendenzen in der Schwangerschaft und nach der Geburt des ersten Kindes unter besonderer Berücksichtigung des Sozialkontakts. Inauguraldissertation an der Naturwissenschaftlichen Fakultät der Universität Graz

Nicolson, P. (1999) Loss, happiness and postpartum depression: the ultimate paradox. Canadian Psychology, 40/2: 162-178

Oerter, R.; Montada, L. (1995) Entwicklungspsychologie. 3. Auflage. Weinheim

O'Hara, M. W. (1995): Postpartum Depression. Causes and Consequences. New York

O'Hara, M. W.; Schlechte, J. A.; Lewis, D. A.; Varner, M. W. (1991): Controlled prospective study of postpartum mood disorders: Psychological, environmental, and hormonal variables. Journal of Abnormal Psychology, 100, No. 1: 63-73

Pfost, K. S.; Stevens, M. J.; Lum, C. U. (1990) The relationship of demographic variables, antepartum depression, and stress To postpartum depression. Journal of Clinical Psychology, Sept 46, No. 5, 588-592

Pschyrembel, W.; Dudenhausen, J. W. (1986) Praktische Geburtshilfe. 15. Auflage. Berlin/ New York

Resch, F. (1996): Entwicklungspsychopathologie des Kindes- und Jugendalters. Weinheim

Riecher-Rössler, A. (1997): Psychische Störungen und Erkrankungen nach der Entbindung. Fortschr. Neurol. Psychiat. 65, 97-107

Sauer, B. (1997): Postpartale Depression. Die Geburt eines Kindes als kritisches Lebensereignis bei Frauen. Münster

Schöpf, J.; Bryois, C.; Jonquière, M.; Le, P. K. (1984) On the nosology of severe psychiatric post-partum disorders. European Archives of Psychiatry and Neurological Sciences 234: 54-63

Shaw, F. (1998) Zeit der Dunkelheit. Der Weg aus einer Depression. München

Spangenberg, J. J.; Pieters, H. C. (1991): Factors related to postpartum Depression. South African Journal of Psychology, 21 (3): 159-165

Stauber, M.; Kentenich, H.; Richter, D. (Hg.) (1999): Psychosomatische Geburtshilfe und Gynäkologie. Berlin

Stern, D. N. (1997) Mutter und Kind. Die erste Beziehung. Stuttgart

Stern, D. N. (1998): Die Mutterschaftskonstellation. Eine vergleichende Darstellung verschiedener Formen der Mutter-Kind-Psychotherapie. Stuttgart

Stern, D. N.; Bruschweiler-Stern, N. (2000): Geburt einer Mutter. Mit Alison Freeland. München

Sutter, A.-L.; Leroy, V.; Dallay, D.; Bourgeois, M. L. (1995) Post-partum blues et depression post-natale. Etude d'un échantillon de 104 accouchées. Annales Médico-Psychologiques 153, 6: 414-417

Tölle, R. (Hg.) (1985) Psychiatrie. 7. Aufl. Berlin/ Heidelberg u. a.

Terry, D. J.; Mayocchi, L.; Hynes, G. J. (1996): Depressive symptomatology in new mothers. A stress and coping perspective. Journal of Abnormal Psychology 105, No. 2: 220-231

Trotter, C.; Wolman, W.-L.; Hofmeyr, J.; Nikodem, C.; Turton, R. (1992): The effect of social support during labour on postpartum depression. South African Journal of Psychology 22 (3): 134-139

Warner, R.; Appleby, L.; Whitton, A.; Faragher, B. (1996): Demographic and obstetric risk factors for postnatal psychiatric morbidity. British Journal of Psychiatry 168: 607-611

Whiffen, V. E. (1988): Vulnerability to postpartum depression: a prospective multiviariate study. Journal of Abnormal Psychology 97, No. 4: 467-474

Whiffen, V. E. (1992): Is postpartum depression a distinct diagnosis? Clinical-Psychology-Review 12(5): 485-508

Windsor-Oettel, V. (1992): Angst und Selbstwert von Frauen vor und nach der Entbindung in Abhängigkeit von der Entbindungsform. Dissertation zur Erlangung der Würde des Doktors der Philosophie der Universität Hamburg, Europäische Hochschulschriften Reihe VI, Psychologie Bd./Vol. 352. Frankfurt a. M./ Bern u. a.

Winnicott, D. W. (1964): Das Neugeborene und seine Mutter. In: Winnicott, D. W., Das Baby und seine Mutter. Stuttgart, 1990, S. 45-60

Winnicott, D. W. (1966): Die hinreichend fürsorgliche Mutter. In: Winnicott, D. W., Das Baby und seine Mutter. Stuttgart, 1990, S. 15-26

Winnicott, D. W. (1968): Die Kommunikation zwischen Baby und Mutter und zwischen Mutter und Baby. Vergleich und Gegenüberstellung. In: Winnicott, D. W., Das Baby und seine Mutter. Stuttgart, 1990, S. 97-112

Danksagung

An erster Stelle danke ich meinen Interviewpartnerinnen für ihr Vertrauen und ihre Offenheit; ihre Bereitschaft, mich an ihrem Leben teilnehmen zu lassen, hat meine Arbeit erst möglich gemacht.

Ich bedanke mich bei der Selbsthilfegruppe »Schatten & Licht – Krise nach der Geburt e. V.« und bei allen Hebammen, Ärztinnen und Psychotherapeutinnen, die mich bei der Suche nach Interviewpartnerinnen unterstützt haben.

Ein herzliches Dankeschön meiner Kommilitonin Eva Geiger; unsere Auswertungsgruppe gab mir Auftrieb und Freude. Besonderer Dank gilt meinen Eltern Gudrun und Gottfried Gröhe sowie Ulrike Lichtenberg und Anja Groehe für ihre sorgfältige Korrekturarbeit und ihre unermüdliche Unterstützung. Herrn Thomas Lichtenberg danke ich für seine Hilfe bei Computerproblemen und bei der Formatierung der Arbeit. Allen Freunden und Bekannten vielen Dank für ihre Geduld und ihr Verständnis, besonders während der akuten Arbeitsphase.

Der geburtshilflichen Abteilung des Krankenhauses Reinickendorf (Humboldt-Krankenhaus) danke ich für die Gewährung des unbezahlten Sonderurlaubs; so konnte ich das Thema in mir reifen lassen und schließlich diese Arbeit »zur Welt bringen«.

Nicht zuletzt gilt mein Dank Herrn Prof. Dr. Dietmar Görlitz, Frau Dipl.-Psych. Sandra Geirhardsdottir und Herrn Dr. phil. Dipl.-Psych. Günter Mey für ihre engagierte, hilfreiche und ermutigende Betreuung.

Wenn Sie weiterlesen möchten...

Arno Gruen
Ein früher Abschied
Objektbeziehungen und psychosomatische Hintergründe
beim Plötzlichen Kindstod

Die Medizin hat die Ursachen des Plötzlichen Kindstods bis
heute nicht enträtseln können.
Der Psychoanalytiker Arno Gruen hat einen neuen Ansatz zur
Erkundung dieses Phänomens gewagt und durch eine empi-
rische Untersuchung untermauert.
Seine Erkenntnisse zeigen, daß unsere gesellschaftlichen
Lebensbedingungen wesentliche Bedingung für dieses Phänomen sind. Wir verleugnen ganz natürliche und berechtigte aggressive Gefühlsanteile, um die gesellschaftlichen Rollener-
wartungen zu erfüllen. Die ins Unbewußte gedrängten Gefühle
der Eltern verhindern bei den Säuglingen die Herausbildung
jener adäquaten Objektbeziehungen, die gegen Hilflosigkeit und
Apathie schützen. So können psychosomatische Prozesse einsetzen, die ein Kind direkt mit dem Tod bedrohen.
Wenn die seelische Isolation, in die sich vornehmlich Mütter
durch die Anforderungen eines unerfüllbaren Rollenklischees
gedrängt fühlen, durch gezielte Kontakte aufgebrochen wird,
kann der tödlichen Gefahr vorgebeugt werden.

„Das vorliegende Buch ist ein begrüßenswerter Beitrag zur
Gewinnung eines realistischen Menschenbildes. ...
Die Qualität zwischenmenschlicher Beziehungen entscheidet
über Leben und Tod. Das hat Arno Gruen in seinem Buch ...
konsequent herausgearbeitet." *Psychotherapie und
Psychosomatische Medizin*

„Arno Gruen geht nicht rigoros, sondern in gut gestufter Argu-
mentation vor. Er ... versteht sichtlich viel von pädiatrischer
Psychologie und Pathophysiologie der Säuglingszeit."
kinderkrankenschwester

„Gruens Untersuchung ist vom Standpunkt einer radikalen
Kulturkritik aus geführt. ...
Das eigentliche Thema seines Buches ist „wie Kultur dem
Leben entgegen wirkt"." *Kinderanalyse*

Depression und Suizidalität

Kurt Eberhard /
Grudrun Eberhard
**Typologie und Therapie
der depressiven
Verstimmungen**
1997. 143 Seiten, Paperback
ISBN 3-525-01436-8

Es deutet alles darauf hin, dass
sich unter dem Begriff Depression
sehr unterschiedliche Störungs-
formen angesammelt haben, die
erst nach ihren Eigenheiten und
Gesetzmäßigkeiten erkannt
werden müssen, bevor man nach
den Ursachen und Therapie-
möglichkeiten fragt.

Regula Freytag /
Thomas Giernalczyk (Hg.)
**Geschlecht und
Suizidalität**
2001. 165 Seiten mit 20 Abb. und
2 Tab., kartoniert
ISBN 3-525-45888-6

Regula Freytag /
Michael Witte (Hg.)
Wohin in der Krise?
Orte der Suizidprävention
1997. 233 Seiten mit zahlr. Abb. und
Tab., kartoniert
ISBN 3-525-457952

Wirkungsvolle Krisenterven-
tion und damit auch Suizidprävention bedarf nicht nur der
Orte, sondern auch spezifischer
Strukturen, Methoden und
Modelle. Viele Einrichtungen
könnten Krisenintervention und
Suizidprävention noch besser in
ihr Angebot einbeziehen.

Benigna Gerisch
Die suizidale Frau
Psychoanalytische Hypothesen
zur Genese
2003. Ca. 376 Seiten, kartoniert
ISBN 3-525-46176-3

Die Einbeziehung weiblicher
Individuationsprozesse und
Identitätskonflikte eröffnet
neue Verständnisdimensionen
und therapeutische Vorgehens-
weisen bei suizidalen Frauen.

Barbara Hoffmann-Gabel
**Der Himmel ist in dir –
die Hölle auch**
Wege aus der Depression
Transparent 59. 2000. 117 Seiten,
kartoniert
ISBN 3-525-01736-7

Die Autorin möchte Betroffenen Mut machen und Mög-
lichkeiten aufzeigen, die Krankheit als Chance zum Wachstum
zu begreifen und sich von ihr
zu befreien.

Stavros Mentzos
Depression und Manie
Psychodynamik und Therapie
affektiver Störungen
3. Auflage 2001. 206 Seiten mit
5 Abb. und 3 Tab., kartoniert
ISBN 3-525-45775-8

V&R
Vandenhoeck
& Ruprecht

Frauen • Körper • Psychoanalyse

Susann Heenen-Wolff (Hg.)
Neues vom Weib
Französische Beiträge
Psychoanalytische Blätter 16.
2000. 123 Seiten, kartoniert
ISBN 3-525-46015-5
Worin besteht eigentlich das
„Rätsel der Weiblichkeit", von
dem seit Freud immer wieder
gesprochen wird – dieses Rätsel,
an dem Männer und Frauen in
ihrem sexuellen Alltag verzwei-
feln oder sich berauschen?

Peter Kutter
Affekt und Körper
Neue Akzente der
Psychoanalyse
2001. 182 Seiten mit 3 Abb.,
kartoniert
ISBN 3-525-45898-3
Eine Zusammenschau von
Emotionalität, Körperlichkeit
und Denken als notwendige
Weiterentwicklung der
Psychotherapie.

Johanna Schäfer(Hg.)
Körperspuren
Psychoanalytische Texte zu
Körper und Geschlecht
Psychoanalytische Blätter 25.
2003.143 Seiten, kartoniert
ISBN 3-525-46024-4

Johanna Schäfer
Vergessene Sehnsucht
Der negative weibliche
Ödipuskomplex in der
Psychoanalyse
1999. 201 Seiten, kartoniert
ISBN 3-525-45847-9

Moses G. Steinvorth
Im Körper zu Hause
Eine bioenergetische
Entdeckungsreise
Transparent 56. 1999. 121 Seiten mit
23 Abb. zu den Übungsvorschlägen,
kartoniert
ISBN 3-525-01734-0

Annette Streeck-Fischer /
Ulrich Sachsse / Ibrahim
Özkan (Hg.)
Körper, Seele, Trauma
Biologie, Klinik und Praxis
2., durchgesehene Auflage 2002.
238 Seiten mit 20 Abb. und 5 Tab.,
kartoniert
ISBN 3-525-45868-1
Die neuesten Erkenntnisse
sprechen für eine undogma-
tische, dennoch wissenschaft-
lich fundierte Therapiemetho-
denvielfalt zur Behandlung von
Traumafolgen, die sorgfältig
auf den Einzelfall abgestimmt
ist.

Harry Stroeken
Tochter sein und
Frau werden
Bericht von einer geglückten
Psychoanalyse
Transparent 22. 1995. 124 Seiten,
kartoniert
ISBN 3-525-01717-0

Vandenhoeck
& Ruprecht